KNAUR

MONIKA SCHMIDERER

Die Kraft deiner BESTIMMUNG

Finde Vertrauen und Mut in
einer chaotischen Welt

Besuchen Sie uns im Internet:
www.droemer-knaur.de

Die Verlagsgruppe Droemer Knaur hat sich zu einer nachhaltigen Buchproduktion verpflichtet. Gemeinsam mit unseren Partnern und Lieferanten setzen wir uns für eine klimaneutrale Buchproduktion ein, die den Erwerb von Klimazertifikaten zur Kompensation des CO_2-Ausstoßes einschließt. Weitere Informationen finden Sie unter www.klimaneutralerverlag.de

Originalausgabe Februar 2024
© 2024 Knaur Verlag
Ein Imprint der Verlagsgruppe
Droemer Knaur GmbH & Co. KG, München
Alle Rechte vorbehalten. Das Werk darf – auch teilweise – nur mit Genehmigung des Verlags wiedergegeben werden.
Die Nutzung unserer Werke für Text- und Data-Mining im Sinne von § 44b UrhG behalten wir uns explizit vor.
Redaktion: Nina Schnackenbeck, Hamburg
Covergestaltung: Verlagsgruppe Droemer Knaur
Coverabbildung: Bureau Rabensteiner, Innsbruck
Satz und Layout: Adobe InDesign im Verlag
Druck und Bindung: GGP Media GmbH, Pößneck
ISBN 978-3-426-79173-8

2 4 5 3 1

*Für dich –
und all die kreativen Macherinnen und
leidenschaftlichen Leader, die ihr inneres Feuer entzünden
und ihre Vision verwirklichen wollen.*

*Weil du spürst, dass da noch so viel mehr
in deinem Leben möglich ist
und dass da eine Kraft in dir wartet,
die entdeckt, entfaltet und voll Mut, Vertrauen und
Begeisterung in die Welt getragen werden will:*

die Kraft deiner Bestimmung.

INHALT

I.
DER FUNKE
**Wenn der Funke deiner Bestimmung in dir entflammt,
erleuchtet er dein ganzes Leben**

9

Die Kraft deiner Bestimmung 12 – Die Urknallkraft in dir 13 – Die Kettenreaktion deiner Bestimmung 17 – Die drei Startpunkte der Suche nach deiner Bestimmung: die Rückkehr, der Aufbruch, die Erweiterung 22 – Der Weg der Selbsterinnerung 29 – Woher du kommst. Wohin du gehst 31 – Dein höherer Sinn braucht deine höhere Perspektive 33 – Ungewöhnliche Pfade und unsichtbare Richtungsweiser 37 – Dein kleiner Traum und deine große Aufgabe 39

II.
DIE WELT
**In einer Welt, die scheinbar auseinanderfällt,
gibt es eine Kraft, die alles in dir zusammenhalten kann:
die Kraft deiner Bestimmung**

41

In dieser Welt der Gegensätze trennen sich Kraft und Macht 43 – Wer lenkt dich? Die Kraft deiner Bestimmung oder die Macht deiner Prägung? 45 – Verrückte Verschiebungen – und deine Klarheit mitten im Chaos 51 – Aufwachen aus dem Korridor der Krisen 54 – Die drei Vs unserer Zeit: Verabschieden, Verarbeiten und (Neu-)Verwirklichen 56 – Alles verändert sich, weil du um etwas Besseres gebeten hast 59 – Aufgeben? Und eine Million Gründe, alles hinzuschmeißen 62 – Verbrauchte Hoffnung anerkennen 64 – Von Verletzungen und Fehlern zu Erfahrungen und Entscheidungen 66 – Zündender Zorn: herausfor-

dernd und heilsam 69 – Wachstum braucht Instabilität 78 – Schwächen sind Schlüsselstellen zu tiefer menschlicher Verbundenheit 80 – Heile Welt? Der Welt heilen helfen 82

III.
DIE WAHRHEIT
Lügen blenden. Die Wahrheit leuchtet
85

Hinter leeren Versprechen und falschen Floskeln 87 – Zurück zum wahren Grund finden 88 – Die 8 Mythen rund um Bestimmung 90 – Erinnere dich an dich 122 – Wer hat diesen Gedanken erschaffen? 124 – Glaube an dich 125

IV.
DAS VERTRAUEN
Was war, war wichtig. Wo du jetzt stehst, bist du stark.
Was kommt, formst du mit deiner Kraft
127

Vertrauen ist Nicht-Wissen und Sich-doch-gewiss-Sein 129 – Frage nach deiner Bestimmung – und gehe auf die Antwort zu 131 – Hinter den Stimmen der Angst liegt dein größeres Du 134 – Die zwei Urängste 137 – Unsere Bestimmung ist Wachstum und Heilung 143 – Vertrauen entsteht nicht im Kopf. Vertrauen erdet dich im Körper 148 – Das verletzte Geschenk des Urvertrauens 151 – Je tiefer die Heilung, desto wirkungsvoller das Wachstum 153 – Sich Unbewusstes bewusst machen 156 – Vertrauen füllt die Risse in deinem Fundament 159 – Anker des Vertrauens setzen 161 – Kein Mensch wird je ganz in seine Kraft kommen, ohne sein Menschenbild zu heilen 170

V.
DIE FÜHRUNG
Du gehst dir selbst voraus.
Und erschaffst einen neuen Kosmos mit deiner Kraft
175

Hinter dem Opferdenken öffnet sich ein Ozean der Freiheit 176 – Führung bedeutet, für etwas einzustehen – und loszugehen 178 – Schöpferische Selbstermächtigung braucht sensible Selbstwahrnehmung 182 – Die vier Zonen deines Wachstums 185 – Von der Komfortzone zur Kreativzone 190 – Betrete deinen Berufungsraum – und dehne ihn aus 193 – Finde in deine Vollständigkeit 195 – Beruflich, privat und persönlich: Deine Lebensbereiche verschmelzen im Feuer deiner lebendigen Vielfalt 201 – Ein Nein, das erlöst 205 – Druck, Sog und Schub und die Signale deiner inneren Kraft 210 – Un-Ordnung vs. Um-Ordnung 214 – Gib jedem Tag seine Bestimmung und deinem Leben eine ganz neue Bedeutung 216 – Die Kraft deiner Bestimmung ist eine Kraft der Kreation 218 – Deine höhere Führung kennt dein höchstes Ziel 220

VI.
DIE MEISTERSCHAFT
Gib nicht auf. Sondern wachse über dich hinaus
223

Das Versprechen deines Lebens 225 – Das schönste Versprechen deiner Bestimmung ist das Gefühl der Unendlichkeit 228 – Die Schönheit des Weges liegt im Vertrauen in deinen Prozess 230 – Deine Meisterprüfung: die Erleuchtung und die dunkle Nacht der Seele 232 – Neider, Kritikerinnen und stille Gegner 234 – Helferinnen, Türöffner und andere Begleiterinnen 238 – Um deine Berufung zu leben, brauchst du zwei Dinge: Liebe und Struktur 241 – Lebendige Rituale 243

VII.
DER SINN
Sinn schenkt dir Vollständigkeit
mitten im Chaos der Welt
247

DANKE
251

ANHANG
253

Vertiefende Übungen und Audiodownloads zum Buch 253 – Mehr Bücher von Monika Schmiderer 254 – Entdecke die Kurse und Mentorings 255

I.
DER FUNKE

*Wenn der Funke deiner Bestimmung
in dir entflammt,
erleuchtet er dein ganzes Leben*

Es passiert im Bruchteil einer Sekunde. In einem Moment, so kurz, dass dein Verstand ihn gar nicht fassen kann – und plötzlich wird alles in dir gleißend hell. Alles wird klar. Alles wird richtig. Und du weißt: *Das* ist es. *Das* ist meine Richtung. *Das* ist mein Weg. Und dein ganzer Körper wird geflutet von einer Energie, die so stark und aufsteigend ist, dass du in diesem Augenblick ganz sicher spürst: Ich kann es schaffen, meinen Weg auch zu gehen. Bis zum Ende. Über alle Hürden und Herausforderungen hinweg. Durch alle Widerstände und Widrigkeiten hindurch. **Denn diese Energie erhebt dich: über das, was war – hin zu dem, was sein soll.** Sie verbindet dich mit deinem *innersten Kern* und zugleich mit deiner größten Größe. Sie ist ein tiefes Wissen jenseits aller Berechnungen. Sie ist ein festes Vertrauen jenseits aller Argumente. Sie ist ein Aufbruch im Leben und ein Ankommen in dir. Sie ist ein Wieder-Entdecken und Neu-Erfinden. Denn in diesem Moment hast du sie tief in dir gefunden:

Die Kraft deiner Bestimmung

Auf der Suche nach der Bedeutung und dem wahren Sinn im Leben stößt du an einen Ort in dir, an dem diese Kraft bisher verschlossen, verdrängt, vergraben oder gar vergessen war. Du findest diesen Ort – und damit nicht nur ein Puzzleteil deiner Reise, sondern entdeckst den ganzen Spieltisch.

> Denn *die Kraft deiner Bestimmung* ist kein kleiner schöner Zusatz für ein gelungenes Leben. *Die Kraft deiner Bestimmung* ist die Grundessenz dafür, überhaupt jemals glücklich zu sein. Denn sie ist *deine* Essenz.

Deine innerste Urenergie, die in dir wohnt und darauf wartet, von dir gelebt zu werden. Mit der du dich wieder verbinden und die du hier und jetzt verkörpern sollst. Immer mehr. Immer klarer. Immer kreativer.

Nicht um dabei möglichst viele weltliche Ziele zu erreichen, sondern vor allem darum, der Mensch zu werden, der du wirklich bist. Denn sie ermächtigt und ermutigt dich, *deine Wahrheit* zu erkennen – und ihr zu folgen. Immer und überall: in allem, was du denkst und tust, was du dir erträumst und was du verwirklichst. In allem ist sie der *Antrieb,* der deinen Lebensmotor lenkt. Der dich nach vorn zieht und sagt: »Da geht es weiter. Bleib dran!« Sie ist ein innerer Aufruf, der stärker ist als jede Enttäuschung und jede Mühe, die du schon erlebt hast. Und zugleich ein sicherer innerer Anker, der dich schützt und stützt in den Stürmen unserer Zeit. Sie ist der Rohstoff, aus dem du dein Leben erbaust. Deine unerschöpfliche Quelle der Inspiration – und sie vibriert in jeder deiner Zellen.

Die Kraft deiner Bestimmung in dir zu entdecken, heißt also, eine geballte Ladung an Lebensenergie zu entfesseln. Einen

Funkenflug an Ideen und Motivation zu befreien, der nichts Geringeres ist als ein Urknall:

> ein Urknall, mit dem du alles in dir und alles rund um dich neu erbauen und erweitern kannst.
> Im Moment dieses Urknalls bist du nicht heil, aber plötzlich ganz. Du bist nicht allwissend, aber plötzlich ganz sicher. Du bist nicht am Ziel, aber an einem der wichtigsten Punkte deines Lebens.

Hast du diese Kraft erst entdeckt und bist du bereit, sie auch zu entfesseln, dann berührt sie alles in dir und in deinem Leben. Denn ihre Ausdehnung ist absolut. Sie will alles erfüllen: deine Beziehungen und deine Freundschaften. Deine Projekte und deine Ideen. Deine Sicht auf dich selbst und die Welt, in der wir leben. Sie will dich aus deinen dunkelsten Tiefen zurück zur Leichtigkeit und Freude bringen und dich in deinem höchsten Hoch sicher erden. Alles in seiner ganz eigenen Art und Weise. Und alles zum genau richtigen, für dich und deine Entwicklung perfekten Zeitpunkt.

Die Urknallkraft in dir

Das klingt zu gigantisch? Es *ist* gigantisch! Denn stell dir einmal vor, es gäbe so etwas wie einen Urknall, aus dem du entstanden bist. *Deinen ganz persönlichen Urknallmoment,* in dem all deine Energie, dein Facettenreichtum, deine Entwicklungsmöglichkeiten, deine Wachstumschancen, deine Talente, deine Herzensqualitäten, einfach alles – kabäääm – wie in einem gigantisch großen Schöpfungsmoment geformt und »gebaut« wurde, um dich in deiner ganzen Einzigartigkeit zu erschaffen. Um dich zu formen – als wichtigen und wertvollen Teil eines großen Ganzen, und dich auszustatten für deine *Aufgaben* als Mensch und Erfahrungen hier auf der Erde. Und um ein Zentrum tief in dir anzulegen, wo du mit dieser Urenergie und diesem kosmischen Feuer verbunden bleibst – um deinen inneren Funken zu nähren und zu stärken.

Die Vorstellung, dass eine derart starke Energie in dir wohnt, ist ein gigantischer Antrieb – und *die Kraft deiner Bestimmung* zu suchen, ist der Anfang einer ganz neuen Reise. Hast du sie erst entdeckt und befreit, können sich völlig neue Möglichkeiten für dich auftun. Ganz neue Chancen und Fähigkeiten können entstehen. Und das Wichtigste: Ein völlig neues Vertrauen in dich und deine Wünsche, Ziele und Träume kann erwachsen.

Wenn du an *die Kraft deiner Bestimmung* angebunden bist, bist du an den wahren Strom deines Lebens angebunden. Du stemmst dich nicht länger gegen ihn – und deine Träume und Taten fließen nicht länger in gegensätzliche Richtungen. Sie fließen stimmig ineinander. Sie bestärken und bekräftigen sich – und stärken damit *dich*. Und du lebst nicht mehr in einer Aneinanderreihung von leeren Routinen, sondern du lebst eine schöpferische und fordernde Freiheit, in der du deine ganze Welt neu erschaffen kannst. Von tief innen heraus. Und aus deinem inneren Urknall heraus dehnt sich dein Universum immer weiter und weiter für dich aus.

> *Die Kraft deiner Bestimmung* ist nichts, was wir sofort verstehen können. Sie ist etwas, das wir erleben, spüren und immer wieder neu entfesseln dürfen.

Lass uns daher deine Bestimmung nicht mit unserem analytischen Verstand suchen, sondern lass sie uns mit den Augen einer Philosophin und eines Philosophen sehen. Als jemand, der die Weisheit liebt und über das gewohnte Denken hinaussieht. Und lass uns mit dem Bild des Urknalls weiterarbeiten. Denn die Befreiung *der Kraft deiner Bestimmung* hat so viele wunderbare Gemeinsamkeiten mit unserer Vorstellung des Urknalls, der wahrscheinlich unser ganzes Universum hat entstehen lassen. Wie du sicherlich weißt, gehen Astronomen von der Theorie aus, dass unser Universum vor rund 13,8 Milliarden Jahren mit dem »Big Bang«, dem Urknall, entstanden ist. Im absoluten Nichts ereignete sich laut ihrer These ein gewaltiges Freiwerden von Energie, das alles, was wir bis heute messen können, in Erscheinung gebracht hat. Warum das geschehen ist und woher diese Grundenergie stammte, ist nach wie vor ein Mysterium. Doch die Astronomen nehmen an, dass sich das gesamte Universum vor diesem Moment des Urknalls in einer Blase befand. Und zwar in einer Blase, so klein wie ein Tausendstel eines Stecknadelkopfes. In diesem mikroskopisch kleinen Punkt sammelte sich die gesamte unbegreiflich umfassende Energie, die unser Universum bis heute belebt. In dieser winzigen Blase war es heißer und dichter, als wir es uns je vorstellen könnten. Der Druck stieg und stieg immer weiter an. Die Energie verdichtete sich ins Unermessliche, drängte nach Ausdehnung – und als diese Blase schließlich aufbrach, wurde mit einer epischen Energiefreisetzung der Funke des Initialfeuers gezündet. Und daraus wurde alles geboren: Raum, Zeit und Materie. *Alles,* was ist, nahm mit diesem Ausbruch seinen sichtbaren Anfang. Binnen Sekundenbruchteilen wuchs das Universum dann auf die Größe einer Galaxie heran – und dehnte sich in gigantischem Tempo immer weiter und weiter aus.

Und das tut es bis heute. Bis heute setzt sich diese Urkraft in allem fort, was uns umgibt und was wir Realität nennen. Auch der Sessel, auf dem du sitzt, das Papier in deinen Händen, die Augen, mit denen du diese Worte liest – alles ist eine Fortsetzung, ein sichtbarer Ausdruck dieser Energiewelle. Ja selbst die feinsten Nervenbahnen und die subtilsten elektrischen Ladungen in deinem Gehirn, die das Gelesene verarbeiten und in Gedanken und Gefühle übersetzen, sind erlebbare Fortsetzungen dieser Kraft. Dieses gigantischen galaktischen Moments, der im Hier und Jetzt weiterwirkt. Im Hier und Jetzt weiterschwingt – und in dir und allem, was du denkst und tust, seinen ganz eigenen Ton findet. Seine ganz eigene einzigartige Frequenz und seine ganz eigene einzigartige Form.

Es ist fantastisch, sich dieses Ursprungs bewusst zu werden. Dieser Größe und dieses Wunders, das wir nach wie vor nicht ganz ergründen können. Genauso wenig wie das Wunder unserer menschlichen Existenz. Denn auch du bist weit mehr als das, was du im Hier und Jetzt siehst. Aus dieser philosophischen Sicht bist du weit mehr als Fleisch und Blut, als Arbeit und Freizeit und als Funktionieren und Wünschen. Und auch dein Leben ist wie ein eigenes, sich immer weiter ausdehnendes Universum, das du mit vielseitigen, immer wieder neuen Möglichkeiten entfalten und gestalten kannst.

So wie die Urknallenergie im Universum dafür sorgt, dass sich das All immer weiter ausdehnt, so sorgt *die Kraft deiner Bestimmung* in dir dafür, dass auch du immer neue Wege finden und neue Wunder erleben kannst.

Genauso wie es ein Mysterium ist, woher die Urknallenergie des Universums stammt, bleibt letzten Endes auch ein Mysterium, woher diese einzigartige Kraft in *dir* kommt. Dennoch ist diese Energie *da*. Und sie ist aktivierbar. Sie ist verfügbar für dich. Denn auch tief in dir ist solch ein mit geballter Energie gefüllter Kern. Und in diesem Kern warten so viel Leidenschaft und Lebensfreude, so viel Motivation und Mut und so viele Träume und Ideen darauf, mit dem richtigen Funken entzündet zu werden – und dir die Kraft zu geben, dein Leben zu gestalten. **Denn du bist wichtig. Und diese Träume und Ideen in dir sind wertvoll.**

Darum freue ich mich sehr, dass du zu diesem Buch gegriffen hast. Dass du tiefer mit mir in dieses große Thema deiner Bestimmung eintauchen möchtest – und bereit bist, jenen Funken in dir zu finden, der deinen persönlichen Urknall entzünden kann und eine leuchtende Kettenreaktion aus Inspiration, Mut, Freude, Aufbruchsstimmung, Zuversicht und Vertrauen für dich in Bewegung setzt. Der dir selbst in diesen chaotischen Zeiten Klarheit gibt – und dir hilft, deine Vorhaben auch mitten in dieser Welt im Wandel mutig und voll Vertrauen zu verwirklichen.

Die Kettenreaktion deiner Bestimmung

Ob du deine Bestimmung zum ersten Mal bewusst suchst oder ob du ihre Kraft für deine nächste Lebensetappe neu entfachen möchtest – immer aktivierst du mit dem Entzünden deines inneren Funkens einen Prozess, der zuerst ganz im Stillen, ganz im Innersten beginnt – und schließlich die Macht hat, *alles* für dich zu verändern. Er aktiviert eine Kettenreaktion, die dein ganzes Leben neu ausrichten kann. Ich unterteile sie in sieben Phasen.

Die 7 Phasen der Kettenreaktion deiner Bestimmung

Phase 1: Sammlung

Die Kraft deiner Bestimmung **sammelt sich in deiner Tiefe**

Tief in dir ist bereits alles da. Dort kennst du schon die Richtung, die dein Leben nehmen soll. Die Themen, die dich wirklich bewegen, sind klar. Die Probleme, die du lösen, und die Neuerungen, die du in die Welt bringen willst, sind im Kern schon präsent. Und all die Energie, die mit deiner Bestimmung verbunden ist, sammelt sich schon in deiner Tiefe: Und mit jeder neuen Erfahrung, mit jeder Erkenntnis, mit jeder Beobachtung, die du an dir und in der Welt machst, wächst dein inneres Feuer. Du sammelst immer mehr Brennstoff aus Wissen und Einsicht. Eignest dir neue Fähigkeiten an, sammelst Inspiration und Ideen. Und auch der Schmerz, das Leid und die Liebe sind Brennmaterial für dein inneres Feuer, wie wir es später im Buch noch vertiefen werden.

Phase 2: Druck

Die Kraft deiner Bestimmung **drängt nach außen, der Druck steigt**

Während all des Sammelns in der stillen Tiefe deines Wesens entsteht etwas ganz Essenzielles: Sehnsucht. Eine Sehnsucht, all das zum Ausdruck zu bringen, was da in dir arbeitet, was dich so tief bewegt. Und du spürst: Die Themen und Probleme der Welt, für die du gern Lösungen finden willst, bedrücken dich immer mehr. Die Menschen, die bereits ihre Bestimmung leben, beeindrucken dich immer stärker. Und die Lösungen und Ideen, die in dir heranreifen, drängen immer weiter nach Verwirklichung. Da ist immer mehr Druck, dich zu verändern, dich zu erweitern, dich zu engagieren und deine Ideen umzusetzen … Es ist kaum noch auszuhalten in den alten Rollen und alten Gewohnheiten, und du fragst dich: »Was soll ich nur tun? Soll ich dieser Sehnsucht wirklich nachgeben und sämtliche Grenzen meines Lebens aufsprengen? Und wenn ja, was dann? Wird alles in tausend Teile zerspringen, was mir jetzt lieb und teuer ist?«

Doch das Leben wartet nicht, bis du dir sicher bist. Es liefert dir den zündenden Gedanken oder das eskalierende Feuer – und der Funke springt über.

Phase 3: Zündung

Dein innerer Funke wird entzündet

Sei es in einem Augenblick hellster Begeisterung oder in einem Moment dunkler Traurigkeit – plötzlich ist sie da: die Eingebung. Der befreiende Aha-Moment. Der Mensch, der dir die Augen oder Türen öffnet. Der Schlussstrich, der einen Neuanfang markiert. Der finale Schmerz, der es dir erlaubt zu gehen …

Wie auch immer der Funke aussieht: Er löst die Initialzündung aus, um neues Licht in dein Leben zu lenken. Und jede Form des Funkens ist gut, ist richtig. Denn es zählt nicht, warum oder wie sich die Energie in dir befreit, sondern einzig die Kraft der Entladung. Und damit dein entscheidendes Ja zur dir selbst und zu deinem besten Leben.

Phase 4: Freiwerden

Die Kraft deiner Bestimmung **bahnt sich ihren Weg aus deiner Tiefe hinein in dein Leben**

Damit ist sie frei: *Die Kraft deiner Bestimmung* ist aktiviert, die Blase ist zerplatzt, und das Neue will nun in deinem Leben sichtbar werden. Dies ist eine hochintensive Zeit der Befreiung, der Inspiration und des Neubeginns, die dich durch alle Höhen und Tiefen der Transformation und des Übergangs führen wird. Chaos und Klarheit liegen so eng beisammen wie in keiner anderen Phase – und du lernst das wahre Wesen der Freiheit kennen. Momente voll Leichtigkeit und Freude wechseln sich ab mit Orientierungslosigkeit und ganz neuen Formen der Verwundbarkeit. Denn du hast *deine Essenz* befreit – und musst nun lernen, sie zu leben und ihre Ausdehnung zu lenken.

Phase 5: Ausdehnung

Die Kraft deiner Bestimmung **dehnt sich immer weiter aus**

Die intensiven Veränderungen und Aufbruchsbewegungen

in der Phase des Freiwerdens finden langsam wieder in eine neue Struktur. Alles findet einen neuen Platz und erdet sich. Die anfängliche Begeisterung wird zu neuer Routine. Ängste lösen sich auf. Und zugleich öffnen sich immer mehr Türen für dich. Dein Universum expandiert. Du begegnest immer wieder neuen Menschen, neuen Möglichkeiten, neuen Wissensfeldern und neuen Projekten, die dich weiterbringen, die dich fordern und fördern. Und je öfter du Ja zur *Kraft deiner Bestimmung* sagst, je mehr Herausforderungen du annimmst auf diesem Weg, desto mehr Gelegenheiten werden sich dir bieten. Denn:

Die immerwährende Ausdehnung deiner Wirksamkeit und das immerwährende Wachstum deines Wesens ist das wichtigste Grundprinzip deiner Bestimmung.

Phase 6: Vielfalt

Die Kraft deiner Bestimmung **nimmt unterschiedlichste Formen an**

Dein Urknall hat ein ganzes Universum an Möglichkeiten für dich erschaffen, in dem du dich und *die Kraft deiner Bestimmung* immer weiterentwickeln und -formen darfst – und sollst. Sie ist eine Kraft höchster Kreativität. Eine Kraft, die nie stillsteht und die keinen deiner Lebensbereiche unberührt lässt. Das heißt: Ideen, die ihren Urknall im privaten Bereich erleben, können zu kraftvollen Geschäftsmodellen heranreifen. Über Talente, die zuerst ein Hobby waren, könntest du irgendwann einen wichtigen sozialen Beitrag leisten. Partnerschaften können mit *der Kraft deiner Bestimmung* eine ganz neue Ebene erreichen. Du kannst deinen *beruflichen, privaten* und *persönlichen Raum* viel bewusster und viel prägender formen – und erlaubst dabei auch, dass diese Formen vergehen, um wieder neuen Platz zu machen. Für dein wahres, schöpferisches Wesen zählt immer das Jetzt. Die Anforderung des Moments. Und die Freude an der Fülle und Vielfalt des Lebens.

Phase 7: Lebendigkeit
Ein neuer Kosmos ist entstanden

Jede Idee, die du verwirklicht hast, jeder Schritt, den du gesetzt hast, hat einen ganz neuen Kosmos erschaffen. Beruflich, privat und persönlich stehst du an einem völlig anderen Punkt als vor deinem Urknallmoment. Denn du bist herausgetreten aus dem Raster dessen, was *man* tut, was *man* will – und lebst *dich*. Du lebst deine Wahrheit und kreierst damit deinen eigenen Wirklichkeitsraum. Deinen eigenen Kosmos, den du durch deinen Glauben an deine Fähigkeiten, deine neuen Netzwerke, deinen Einsatz und deine gelebten Ideen geschaffen hast. Und dabei verbindest du dich immer stärker mit deiner Urenergie und deinem Urvertrauen. Mit deinem Schöpfungsimpuls und deiner schöpferischen Gestaltungskraft. Und wirst mehr und mehr zu dem Menschen, der du bist. Durch dein Erkennen, dein Ausbrechen, dein Vertrauen, dein Dranbleiben, dein Wachsen und dein Weitergehen.

Das Universum dehnt sich aus. Und *die Kraft deiner Bestimmung* will, dass du dich immer weiterentwickelst. Dir immer mehr zutraust. Kreativ wirst, immer neue Lösungen findest und voll Freude und Vielfalt lebst.

Und wie beim Urknall des Universums gibt es auch in der Erfüllung deiner Bestimmung kein Zurück mehr. Ist der Funke in dir erst gezündet, ist dir bewusst geworden, welche Kräfte und Möglichkeiten in dir warten, ist kein Zurückzwängen in das Alte mehr möglich. Denn du würdest dich dabei schmerzlich selbst verraten. Alles, was einmal vom Unbewussten ins Bewusste gekommen ist, kannst du nicht mehr ins Vergessen drängen. Ab einem gewissen Punkt dieser Reise gibt es nur noch ein Vorwärts, ein Ausdehnen, ein Neu-Erschaffen von dem, was richtig und wichtig für dich ist. *Die Kraft deiner Bestimmung* bahnt sich dabei immer ihren Weg in die Richtung, in die du sie ausrichtest. Und formt dabei das Abenteuer, das du dein einzigartiges Leben nennen darfst und das meist an einem dieser drei Startpunkte neu beginnt:

Die drei Startpunkte der Suche nach deiner Bestimmung: die Rückkehr, der Aufbruch, die Erweiterung

Fangen wir ganz im Hier und Jetzt an: Wo stehst du gerade? In einem Leerraum, in dem du keine Inspiration und keine Richtung finden kannst? In einem ewig gleichen Alltag, der dich zum einen in seinen Routinen unterfordert und zum anderen in der Masse der To-dos überfordert? Oder mitten in einem Leben, das du dir einmal genauso gewünscht hast, das dich jetzt aber nicht mehr glücklich macht?

Wo auch immer du dich gerade befindest: Jeder dieser Startpunkte ist ein Zustand, in dem dein Funke überspringen und die Kettenreaktion deiner Bestimmung auslösen kann. Denn in jedem dieser Startpunkte ist eines da: Sehnsucht. Nach einem Leben, das dir entspricht. Das dein Herz erfüllt und dir Sinn schenkt. Und dieser Sehnsucht zu folgen, wird dich auf deinen *Bestimmungspfad,* also den Weg deiner gelebten Bestimmung, führen.

Die Rückkehr aus dem Leerraum des Vergessens

Vielleicht fühlt es sich für dich im Moment noch so an, als wäre die Energie *der Kraft deiner Bestimmung* in dir fest in der Blase verschlossen. Als wärst du meilenweit entfernt vom zündenden Funken und deinem Urknallmoment, so fern von der Energie, die du so nötig bräuchtest. **Möglicherweise fragst du dich sogar, ob es so etwas wie deine Bestimmung überhaupt gibt.** Ob dein Leben je einen Sinn hatte oder haben wird. Oder ob all das nur ein Trugschluss ist. Denn du spürst gerade nur Leere. Wenn dem so ist, dann habe ich eine große Bitte an dich: **Gib nicht auf.**

Dieser Startpunkt der Suche nach deiner Bestimmung ist eine große Herausforderung und auch mir selbst schmerzlich vertraut. Er fordert alles von uns ab. Denn wir sollen auf das Gegenteil von dem vertrauen, was wir gerade als real erleben.

Es ist tatsächlich einer der dunkelsten und herausforderndsten Startpunkte, an dem wir uns befinden können – und ich habe tiefsten Respekt vor dir, vor all den Gefühlen, die du durchlebst, und vor all den Hürden, die du meisterst. Und gerade deshalb wünsche ich dir von Herzen, dass es tief in dir richtig zu brennen beginnt. Richtig zu lodern. Selbst wenn sich das extrem intensiv, fordernd oder sogar unangenehm für dich anfühlen mag, wünsche ich dir, dass du den Punkt in dir aufspürst, an dem deine Sehnsucht heiß, unruhig und wütend nach dem Leben ruft. Denn dieser brennende Punkt ist der Ort, an den sich *die Kraft deiner Bestimmung* zurückzieht, wenn sie im Leben keinen Raum finden kann. Und dort, mitten in diesem nagenden Gefühl der Unruhe, kannst du sie wiederfinden. Denn *die Kraft deiner Bestimmung* verschwindet nie. Sie ist nur überlagert. Verdeckt und verborgen unter Enttäuschung und Angst.

An diesem Startpunkt geht es darum, sie aus ihrem Versteck zu retten, indem du dich selbst rettest. Ich nenne diesen

Punkt den **Startpunkt der Rückkehr – und er ist die Rückkehr zu dir.** Raus aus dem Leerraum, in den wir fallen, wenn wir uns sehr weit von unserem wahren Kern entfernt haben.

Der erste Schritt ist, dir einzugestehen, dass du dich selbst verlassen hast. Und all die Gefühle zuzulassen, die das Bewusstsein über diese Trennung mit sich bringt: die Leere, die Trauer, die Wut, die Scham und die Kleinheit, die wir spüren, wenn wir so weit von unserer Essenz entfernt sind.

Anzuerkennen, dass du einen Weg zurück zu dir selbst vor dir hast und dass du diesen Weg ohne jeden Selbstvorwurf antreten kannst. Ohne jeden Selbsthass. Denn ganz gewiss hattest du gute Gründe dafür, den inneren Raum deiner Bestimmung verschlossen zu halten, deine Bestimmung nicht zu leben, sondern dich von ihr und ihrer Energie zu distanzieren. Vielleicht war einfach kein Platz für deine Gedanken, deine Ideen, deine Träume, deine Sicht auf die Welt. Vielleicht war es in dem Umfeld, in dem du dich bewegst, sicherer für dich, dich nicht zu entfalten, sondern zu entsprechen, zu funktionieren, so zu sein wie alle anderen. Und wenn dem so war und diese Trennung von dir selbst für dich überlebenswichtig schien, hast du damit richtig gehandelt. Denn es ist dein Urbedürfnis und dein Grundrecht, dich in Sicherheit zu bringen, zu schützen.

Doch jetzt bricht eine andere Zeit an: die Zeit der Rückkehr und Rückverbindung an deine innere Kraft. Ich lade dich ein: Vertraue darauf, dass diese innere Kraft auch dir gegeben ist. Dass dieser Raum in dir existiert. Und dass sich die Energie, die du suchst, dort gerade für dich verdichtet und sammelt – um mit dem richtigen Funken einen neuen Urknall in deinem Leben zu entzünden. Mein Herzenswunsch ist es, dir in diesem Buch all das mitzugeben, was ich dir mitgeben kann, damit du diesen Funken in dir entdeckst.

Der Aufbruch aus einem Leben für die anderen

Es kann auch sein, dass sich die Blase, in der sich das Neue sammelt, bereits ein Stück weit für dich geöffnet hat. Dass der Funke schon leise in dir zündet und knistert – und du *die Kraft deiner Bestimmung* bereits zu erkennen beginnst. Dass du eine erste Ahnung, erste Bilder und Ideen hast – und dass du einen immer größeren Drang verspürst, dich und dein Leben zu verändern. **Dies ist der Startpunkt des Aufbruchs.**

Du spürst, dass dich etwas Neues, etwas Größeres ruft, doch du weißt noch nicht, welche konkreten Ziele du verfolgen oder welche ersten Schritte du setzen kannst – du spürst die aufsteigende Kraft, doch dir fehlt noch die Klarheit. Und vielleicht fehlt dir auch ein Stück weit der Mut, deine eigene Wahrheit zu leben und deinen Urknall zu entzünden. Denn was könnte alles passieren? Was könnte zerbrechen? Wer könnte überrascht, wer enttäuscht und wer sogar erzürnt sein? Du zögerst, denn du hast so viele Jahre immer entsprochen, das getan, was andere von dir erwartet oder dir geraten haben. Du wolltest einfach, dass die Dinge für alle funktionieren. Nach Plan. Nach Vorgabe. Du hast dich stets um alles und alle gekümmert – doch jetzt wird es Zeit, dass du dich um *dich* sorgst. Dass du die Dinge ins Zentrum stellst, die *dir* wirklich wichtig sind, und die Pläne verwirklichst, die *dein Herz* erfüllen. Dass du auf die Stimme hörst, die sich immer lauter und immer öfter in dir meldet, die sagt:

»Das kann noch nicht alles gewesen sein. Ich weiß, da ist noch so viel mehr, das ich leben und geben kann. Da ist noch etwas anderes, etwas Größeres in mir – und das will ich verwirklichen. Denn jetzt kommt meine Zeit.«

Wenn du so ähnlich empfindest, dann möchte ich dich bestärken: in deinem Hineinhören in dich, in deiner Neugier auf das, was da wartet.

Und auch in dieser Phase des Aufbruchs sage ich: Bleib dabei. Nähere dich dieser Stimme weiter an. Nimm sie ernst, höre immer genauer hin. Und erlaube dieser Kraft, dieser Aufbruchsstimmung in dir, immer weiter und weiter aufzublühen. Gehe ihr nach, und folge ihren Spuren.

Ich werde dir in diesem Buch Hinweise geben, wo du nach diesen Spuren suchen und wie du deine innere Stimme stärken kannst. Den Pfad hin zu deiner Bestimmung kannst jedoch nur *du selbst* beschreiten. Sei dir dabei aber sicher: Du hast alles, was du dazu brauchst, bereits in dir. Du darfst es befreien – und immer mehr erweitern.

Die Erweiterung deiner Bestimmung

Vielleicht befindest du dich am dritten Startpunkt der Suche nach *der Kraft deiner Bestimmung*: **in der Erweiterung.** Als ein Mensch, der seinen Bestimmungspfad bereits angetreten, der schon verschiedene Höhen und Tiefen durchlebt hat und sich nun fragt: »Was ist mit meiner Leidenschaft passiert? Wo habe ich meinen Elan und meinen Enthusiasmus verloren? Warum fühle ich mich so geschwächt und gelangweilt von dem, was einst das Größte für mich war? Wo sind all die Leichtigkeit, Motivation und die Freude, die ich anfangs verspürte? Ich bin meiner Vision und meinem Herzen gefolgt – und doch fühlt sich jetzt alles so falsch, so zäh und schwer an. Was ist passiert?«

> Es ist fast so, als hättest du ein schillerndes Universum nach deinen Wünschen erschaffen, doch du findest dich nun selbst nicht mehr darin. Es dreht sich mit all seinen

Planeten jeden Tag weiter und weiter – und du hast das Gefühl, von diesem Rad erdrückt zu werden.

Vielleicht, weil du in all dem Tun und Umsetzen die Freude an der und die Liebe zur Sache verloren hast? Vielleicht, weil du deiner Ursprungsidee entwachsen bist? Oder vielleicht, weil du dir deine Erfolge und Ergebnisse doch anders vorgestellt hast?

Der Druck, den du spürst, kann ein Hinweis darauf sein, dass sich in deiner Tiefe bereits eine neue Energie gesammelt hat, mit der du auch etwas Neues in deinem Leben gestalten kannst. Dass die Zeit also reif ist für eine Phase des Wachstums und der Erweiterung.
Darum nimm dir Zeit für Einkehr und Ruhe, um in dich hineinzuhorchen und zu erkennen, welche Veränderungs- und Entwicklungsmöglichkeiten sich dir zeigen wollen. Damit du deine Bestimmung einmal mehr in einer ganz konkreten *Berufung* zum Ausdruck bringen kannst.

Denn deine Bestimmung ist *mehr* als deine Berufung: Deine Bestimmung ist der kraftvolle Grundimpuls deines Lebens, deine Berufung ist dann die praktische Umsetzung dieser Kraft in deinen Projekten, Partnerschaften und Berufen.

Und diese Umsetzung, diese Form, die deine Bestimmung über deine Berufung hier in der Welt annimmt, darf sich weiterentwickeln und verändern. Weil auch du dich entwickeln darfst. Und immer wenn dir deine Projekte, deine Partnerschaften oder deine Berufspositionen zu klein oder nicht mehr stimmig im Sinne deiner Bestimmung erscheinen, dann ruft sie dich dazu auf, deine Ziele neu zu setzen und dich auf neue, weitere Pfade zu wagen, die dich letztlich noch näher an *die Kraft deiner Bestimmung* heranführen. Das heißt: Selbst wenn du deine Berufung bereits gefunden hast, wird dich trotzdem immer wieder eine Sehnsucht nach Erweiterung dazu animieren, einen neuen Schritt zu wagen.

Gerade in Zeiten, in denen wir viel Chaos und Veränderung in der Welt miterleben, kann es sein, dass dich deine Bestimmung umso lauter und spürbarer dazu aufruft, **deine Zeit so zu investieren und deinen Weg so zu gestalten, dass du dabei Sinn spüren und** *die Kraft deiner Bestimmung* **bestmöglich ausleben kannst.** Weil diese aufbauende, mutmachende Kraft gebraucht wird – und weil sie durch dich dann umso stärker in deine Familie und in deine Freundschaften, in deine Teams, in deine Projekte – ja in dein ganzes Leben fließen kann.

Vergiss nie: Der Entwicklungs- und Entfaltungsprozess der *Kraft deiner Bestimmung* kennt kein Ende. Er ist unerschöpflich. Er bietet dir immer neue Chancen, die du ergreifen darfst. Und er fordert dich immer wieder neu heraus zu wachsen – und mitten in all den Herausforderungen deines Alltags immer bewusster, freier, mutiger und zugleich immer mitfühlender, großzügiger und schöpferischer zu leben.

An welchem Startpunkt der Suche du auch gerade lebst – immer geht es darum, deine Essenz neu zu erfassen. Immer wirst du aufgerufen, an dich selbst und deine wahre Größe zu glauben. Immer wartet ein innerer Funke darauf, von dir entdeckt zu werden. Damit er dein Lebensfeuer neu entfachen kann, das *die Kraft der Bestimmung* in dir befreit.

Der Weg der Selbsterinnerung

In diesem Prozess, in diesem Zurückkehren, Aufbrechen oder Erweitern, geht es zunächst nicht so sehr darum, etwas hinzuzufügen. Es geht vielmehr darum, etwas loszulassen. Die Suche nach deiner Bestimmung ist kein Weg der Selbstverbesserung oder der Selbstoptimierung.

Der Weg zur *Kraft deiner Bestimmung* ist ein Weg der Selbst*erinnerung*.

Und dieses Erinnern geschieht zunächst im Loslassen: im Ablegen von Masken, von viel zu engen Lebenskorsetten und leeren Gewohnheiten. Damit Platz frei wird für die Erinnerung an deine wahre Natur, deine wahren Werte. An das, was dir wahrhaft Freude macht. Und für die Erinnerung an die Kostbarkeit des Lebens – und seine so oft vergessene Vergänglichkeit. Denn all »das hier«, deine ganze Existenz, ist eine limitierte Erfahrung. Dein Countdown läuft. Genauso wie meiner. Und wir alle sind aufgerufen, unsere Zeit weise zu nutzen. Unsere Energien bestmöglich einzusetzen. Und unsere Entscheidungen so bewusst und so schöpferisch wie möglich zu treffen. Denn auch wenn *die Kraft deiner Bestimmung* sich immer weiter ausdehnen will und wir weiterwachsen sollen, ist unserem Leben als Mensch eine ganz natürliche Grenze gesetzt. Und spätestens dann, wenn wir an dem Tor stehen, durch das wir dieses Leben verlassen werden, schauen wir nicht mehr auf das, was wir angehäuft und auf den ehrgeizigen Streifzügen des Egos errungen haben. Sondern auf die Freude, die Freiheit, das Glück, den Mut, die Verbundenheit und die Liebe, die wir gelebt und geteilt haben.

Am Totenbett ziehen wir Bilanz gemäß unserer Bestimmung – und bedauern all das, was uns von ihr getrennt hielt.

All das, womit wir uns selbst klein- und zurückgehalten haben. Denn an diesem Tor gibt es keinen Grund mehr für Ausflüchte und Ablenkung. Wir sehen wohl glasklar bis auf den Grund unseres Herzens. Und wir bedauern die Momente, in denen wir uns verboten haben, unseren »verrückten« und großen Ideen zu folgen und unsere mutigen Schritte zu setzen. Wir bedauern das, was uns davon abgehalten hat, wir selbst zu sein. Wir bedauern, was wir uns gewünscht, aber nicht getan haben. Was wir wollten, aber nicht versucht haben. Was wir nicht gewagt, nicht gesagt, nicht gelebt haben von alledem, was in uns auf Verwirklichung gewartet hat. Das, wofür wir uns nicht die Zeit genommen haben. Wofür wir nicht den nötigen Mut aufgebracht haben. Und – und das ist ganz wichtig für unseren Weg in diesem Buch – wofür wir uns nicht *würdig* genug gefühlt haben.

Die viel zitierten »5 Dinge, die Sterbende am meisten bereuen«* aus dem gleichnamigen Buch von Bronnie Ware bringen all das sehr eindrücklich auf den Punkt:

1. »Ich wünschte, ich hätte den Mut gehabt, mein eigenes Leben zu leben.
2. Ich wünschte, ich hätte nicht so viel gearbeitet.
3. Ich wünschte, ich hätte den Mut gehabt, meine Gefühle auszudrücken.
4. Ich wünschte, ich hätte den Kontakt zu meinen Freunden aufrechterhalten.
5. Ich wünschte, ich hätte mir erlaubt, glücklicher zu sein.«

---

* Bronnie Ware: 5 Dinge, die Sterbende am meisten bereuen. Einsichten, die Ihr Leben verändern werden. Goldmann, 2015

Diese Wünsche haben eines gemeinsam, was für unsere Reise zur *Kraft deiner Bestimmung* wichtig ist: **Du kannst dir jeden dieser Wünsche *selbst* erfüllen. In jeder Lebensphase. Es ist nie zu früh – und nie zu spät.** Du bist nie zu reich – und nie zu arm. Es sind keine komplizierten Vorhaben, die dir Unmenschliches abverlangen, sondern ein schlichter, einfacher Aufruf zu mehr Bewusstsein und zu einer liebevolleren, (selbst-)wertschätzenderen Gestaltung deiner begrenzten Zeit hier auf Erden. Sie rufen dich dazu auf, dir selbst, deinem Leben und den Menschen darin intensiver zu begegnen: mit mehr Präsenz – und einem offenen Herzen voll Mut, Wahrheit und Liebe.

Woher du kommst. Wohin du gehst

In dem Moment, in dem diese irdische Chance ausläuft, *die Kraft deiner Bestimmung* zu verwirklichen, fragen viele Menschen nicht nur danach, wie viel Glück sie erlebt und was sie versäumt haben. Sondern sie fragen auch: »Woher komme ich?«, weil sie wissen wollen, wohin sie nun gehen werden.

Doch diese Frage danach, woher wir kommen und wohin wir gehen, sollten wir nicht erst in der letzten Stunde stellen. Sie ist essenziell für die Aktivierung *der Kraft deiner Bestimmung,* denn sie führt dich zwangsläufig über den Moment deiner Geburt und deines Todes hinaus. Sie bleibt nicht stehen bei deinem ersten Schrei und genauso wenig bei deinem letzten Atemzug. Denn da ist mehr, das dich ausmacht und prägt, als dein In-die-Welt-Kommen und deine Sterblichkeit. Du bringst etwas Eigenes mit. Etwas, das dich auszeichnet, das dich zu *dir* macht. Das einzigartig und *deine Essenz* ist. Und die Frage nach dem »Wo komme ich her, und wo gehe ich hin?« will wissen, ob diese Essenz die Zeit überdauert. Ob ein Funke von dir zurückbleibt – und ob etwas von dir mitgeht ins unendlich Ungewisse. Diese Frage übersteigt unsere sichtbare materielle Ebene.

Das buddhistische Verständnis davon lässt sich in einem schönen Bild wiedergeben: Unsere innere Essenz ist die Flamme einer Kerze. Ist das Wachs der Kerze verzehrt, wird mit der Flamme eine neue Kerze entzündet. Nicht die Kerze bleibt, nicht die Kerze kehrt in einem neuen Leben wieder, jedoch das Feuer. Der Funke. Und dieser Funke trägt den Grundimpuls, die Grundschwingung, den Urton dieses Lebens in sich.

In welcher spirituellen Tradition oder ethischen Richtung wir auch forschen: Überall ist diese Grundannahme enthalten, dass es einen schöpferischen Urimpuls in dir gibt. Überall wird deinem irdischen Leben ein *höherer Zweck*, ein *höherer Sinn* zugeschrieben. **Nichts sei zufällig hier, auch du nicht.** Nichts sei losgelöst von deiner unerschöpflichen Quelle der Lebendigkeit. Und nichts sei je ohne Bedeutung: weder die Sekunde noch der Ort deiner Geburt. Weder deine Herkunft noch die Wege, die du bisher eingeschlagen hast.

Ist deine Bestimmung also dein unausweichliches Schicksal? Gibt es so etwas wie eine Blaupause, die dein Leben vorzeichnet? Diese Vorstellungen sind sehr starr. Sie können den Eindruck erwecken, dass du keine Wahl hättest.

Doch du hast eine Wahl. In jedem einzelnen Augenblick kannst du entscheiden, welchen Gedanken und Gefühlen du Raum gibst: denen, die dich stärken, oder jenen, die dich schwächen. Denen, die dich festhalten, oder jenen, die dich zu neuem Mut führen.

Der schöpferische Urimpuls in dir gibt dir eine Richtung vor. Den Weg selbst wählst und gestaltest du: durch ein bewusstes

Erkennen deiner inneren Kraft, durch die bewusste Entwicklung und Entfaltung deiner Persönlichkeit und letztlich durch die bewusste Gestaltung deiner Tage.

Selbst wenn du dein Leben nur selten nach spirituellen Gedanken ausrichtest, lade ich dich doch ein, gemeinsam mit mir eine höhere Perspektive einzunehmen. Damit wir auch tatsächlich dorthin finden können, wo wir in diesem Buch hinmöchten: zu einer höheren Bedeutung deiner Persönlichkeit – und einem tieferen Sinn in deinem Leben.

Dein höherer Sinn braucht deine höhere Perspektive

Betrachten wir *Bedeutung* und *Sinn* in verschiedenen spirituellen Traditionen, so stellen wir fest, dass eines immer stark betont wird: die Vorstellung, dass wir Menschen von einer Kraft »beseelt« sind, die uns dazu ermächtigt, hier auf der Erde für eine begrenzte, aber bedeutende Zeit zu wirken. Um dann – nach erledigter Aufgabe und angereichert mit neuer Erfahrung und erweitertem Bewusstsein – wieder zurückzukehren in die spirituelle Sphäre, an die wir zeitlebens angebunden waren. Sei es über den *silbernen Lebensfaden*, den *Seelenstrang*, den sogenannten *Sutratma*, eine *unsterbliche Seele.* Oder über das, was der hebräische Urbegriff *næfæš* als Lebenskraft, Lebensenergie oder Hauch bezeichnet und das uns Menschen zu vitalen, schöpferischen und inspirierten Wesen macht.

Lass uns für unsere gemeinsame Reise durch dieses Buch an diese Vorstellung anknüpfen und *die Kraft deiner Bestimmung* als eine Kraft in dir sehen, die dir *gegeben* ist. Die dir *garantiert* ist. Als eine Grundlage für dein Leben. Als ein schöpferischer Urimpuls für deine gesamte Existenz hier auf der Erde, der unverhandelbar und sicher ist. So sicher wie das Auf- und Untergehen der Sonne. Und so natürlich wie deine Fähigkeit zu atmen. Sie gehört zu dir und deinem menschlichen Leben wie dein Herzschlag.

Du musst dir *die Kraft deiner Bestimmung* nicht erst verdienen. Du musst sie dir nicht erarbeiten. Sie ist da. Und mit *der Kraft deiner Bestimmung* lebst du als Mensch in deiner ganzen Originalität, mit all deinen verschiedenen – bereits genutzten oder noch ungenutzten – Fähigkeiten.

Deine Talente und Begabungen sind dabei wie ein Schlüsselbund voll Möglichkeiten, deine Bestimmung zu leben: in verschiedenen Projekten und Berufen, in Beziehungen und Partnerschaften und in all den persönlichen Erlebnissen und Erfahrungen.

Ja, lass uns für dieses Eintauchen in *die Kraft deiner Bestimmung* unsere rationale Ebene des Denkens erweitern. Weil wir dich nicht – wie es das materialistische Weltbild einfordert – als eine Art Maschine sehen, deren Gedanken, Gefühle, Wünsche, Sehnsüchte und Träume nichts weiter sind als eine vom Gehirn erzeugte, an sich bedeutungslose Aneinanderreihung elektromagnetischer Impulse. Deren Wahrnehmung der Welt nicht mehr ist als eine Art Abfallprodukt neurologischer Vorgänge. Sondern wir sehen dich – wie es in postmateriellen, idealistischen, geistigen, mystischen, aber auch systemischen Weltbildern verankert ist – als ein geniales, höchst komplexes, multidimensionales Wesen: ein Wesen, das seine Wirklichkeit mit seinem Bewusstsein nicht nur wahrnehmen, sondern auch beeinflussen kann. Das in einem gigantisch großen Raum der Möglichkeiten lebt, den es gestalten und nutzen soll. Das jede Fähigkeit hat, sich zu entwickeln, seine Ideen umzusetzen und sogar etwas völlig Neues in die Welt zu bringen.

> Sehen wir dich auch als ein Wesen, das über seine alten Prägungen, Erfahrungen, Gedanken und Gefühle hinauswachsen kann. Das alte Enttäuschungen und Verletzungen erkennen, integrieren und heilen kann. Das sich immer wieder neu ausrichten und kreativ neu erfinden kann. Das sich selbst überraschen darf. Und im Leben auch unvorhersehbare oder für andere mitunter nicht nachvollziehbare Wege beschreiten will.

Weil du bereit bist, dich auf den Weg zurück zu dir zu machen – und dabei das Wunder der Welt und die wahre Magie des Lebens entdecken willst.

Nur Maschinen sind starr. Nur sie folgen einer klar vorgezeichneten, berechenbaren und zwingenden Logik. Ihre Abläufe sind immer planbar und genau umsetzbar: von A zu B zu C. Und im Falle eines Versagens korrigieren wir laut Plan mit D. Vergiss nie:

> Maschinen sind geschaffen, um zu *funktionieren*.
> Du als Mensch bist hier, um zu *kreieren*.

Bei jeder Maschine zählt ihre Funktion. Sie ist der bloße Zweck ihrer Existenz. Kann die Funktion nicht mehr erfüllt werden, verliert die Maschine ihre Bedeutung. Bei uns Menschen hingegen zählen unsere Einzigartigkeit, unsere Entwicklung, unsere Initiative und unser Grad der Lebendigkeit. Die Funktion, die wir gerade in Form unseres Berufes, unserer Position, unserer Ausbildung, unseres Beziehungsstatus oder unserer Familiensituation eingenommen haben, ist nur *eine* Farbe in einem gewaltig großen Bild. Unsere Funktion als Autorin oder Anwalt, als Auszubildende oder Studierende, als Mutter oder Vater, als Tochter oder Sohn ist nicht der finale Zweck unseres Daseins. Und wenn du je versucht hast, in einer deiner Funktionen wie eine Maschine zu funktionieren und alles nach Plan und Vorschrift zu machen, weißt du aus eigener Erfahrung, wie sehr dich das begrenzt, einengt und kleinhält. Wie schmerzhaft es deine Freiheit verdrängt. Wie schnell es dich ausbrennen lässt und dein inneres Feuer erstickt. Und wie es dich mit den Jahren sogar so weit bringen kann, dass du *die Kraft deiner Bestimmung* scheinbar verlierst. Weil du sie im täglichen Funktionieren ganz unter toten Ritualen und leeren Gewohnheiten vergessen und vergraben hast.

Doch es gibt immer die bereits erwähnte Rückkehr. Und du darfst dir stets sicher sein: **Du kannst deinen Weg der Bestimmung nicht *nicht* finden. Denn du gehst ihn bereits.** Alles, was hinter dir liegt, ist schon ein Teil deiner Bestimmung und ein Teil deiner *goldenen Lebensspur*. Doch jetzt ist es an der Zeit, diese Lebenserfahrung mit mehr Wachheit, mehr Kraft, mehr Klarheit, mehr Freude und mehr Bewusstsein zu gestalten – und deiner *inneren Führung* zu folgen, die wir in Kapitel 5 näher kennenlernen werden.

Denn genauso wenig, wie sich dein Menschsein über deine Funktion definiert, findest du deine Bestimmung mit deinem Verstand. Sie ist keine logische Schlussfolgerung eines Eignungstests. Kein Ergebnis einer Stärken-Schwächen-Analyse oder irgendeines Persönlichkeitsprofils. Obwohl ich ein großer Fan solcher logischen Methoden bin und die Einblicke sehr spannend und inspirierend finde, weiß ich doch, dass diese Techniken immer nur ein Instrument sind. Eine Landkarte. Doch selbst wenn du die angezeigte Route auswendig lernst – navigieren, lenken, Gas geben, bremsen und die Aussicht genießen musst du selbst. Und jede Ausfahrt, die dir Freude macht, darfst du nutzen. Denn Umwege gehören dazu. Genauso wie Unfälle. Und wenn du Glück hast, sogar überraschende Übernachtungen in Cafés am Rande der Welt.

Die Kraft deiner Bestimmung entfaltet sich nicht im theoretischen Verstehen, sie entfaltet sich in deinem Ja zum Weg. Und im Durchleben und Durchschreiten deiner tiefsten Tiefen und höchsten Höhen.

Deine Bestimmung ist weder etwas Logisches noch etwas Fixes. Und sie ist auch weit größer als dein Wille. Denn deine Willenskraft, dein Ehrgeiz, dein Fleiß sind letztlich nur verschiedene Triebwerke zur Umsetzung, jedoch nicht *die Kraft deiner Bestimmung* selbst. Auch das, was wir als »Hoffnung« bezeichnen, ist nicht der Funke, der entscheidet. Denn Hoffnung ist passiv. Sie ist eine Art des Wartens. *Die Kraft deiner Bestimmung* jedoch ist aktiv. Etwas, das dich vorwärtszieht und will, dass du ins Tun kommst. Mitten im Hoffen und Warten auf ein erfüllteres Leben will sie dich wachrütteln und aus den Tiefen deines innersten Kerns heraus an genau diesen innersten Kern erinnern. Sie will sagen: »**Hör auf zu warten! Hör auf, dich selbst zu täuschen! Hier, tief in dir, da weißt du genau, was zu tun ist. Schau hin, vertraue dir selbst und deiner Kraft – und gehe los!**«

Ungewöhnliche Pfade und unsichtbare Richtungsweiser

Menschen, die ihrer Bestimmung folgen, nehmen wir oft als besonders lebendig und »leuchtend« wahr. Denn sie sind ihrer brennenden Sehnsucht gefolgt. Sie haben ihren inneren Funken überspringen und die Kettenreaktion nach dem Urknall geschehen lassen – und in der Ausdehnung und Vielfalt ihre Lebendigkeit gefunden. Sie haben innere und äußere Zäune eingerissen und mit den Brettern ihr Lebensfeuer geschürt. Sie zwängen sich nicht länger in ein fremdes Raster. **Ihre Entscheidungen sind mutig. Ihre Wege ungewöhnlich, steinig und sehr oft sehr beeindruckend. Sie nehmen so viel Unsicherheit auf sich – und scheinen dabei doch so sicher und getragen zu sein.** Nicht von äußeren Ratschlägen oder Konzepten, sondern von unsichtbaren Richtungsgebern in ihrem Innersten. Von einer kreativen Kraft, die immer neue Lösungen und neue Entwicklungsmöglichkeiten sieht. Nicht selten treffen sie Entscheidungen, die zunächst völlig verrückt erscheinen – doch letztlich offenbar die Macht haben, ihr Leben wieder zurechtzurücken. Um sie dann zu neuen, großartigen Räumen zu führen, in denen sie sich und ihre Projekte ganz neu erfinden. Sie haben offenbar einen anderen Blick auf die Welt und einen anderen Zugang zu ihren Möglichkeiten. Eine andere Wahrnehmung von sich selbst und den Menschen, denen sie begegnen.

Und auch du wirst mit *der Kraft deiner Bestimmung* anders handeln. Wenn du sie zur wegweisenden Kraft deines Lebens machst, wirst du ganz neue Eigenschaften an dir erleben: eine neue Offenheit für Menschen und Chancen. Eine neue Weitsicht für deine Entscheidungen und Handlungen. Einen neuen inneren Antrieb und eine ganz neue Entschlossenheit, deinen eigenen Weg zu gehen. Selbst die Angst davor, Fehler zu machen, kann sich völlig verwandeln: in Neugier auf das Unbekannte und Verbundenheit mit dir selbst. In Kreativität und eine ganz neue innere Größe.

Dein kleiner Traum und deine große Aufgabe

Selbst wenn du im Moment noch nicht die geringste Ahnung davon hast, wie deine Bestimmung aussehen soll und wohin sie dich führen kann, bin ich doch sicher: **Du hast dieses Buch nicht für deinen kleinen Traum gewählt, sondern für deinen großen.** Nicht um ein bisschen mehr »Funkeln« in deinen Alltag zu bringen, sondern um *den* Funken zu finden – und damit dein inneres Feuer zu entfachen. Du suchst nicht (nur) nach deinem nächsten Beruf, sondern sehnst dich nach *Berufung*. Du wünschst dir nicht einfach eine nette Abwechslung, sondern eine Aufgabe, für die es sich lohnt, das Bekannte und Begrenzende in deinem Leben zu überwinden. Und ich weiß: Das lohnt sich auf so gigantische Weise.

> **Denn *die Kraft deiner Bestimmung* zu befreien, ist wichtig. Nicht nur wichtig für dich, um selbst glücklicher, erfüllter, leidenschaftlicher und vielleicht sogar erfolgreicher und gesünder zu leben. Sondern mehr noch: *Die Kraft deiner Bestimmung* ist *essenziell* für diese Zeit – und für diese Welt, die in vielen Nuancen scheinbar immer dunkler wird.**

Du musst nicht lange durch die Stadt gehen, um zu sehen, wie viele ausgebrannte Herzen und funkenleere Augen dir begegnen. Wie viele Menschen ihr inneres Feuer nur noch im Zorn, aber nicht mehr in der Liebe spüren können … **Und darum brauchen wir *dich* – und wir brauchen dich mit deinem leuchtenden inneren Feuer, mit der ganzen *Kraft deiner Bestimmung*.** Wir brauchen deine Energie und deinen Enthusiasmus. Wir brauchen dein Ja zum Leben. Dein Ja zum Leuchten. Dein Ja zum Verwirklichen. Und dein Ja zum Vorausgehen. Trotz allem, was geschieht. Wir brauchen dein persönliches Wachstum und deine Heilung – denn sie dienen nicht nur dir, sondern uns allen. Vor allem denen, die ganz nah um dich sind, und jenen, die dich beobachten, die von dir lernen und die an deinem wachsenden inneren Feuer teilhaben können. Um daran vielleicht sogar ihren eigenen inneren Funken neu zu entzünden. Damit es heller und heller werden kann. In dir, durch dich – und letztlich in der Welt.

Ja, im Chaos unserer Zeit brauchen wir *jeden einzelnen leuchtenden starken* Funken, den wir entfachen können. Wir brauchen jeden Menschen, der im großen Ganzen etwas Gutes sieht. Der die Zukunft als einen schönen, starken Ort mitgestalten will. Der daran glaubt, dass er etwas Wertvolles beizutragen hat, und der auch bereit ist, dafür einzustehen und neue Wege anzutreten. Nicht scheu und mit einem schielenden Auge auf das, was die anderen denken oder tun. Nicht geduckt oder innerlich gebrochen. Sondern aufrecht und aufrichtig. Mutig und motiviert.

Darum sage ich noch einmal: Ich glaube, du hast nicht zu diesem Buch gegriffen, um deinem kleinen Traum ein bisschen mehr Raum zu geben. Um dich ein bisschen besser, ein bisschen beruhigter oder eine Prise motivierter zu fühlen.

Ich glaube, du hast nach diesem Buch gegriffen, um dich selbst noch einmal tiefer zu erkennen. Bestimmung aus einer neuen Warte zu sehen. Deine Fragen auf einer neuen Stufe zu stellen. Die Wahl in diesem Leben noch einmal bewusster zu treffen. Und den Funken in dir wieder zu entfachen, der schon immer da war, doch den die Welt verschüttet hat. Um all dem Chaos mit neuer Kraft und all dem Wandel voll Vertrauen begegnen zu können.

II.
DIE WELT

In einer Welt, die scheinbar auseinanderfällt, gibt es eine Kraft, die alles in dir zusammenhalten kann: die Kraft deiner Bestimmung.

Die geballte Kraft des Urknalls lebt in dir. Aber die Welt hält sie gefangen. Dein innerster Kern hat das Potenzial, einen ganzen Kosmos (neu) für dich zu erschaffen. Aber in der Welt begegnen dir so viele Grenzen. Was dir als Mensch mit deiner Bestimmung mitgegeben ist, ist gigantisch und genial – steht jedoch ganz oft im krassen Gegensatz zu dem, was du auf dieser Erde erlebst.

> Denn diese Welt ist wohl für niemanden von uns eine Bühne, die wir betreten und vor der das Publikum bereits begeistert auf uns wartet. Diese Welt ist vielmehr eine Arena, in der wir immer wieder herausgefordert werden, uns dem Kampf zu stellen: dem Kampf mit unseren Ängsten und Zweifeln. Mit unserem Gefühl der Kleinheit. Mit all den Überzeugungen und Gedanken, die uns im Weg stehen. Und: mit all den Menschen, die uns die Stirn bieten.

Wie oft schon bist du in dieser *Arena des Lebens* verwundet worden? Weil man dich mit deinen Ideen und Interessen einfach nicht gesehen, nicht gehört und nicht ernst genommen hat? Oder weil du vielleicht sogar dafür verurteilt, verspottet oder gar ausgeschlossen worden bist? Und du hast dich zurückgezogen. Hinab in die dunklen Katakomben, wo du mit dir und deinem Schmerz, mit deiner Enttäuschung, deiner Verwirrung und deinem Unverstandensein allein warst. Wo du in der bitteren Dunkelheit des Augenblicks entschlossen hast, dich nie wieder so verletzen zu lassen. Dich nie wieder so zu öffnen. Dich nie wieder so zu zeigen, wie du wirklich bist. Also hast du deine Wunden fest verschnürt. Dir eine Rüstung angelegt und die Riemen fest zugezogen. Denn es schien die einzig sichere Möglichkeit zu sein, diese Arena je wieder betreten zu können. Dich je wieder hinauszuwagen auf dieses Feld, auf dem deine Wahrheit nicht verstanden und deine Meinung unterdrückt, ja dir der Mund vielleicht sogar verboten wurde. Wo das, was du dir erträumt hast, abgetan wurde: als Einbildung, als ein Märchen, das nie wahr werden würde, als Größenwahn. »Wer glaubst du denn zu sein?«, fauchten andere vielleicht vorwurfsvoll. Und du zucktest zusammen. Fragtest dich: »Ja, wer glaube ich eigentlich zu sein?« Und hattest keine Antwort ... Denn du handeltest ja nicht aus einem Konzept oder einer manipulativen Absicht heraus. Du warst einfach du selbst. Und dieses Selbst – so lerntest du schon als Kind in der Arena des Lebens – sei falsch. Deine Träume seien zu groß. Deine Vorhaben eine Illusion. Und dein inneres Feuer? »Daran wirst du dich noch gefährlich verbrennen«, drohte man dir. Also hast du ganz viel dieser Energie, dieser Freude und dieses Feuers verdrängt und begonnen, dich einzufügen in dieses große Ganze, in dem offensichtlich so viele Erwartungen an dich gestellt werden.

Die wichtigste davon lautet: **Du sollst entsprechen.** Wem? Den anderen. Also beginnst du dich zu vergleichen, beginnst, kritisch zu beobachten. Setzt dich selbst noch weiter unter Druck. Verurteilst dich für eventuelle Fehler oder Rückschritte auf deinem Weg. Und triffst schützende Annahmen aus Angst, wieder verletzt zu werden. Im Leben nicht zu genügen. Und den Kampf nicht gewinnen zu können. Und all das ist absolut verständlich. Dein Überlebensprogramm ist aktiviert worden durch all das, was du erlebt und erlitten hast, aber auch durch das, was du an anderen Schicksalen beobachten konntest und kannst und was dir in zahllosen Filmen, Serien und Nachrichten präsentiert wird: Die Welt ist gefährlich. Nirgendwo und mit niemandem bist du sicher. Darum berät dich deine innere Warnstimme nach ihrer einzig möglichen Strategie: Schutz für dich zu suchen. **Und wo dein Schutz im Vordergrund steht, da hat deine Entfaltung keinen Platz.**

In dieser Welt der Gegensätze trennen sich Kraft und Macht

Was du in deiner Bestimmung bist und das, was du in der Welt gelernt hast zu sein, ist selten eine starke Einheit.

Der Kampf im Außen wird für die meisten von uns schon in der Kindheit oder Jugend zu einem Kampf im Innen: Das Angelernte unterdrückt das In-uns-Lebendige. Das Anpassen ist wichtiger als das Sich-Ausdrücken. Das Imitieren ist stärker als das Einzigartig-Sein. Viele natürliche Talente werden ignoriert, und stattdessen trainieren wir das, was gemeinhin als »nützlich« gewertet wird. Themen, die uns magnetisch anziehen, werden oft als nebensächlich angesehen, stattdessen konzentrieren wir uns auf das, was alle tun. Wir entscheiden nicht mehr intuitiv, sondern logisch und berechnend. Wählen nicht mehr den passenden Zeitpunkt, sondern den scheinbar klugen. Wir finden uns ein in die Geschwindigkeit, die Abläufe und die Strukturen der Welt. **Und entfernen uns dabei immer weiter von** *der Kraft unserer Bestimmung,* **von unserer Leichtigkeit und schöpferischen Menschlichkeit – und wechseln in den Modus, in dem wir Macht und Druck brauchen, um zum vorgegebenen Ziel zu kommen.**

Vielleicht bemerken wir dabei am Anfang noch gar nicht, dass wir auf diese Weise die natürliche Flussrichtung unserer Bestimmung stoppen – und die Kräfte umkehren. Dadurch wird die Dynamik unseres Lebens eine völlig andere:

> Wo Liebe war, ist nun Entsprechen.
> Wo Begeisterung war, ist Müssen.
> Wo *die Kraft deiner Bestimmung* wirken und sich ausdehnen wollte, wächst mehr und mehr ein Raum, der erschöpfend voll ist von fremdbestimmten Zielen und überhöhten Idealen.

Die Welt hat sich zwischen uns und unseren inneren Funken, zwischen uns und unsere Urknallenergie gestellt. Wir haben den Fluss unterbrochen und schöpfen nicht länger aus einer natürlichen, uns gegebenen, unfassbar überschäumenden Kraftquelle. Stattdessen kämpfen wir um unseren Atem. Oft, ohne es überhaupt wahrzunehmen. Weil wir so beschäftigt damit sind, uns jeden Tag für die Arena des Lebens zu rüsten, unsere Mitstreiter und Mitstreiterinnen im Auge zu behalten und unsere Erschöpfung zu ertragen, dass wir dabei unter das Rad der Zeit kommen. Und dieses Rad dreht sich immer weiter und immer schneller – in eine Richtung, die uns noch weiter wegträgt von unserem Kern.

> So geschieht das Verdrängen und Verbergen deiner Urkraft, deines wahren Wesens, während du hochbeschäftigt damit bist, das herauszubilden, was du deine Persönlichkeit nennst.

Deine Rolle. Deine Funktion. Du bist dabei, deine möglichst erfolgreiche Lebensgeschichte zu schreiben, doch zwischen den Zeilen verlierst du die Magie, das Wunder, die Kraft. Und dieser Verlust kann vernichtend sein. Denn er erstickt deinen Funken. **Und kaum etwas wirkt so verloren wie ein Mensch, dessen *innerer Funke* beinahe erloschen ist.**

Die Welt ist voll von Frauen und Männern, die versuchen, funkenlos in ihrer Rolle zu funktionieren. Ohne Liebe, ohne Leidenschaft, ohne Begeisterung. Und dieser Versuch ist ihnen hoch anzurechnen. Denn er braucht enorm viel Energie: Energie, sich aufzuraffen, dranzubleiben, die Maske und die Rüstung zu tragen, immer wieder die Wunden zu verschnüren. Am meisten zehrt jedoch an ihnen die Anstrengung, ihre brennende Sehnsucht nach einem wahrhaft erfüllenden Leben zu unterdrücken und *die Kraft der Bestimmung* immer wieder der Macht der Prägung zu unterwerfen.

Wer lenkt dich?
Die Kraft deiner Bestimmung
oder die Macht deiner Prägung?

Zwei Entitäten wirken in dir: *die Kraft deiner Bestimmung* und die *Macht deiner Prägung*. Wie alles in der dualistischen Weltsicht zwei Seiten hat, so hat auch dein innerer Antrieb zwei Gesichter: Das eine erkennt dich und sieht dich liebevoll in deinem größten Potenzial. Es weiß um deine Essenz und will, dass du sie entfaltest – in einer Kettenreaktion purer kreativer Kraft.

Das andere Gesicht, das Gesicht deiner Prägung, will, dass du optimal überlebst. Dass du in die Struktur passt, die es so aufwendig analysiert hat. Dass du keine Fehler machst, nichts unnötig riskierst und nicht aufgibst, was schon einmal für dich funktioniert hat.

Ja, deinem kreativen inneren Schöpfungsimpuls steht diese zweite Instanz gegenüber, um dich durch das bedrohliche Chaos der Welt zu begleiten. **Sie hat dabei eine wichtige Bedeutung und Berechtigung.** Auch sie will gehört und gesehen werden mit ihren klugen Einwänden und klaren Geboten, die dich durch die Wirren der Welt navigieren sollen. Doch als herrschende Macht in deinem Leben wird ihr Gesicht zum Gesicht eines Tyrannen, der dich im Gewohnten gefangen halten kann, selbst wenn es höchste Zeit für dich ist, weiterzuziehen; indem sie alles kommentiert und bewertet, was du erlebst und was die Inspiration dir schenkt, um sicherzustellen, dass du das sichere Raster nicht verlässt, das sie für dich erbaut hat.

Die Macht deiner Prägung vs. die Kraft deiner Bestimmung

Doch die Macht der Prägung wird nur dann zum Tyrannen, wenn du ihr den Thron überlässt. **Dein Fokus und deine *innere Ausrichtung* entscheiden darüber, wessen Meinung mehr Gewicht in dir und damit mehr Wirkung in deinem Leben bekommt:** die der Macht der Prägung oder die der Kraft deiner Bestimmung. Lerne sie zu unterscheiden und deine Gedanken, deine Ziele, deine Entscheidungen und dein Tun so oft wie möglich hin zur *Kraft deiner Bestimmung* zu lenken.

Die Macht deiner Prägung sagt:	Die *Kraft deiner Bestimmung* sagt:
Es ist wichtig, was die anderen denken.	Es ist wichtig, dass du dich selbst gut und immer besser kennst.
Die anderen werden dich auslachen.	Die, die von deinen Ideen profitieren, werden zu dir finden und dich begleiten.
Wo ein Wille ist, ist auch ein Weg. Kämpfe!	Wo du mit deiner Kraft verbunden bist, wird es leicht und freudvoll.
Erst wenn alles ganz genau geplant ist, darfst du starten.	Gehe mit dem Fluss des Lebens und vertraue auf den richtigen Moment.
Es muss aber perfekt sein.	Es wird nie perfekt sein. Entspanne dich und kreiere weiter.
Ohne Erfolg bist du wertlos.	Dein Wert ist unermesslich und unantastbar.
Du musst entsprechen, um geliebt zu werden.	Du bist Liebe, und Liebe verbindet dich mit allem und allen.
Deine Ideen sind nichts Besonderes.	Deine Ideen stammen aus einer höheren Quelle, und sie kommen zu dir, um von dir auf eine Weise umgesetzt zu werden, die einzigartig ist.

Dafür bist du nicht gut genug.	Du kannst so viel lernen.
Das kann nicht funktionieren.	Sei gespannt, welchen Weg es nimmt, und vertraue darauf, dass es besser wird, als du es je planen könntest.
Du musst dich anstrengen, um zu genügen.	Die Anbindung an deine innere Kraft ist das wichtigste Erfolgselement.
Du bist nur sicher, wenn du so bist, wie die anderen dich haben wollen.	Du hast einen inneren Anker, der dich im Sturm des Lebens hält. Stärke ihn jeden Tag.
Du musst es allein schaffen.	Niemand geht seinen Weg allein, das musst auch du nicht.
Mach dich ja nicht abhängig von anderen!	Schau, da sind Menschen, die so denken und fühlen wie du. Gehe auf sie zu!
Du kannst niemandem wirklich vertrauen.	Sei offen für das, was andere zu deinen Ideen beizutragen haben.
Du bist es nicht wert. Die Bestimmung ist nur etwas für ausgewählte Menschen.	Jeder Mensch trägt eine Bestimmung in sich. Es ist das Natürlichste der Welt, sie zu leben.

Man muss reich geboren werden, um seiner Berufung folgen zu können.	Verwirkliche das, was jetzt in deinen Möglichkeiten liegt. Wir bauen das neue Leben Stein für Stein, Stufe für Stufe.
Du wirst versagen.	Lass es uns ausprobieren! Da ist der erste Schritt. Komm, los geht's!

Äußerer Einfluss und innere Ermächtigung

Die Macht deiner Prägung ist etwas Äußerliches. *Die Kraft deiner Bestimmung* **ist deine innere, authentische Kraft.** Du siehst, wie unterschiedlich diese beiden Instanzen in dir denken und fühlen. Beide Stimmen sind ein Teil deiner Wirklichkeit. Auch deine Prägung ist etwas, das zu dir gehört. Kein dich in Besitz nehmender Fremdkörper, den du unbedingt loswerden musst. Denn die Wahrheit ist: Du wirst nie ganz frei von Prägung sein. Sie ist wie ein Grundmuster, das deine Herkunft, die Gesellschaft und der Zeitgeist in dir angelegt haben.

Beide Kräfte – sowohl *die Kraft deiner Bestimmung* **als auch die Macht deiner Prägung – handeln** *in dir für dich.*

Nur tun sie das aus einer völlig unterschiedlichen Haltung heraus. Vor einem völlig unterschiedlichen Welt- und Menschenbild. Die Macht deiner Prägung baut auf Erziehung, Unterricht und die Ausbildung, die du durchlaufen hast, auf die Meinungen und Ansichten aus deinem näheren sozialen Umfeld, auf die Fernsehserien und Filme, die du anschaust, und die Social-Media-Kanäle, die du konsumierst, auf Bücher und

Podcasts, schlicht auf alles, womit dein Geist geschult wurde, und das, womit du ihn fütterst.

Reflektiere:
- Was ist es bei dir?
- Welche Einflüsse erlaubst du jeden Tag?
- Welchen Stimmen im Außen gibst du viel Raum?
- Wem hörst du voller Angst zu?
- Wem voller Begeisterung?
- Und wer hat das Kind in dir geprägt?
- Welche Lehrerinnen und Lehrer?
- Welche Kollegen und Freundinnen?
- Welche Bekannten?
- Welche Bücher oder Geschichten haben einen bleibenden Eindruck in dir hinterlassen?

Und frage dich auch:
- Welche dieser Prägungen willst du weiterhin zulassen? Welche dienen dir (noch)?
- Und welche hindern dich?

*Von irdischen Grenzen
zu höheren Räumen*

Die Macht deiner Prägung ist etwas Irdisches. Etwas, das du und dein Umfeld erschaffen habt und das sich mit dem Großteil der Gesellschaft abgleicht. Sie ist ein Teil des Massenbewusstseins, und sie reagiert sehr sensibel auf alle Bewegungen und Erschütterungen, die in der Welt stattfinden. Sie ist angebunden an den kollektiven Schmerzkörper und steht in großer, wenn auch oft unbewusster Resonanz dazu. Je mehr Macht sie in deinem Leben hat, desto stärker wirst du mit den Wogen der Welt mitgerissen. Denn sie lenkt deinen Fokus immer ins Außen – und sehr oft wittern unsere aufgeregten Sinne dort Gefahr.

Die Kraft deiner Bestimmung allerdings ist sozusagen die »kosmische Initialzündung« für deine Existenz, eine Kraft aus dem *höheren Raum*.

Eine erweiternde Bewusstseinskraft, die über das Materielle, Vergängliche und rein Irdische hinausgeht, es dabei aber nie verleugnet. Sie nimmt all das wahr, was in der Welt geschieht. Das ganze Elend, das Leid und all die verrückten Verschiebungen, die gerade in unser aller Leben stattfinden, und – und hier liegt der fundamentale Unterschied zur Macht deiner Prägung – sie *erhebt sich darüber*. Sie erhebt sich und sucht zuallererst einen Blickwinkel, der Lösungen und Erweiterungen erlaubt. Natürlich will sie dich auch in Sicherheit wissen, doch viel mehr noch will sie, dass du über die Angst hinauswächst. Und in deine Bestimmung hinein.

Verrückte Verschiebungen – und deine Klarheit mitten im Chaos

Wie sollst du über die Angst hinauswachsen, wenn es jeden Tag Tausende Gründe gibt, unter Sorgen und Druck verschüttet zu werden? Neben dem täglichen Dauerlauf und Leistungsdruck sind da noch all die Verschiebungen in der Arbeitswelt, die zunehmende Unverbindlichkeit in unseren Freundschaften, die Zerbrechlichkeit von Familie und Beziehungen, die Veränderungen in der Struktur unserer Gesellschaft, die wirtschaftlichen Krisenherde, der politische Wahnsinn, die Ausbeutung der Natur, die Veränderungen im Klima und dieses völlig unberechenbare digitale Paralleluniversum, das sich in irrsinniger Geschwindigkeit immer weiter und weiter ausdehnt. Googles neuer Quantencomputer *Sycamore* erledigte im Jahr 2019 eine höchst komplizierte Rechenaufgabe, für die der aktuell schnellste Supercomputer *Summit* 10 000 Jahre gebraucht hätte, in 200 Sekunden. Das ist weniger als drei Minuten. Er rechnet millionenfach schneller als ein normaler PC. Es heißt, Quantencomputer seien so stark, dass sie theoretisch sogar den Urknall simulieren könnten.* Und so fühlt es sich auch an: als ob alles in unserer Welt in gewaltiger Bewegung ist – und eine neue Welt entsteht, von der wir noch keine genaue Vorstellung haben, wie sie sein wird ...

> Alles rotiert. Doch die entscheidende Frage hier soll nicht sein, wie lange welcher Stein noch auf dem anderen bleiben wird, sondern wo wir einen sicheren Anker setzen können.
> Die Antwort darauf ist einfach:
> In einer Welt, die zu zerfallen scheint, brauchst du eine Kraft *in dir*, die alles zusammenhält. Du brauchst eine Verbindung zu deinem Kern und zu deinem inneren Funken, um Licht ins Dunkel zu bringen.

Mit der alten Sicht auf die Welt wirst du das Neue in deinem Leben jedoch nicht finden können. Denn der Paradigmenwechsel, wie ihn der Physiker und Wissenschaftsphilosoph Thomas Samuel Kuhn in den 1960er-Jahren in seinen Forschungen zur Struktur wissenschaftlicher Revolution gezeigt hat, besagt, dass sich die wissenschaftliche Grundauffassung verändert.** Dass bestimmte Annahmen über Probleme, Lö-

---

* Quelle: https://thequantuminsider.com/2022/07/14/google-sycamore/, zuletzt abgerufen am 20.07.2023
** Quelle: https://www.spektrum.de/lexikon/philosophen/kuhn-thomas-samuel/185, zuletzt abgerufen am 01.07.2023

sungen und Methoden neu gedacht werden müssen. Und dass so viele neue Erkenntnisse, Entdeckungen und Erfindungen in unserer Gesellschaft wirksam werden, dass die alten Regeln nicht mehr greifen und auch die alten Strukturen saniert werden müssen. **Das ist kein Fehler, das ist Evolution.** Das ist aktive Weiterentwicklung der Menschheit, und wir blicken auf viele Paradigmenwechsel zurück, die immer mit großen Umbrüchen und dem Entstehen von neuen Weltbildern und einem neuen Verständnis der Menschlichkeit und des Miteinanders einhergingen. Diese Veränderungen verschieben so vieles so radikal, weil sie das *Fundament* betreffen – und erschüttern. **Ein Übergang zwischen den Paradigmen ist keine Neudekoration des Hauses. Es ist ein Umgraben im Fundament.** Es ist intensiv. Es ist oft auch anstrengend. Und es kann eindeutig Angst machen, Panik schüren, wenn man plötzlich spürt, dass alles in Bewegung gerät und dass sich unter den Erschütterungen auch Risse im Gebäude bilden.

Die Pessimistinnen und Pessimisten unter uns rufen dann sofort: »Stopp! Wir müssen diese Entwicklung verhindern! Sonst zerfällt alles in Schutt und Asche, was so sicher war – und wir steuern auf die dunkelste Epoche der Menschheitsgeschichte zu.« Die Optimistinnen und Optimisten hingegen antworten: »Nein, nein, alles gut. Diese Entwicklungen sind genial, und sie befördern uns hinauf in die neuen Sphären unserer Spezies.«

> Und Realistinnen und Realisten wie du und ich wissen, dass immer auf beiden Seiten der Waagschale ein Funke Wahrheit liegt.

In *der Kraft deiner Bestimmung* spürst du, dass es die innere Mitte ist, die hier gefragt ist, um eine gesunde Ruhe zu bewahren. Dass letztlich der schöpferische menschliche Funke in dir und in allen von uns darüber entscheiden wird, welche mögliche Wirklichkeit tatsächlich entstehen wird. Denn mit *der Kraft unserer Bestimmung* formen wir das Feld, aus dem unsere Zukunft entsteht. Und jeder deiner Gedanken ist wichtig. Jede deiner Ideen ist wichtig. Jeder deiner Momente in Zuversicht, innerem Frieden und dem Glauben an deine schöpferischen Fähigkeiten ist wichtig. Dazu musst du vielleicht erst umdenken. Erst Vertrauen und Mut fassen. Und genau dazu sind wir auf diesen Seiten zusammengekommen. Um gemeinsam diesen Perspektivenwechsel zu machen. Mithilfe dessen, was ich in diese Zeilen hineinlege, und dem, was du bereit bist anzunehmen, dazuzugeben und daraus zu machen.

Aufwachen aus dem Korridor der Krisen

Diese Welt dreht sich, und keiner weiß, wohin. Doch so sicher, wie das metallische Innere des Erdkerns stabil und voll dichter Energie ist, so sicher ist in deinem Kern eine Kraft der Klarheit. In deiner innersten Welt liegt diese unantastbare erweiterte Wirklichkeit, in der du mit deinem Bewusstsein erwachen und wachsen kannst. Und je mehr du dein Bewusstsein entwickelst, desto offener und weiter wird diese Welt für dich. Du verlässt den Tunnel der düsteren Prognosen. Trittst heraus aus dem Korridor der Krisen, der immer enger zu werden scheint.

Wenn dich die Wände der Welt also augenscheinlich immer weiter einschließen, dann renne nicht panisch hin und her, sondern bleibe ruhig. Setze dich, finde deinen Atem, spüre deinen Körper, schließe die Augen und wechsle die Blickrichtung. Von außen nach innen. Von der begrenzenden Welt rund um dich zu der weiten Welt in dir. Von all dem, was dich nach unten zieht, hin zu dem, was dich wieder erheben kann. Das ist bewusste Erdung, inneres Verankern, Meditation, das dich ins Zentrum zurückbringt – und dir dort neue Türen zu dir selbst und deiner Wahrnehmung öffnet.

Dieses Erden und Zentrieren macht nichts ungeschehen, und die Probleme der Welt bestehen weiter, doch – und das ist eine ganz wichtige Grundwahrheit – je mehr du dich in dir selbst erden und zentrieren kannst und je tiefer du dadurch mit dir selbst verbunden bist, desto freier wird dein Blick auf die Dinge. Du schärfst dabei deine klare Wahrnehmung und hältst deine Sinne wach und offen für Lösungen, die dir guttun, anstatt in den Zustand abzurutschen, den man in der Psychologie »Problemtrance« nennt.

Diese Trance ist wie ein Taumelzustand, in dem wir uns komplett in den belastenden, sich um unsere Probleme und Schwierigkeiten rotierenden Gedanken und Gefühlen verlieren. Alles scheint sinnlos. Die Wogen der Welt brechen über uns zusammen. Wir sehen keine Lösung und finden keine Hoffnung mehr.

Für viele ist diese Trance gefüllt mit stillem Schmerz. Für andere mit glühendem Zorn. Und wieder andere schleudert es zwischen diesen beiden Polen hin und her. Doch was wir alle gemeinsam haben, wenn wir in die Problemtrance fallen, ist das Gefühl der Orientierungslosigkeit.

So viele Menschen laufen wie kopflose Schlafwandler von einer Wand zur nächsten und drohen daran zu zerbrechen. Doch was zerbrechen sollte, ist die Wand, die sie zwischen sich und **der Kraft ihrer Bestimmung** aufgestellt haben. Was einstürzen sollte, ist das Trugbild, dass wir das Opfer sind.

Die drei Vs unserer Zeit: Verabschieden, Verarbeiten und (Neu-)Verwirklichen

Wir leben in einer Zeit des Dazwischen. So vieles, worauf du dich verlassen hast, ist nicht mehr da. So viele Menschen, mit denen du dich verbunden gefühlt hast, haben sich verändert. So viele Ziele, auf die du hingearbeitet hast, sind infrage zu stellen. So viele Träume, die du hattest, scheinen wie Luftschlösser zu sein, die keinen Boden mehr finden.

In all den Verschiebungen unserer Zeit ist es ganz natürlich, dass du oft nicht weißt, wohin. Nicht weißt, was du als Nächstes tun sollst. Und mit wem. Wir alle sind mit so vielen Neuerungen und Veränderungen konfrontiert, dass wir uns neu orientieren müssen und dürfen. Doch in all dem Unbekannten ist etwas ganz sicher:

> Dich im Problem zu verlieren, wird das Problem niemals lösen können. Dich in deiner inneren Welt mit zuversichtlichen Gedanken und aufbauenden Gefühlen über das Problem zu erheben, zeigt dir einen Weg in die Zukunft.

Eine Zukunft, die wir betreten, entdecken und mitgestalten, während wir die Vergangenheit aufräumen.

Ich habe immer mehr den Eindruck, als wären wir heute – sowohl in unserem ganz persönlichen Dasein als auch als Gesellschaft – dazu aufgerufen, vor allem diese drei Dinge zu tun: **verabschieden, verarbeiten und neu verwirklichen**.

Alles, was da ist in unserem eigenen Lebensgebäude und im Gebäude unserer Gesellschaft, wird wie bei einer Generalsanierung einmal in die Hand genommen, und wir prüfen: Brauchen wir das noch, oder kann das weg? Das klingt extrem, aber es ist genau das, was geschieht. Und es macht vor nichts halt. Nicht vor deinem Besitz, nicht vor deinem Beruf, nicht vor deinen Beziehungen, nicht einmal vor deinen persönlichen Werten, die in all der Veränderung ebenso auf den Prüfstand gestellt werden. Wir alle gehen durch diese großen Umschichtungen und verabschieden dabei alles Mögliche: Kleidung oder Möbel. Wohnadressen oder Autos. Kolleginnen oder Freunde. Legen Eheringe ab oder hängen Jobs an den Nagel. Und wenden uns dann dem Neuen zu.

Jede und jeder von uns hat in den letzten Jahren beruflich, privat und persönlich verschiedenste Verschiebungen durchlebt und durchlitten – und sich von vielem getrennt. Und ich wünsche dir, dass du das, was du verabschiedet hast oder gerade verabschiedest, gut verarbeiten kannst, um frei zu werden, etwas Neues in deinem Leben zu verwirklichen.

Über das Loslassen wird viel gesprochen. Tausende Zitate sagen uns, wie schmerzhaft es ist und wie schwer. Vielleicht, weil wir es oft rein aus der Macht unserer Prägung heraus tun anstatt mit *der Kraft unserer Bestimmung*? Vielleicht, weil wir uns zu sehr drängen, uns zu wenig Zeit geben, das Trauern nicht mehr zulassen wollen? Weil wir auch hier meinen, wie eine Maschine funktionieren zu müssen? Dem Idealbild eines »starken« Menschen entsprechen wollen, der alles einfach fallen und ohne jede Träne hinter sich liegen lassen kann? Die Macht der Prägung macht uns hart: mit all ihren strengen Bewertungen, ihrer Kritik, ihren Vergleichen und ihren Erwartungen – und in dieser Härte verstehen wir vieles verkehrt. Oft auch das Loslassen.

> Denn Loslassen ist kein Fallenlassen, bei dem wir einfach unsere haltende Faust umdrehen, sie öffnen und alles, was darin war, auf dem Boden zerschellen lassen. Loslassen ist ein Freigeben – wir strecken die haltende Faust aus, öffnen sie nach oben und geben frei, was darin liegt.

Und werden so selbst frei: von den Erwartungen, die wir an alles hatten. Von den Bedingungen, die daran geknüpft waren. Von den Hoffnungen, aber auch von den Ängsten, die wir damit verbunden haben.

Wenn du also etwas noch nicht loslassen kannst, dann frage dich: »Worauf warte ich noch? Auf eine Entschuldigung? Auf ein Umdenken der anderen? Auf Anerkennung, die ich meine, verdient zu haben?« Worauf wartest du?

Solange du auf etwas wartest, kannst du nicht loslassen.

Du musst festhalten, um vielleicht doch noch zu bekommen, wonach du verlangst. Was davon aber kannst du dir vielleicht selbst geben? Was kannst du für dich tun, um dich bereit zu fühlen loszulassen? Und was kannst und wirst du gewinnen, wenn du aufhörst, auf etwas von außen zu warten? Was wird wohl Neues in dein Leben kommen, wenn du die Hände frei hast, um es zu begrüßen – und in die Arme zu schließen? Was will sich verwirklichen, wenn du das Alte erst ganz verabschiedet hast?

In jedem der folgenden Kapitel wirst du neue Erkenntnisse gewinnen, die dich im Loslassen und Freiwerden unterstützen – und dich immer näher heranführen an *die Kraft deiner Bestimmung*.

Was dir in diesem bereinigenden und letztlich auch bestärkenden Prozess aus Verabschieden, Verarbeiten und Neu-Verwirklichen bewusst sein darf, ist: Vieles davon geschieht, weil du tief in dir deine Werte überprüfst – und weil die Sehnsucht nach der *Kraft deiner Bestimmung* immer lauter wird. Ein schöner Aphorismus aus dem englischen Sprachraum besagt:

Alles verändert sich, weil du um etwas Besseres gebeten hast

Und auch wenn du vielleicht nicht nach all diesen gewaltigen Verschiebungen in der Gesellschaft gefragt hast, so hast du vermutlich dennoch um Erneuerung für dich gebeten. Um mehr Liebe, mehr Freiheit, mehr Erfüllung.

Wie die meisten von uns hast wohl auch du unter der Macht deiner Prägung und mit den allerbesten Absichten ein Lebensgebäude erbaut, das dir in vielen Teilen heute einfach nicht mehr entspricht. Das sich nicht mehr richtig anfühlt. Oder dem du schlichtweg entwachsen bist. Und dieses Gefühl erzeugt Druck, inneren Stress und Unruhe. Und als wäre das, was in deinem persönlichen Leben passiert, noch nicht genug, rütteln auch die verrückten Verschiebungen und unvorhersehbaren Veränderungen in der Welt am Fundament deines Lebensgebäudes.

Da ist es nur verständlich, dass du manchmal das Gefühl hast, dass die Mauern rund um dich zittern. Dass es dir zu viel wird in all der Ungewissheit – und unter all der Spannung. Doch auf dem Weg zur *Kraft deiner Bestimmung* lassen wir uns davon nicht lähmen. Wir lernen von intensiven Erlebnissen – und wachsen in fordernden Situationen. Weil wir sie mit klarem Blick beobachten, die tiefere Bedeutung darin erkennen und damit das, was ist, für uns neu einordnen können. Lass uns diese Spannung, diesen Druck also genauer anschauen.

Bleiben wir beim Bild unseres Lebensgebäudes. Vieles in deinem Gebäude verändert sich im Laufe deines Lebens: So kommen mit einem Jobwechsel ganz neue Räume hinzu, mit einer Elternschaft vielleicht sogar ein ganzes Stockwerk. Und andere Räume oder Stockwerke brechen weg, wenn du dich von etwas oder jemandem trennst oder wenn Krisen oder Krankheiten Teile deines Gebäudes zerfallen lassen. Und all diese Veränderungen haben immer einen Effekt auf das ganze Gebäude – und erschüttern und bewegen dich bis ins Fundament. Denn die Last, die durch das Aufstocken oder Wegbrechen auf dein Lebensgebäude wirkt, verschiebt sich – und damit auch dich.

Druck (p) ist physikalisch ausgedrückt das Ergebnis einer Normalkraft (Fn), die direkt auf eine Fläche (A) einwirkt. Die Fläche A, das bist in diesem bildlichen Beispiel du. Du mit deinen verschiedenen Lebensbereichen, du mit deinem Körper, deiner Psyche, deinem Geist, deinem sozialen System, deinem Beruf, mit allem, was dich ausmacht. Die Normalkraft Fn sind die Stressoren in deinem Leben, also alles von Termindruck und Erziehungsfragen über übervolle To-do-Listen, täglich eintreffende Rechnungen und die Flut an Textnachrichten und E-Mails bis hin zum Gefühl, einsam zu sein. Von Streitigkeiten und Missverständnissen mit Freunden und Kolleginnen, Sorgen um die Kinder oder die alternden Eltern, viel zu knappen Abgabeterminen über schlechten Schlaf bis hin zu der Frage, wie du das Ruder deines Lebens jetzt am besten steuern sollst. All diese Stressoren und jene, die dich belasten und die hier nicht aufgezählt sind, bewegen dich und dein Wesen – und das erzeugt Spannung. Jede Menge sogar.

Kommt weitere Spannung hinzu, weil wir mit großen gesellschaftlichen Veränderungen, mit besorgniserregenden politischen Umwälzungen oder Umweltkatastrophen konfrontiert werden, dann wird es immer schwieriger für dich, »alles zusammenzuhalten«. Denn der Druck kommt aus allen Richtungen, und in manchen Momenten hast du Angst, unter alledem zusammenzubrechen. **Doch genau dann solltest du nicht den Mut verlieren, sondern den Auftrag in dieser Herausforderung sehen: den Auftrag, dein Lebensgebäude anzupassen.** Es umzustrukturieren. Es zu stützen und auf neue Art und Weise wieder stabiler für dich zu machen. Wir müssen wie bei einem echten Gebäude Stützen aufstellen. Stählerne Bewehrungen einsetzen. In jedem Raum, den wir erhalten wollen, müssen wir – im übertragenen Sinne im Leben wie in der Bauphysik – für zusätzliche Tragfähigkeit und Belastbarkeit sorgen. Ansonsten »schert das Bauteil aus«, wie man in der Bauphysik sagt – und ganze Räume brechen mitunter ein.

>   Druck und Spannung bewegen dich.
>   Aber *du* kannst entscheiden, in welche Richtung.

Die Spannung »verformt« dich – und kann dich zerbrechen lassen. Vor allem dann, wenn sie *die Kraft deiner Bestimmung* und dein inneres Feuer immer weiter verdrängt. So wie der Urknallmoment eine Kettenreaktion der schöpferischen Entfaltung und Inspiration in Gang setzt, kann auch diese Unterdrückung deines inneren Feuers eine ebensolche auslösen, jedoch eine sehr schwächende: eine Abwärtsspirale aus Sorgen, Unzufriedenheit, Antriebslosigkeit, Niedergeschlagenheit, gefolgt von Bitterkeit, Neid, Missgunst, Abwertung, Schuldzuweisung, Wut, Scham, Ohnmachtsgefühlen und der resignierten Frage nach dem Sinn des Ganzen. **Die Dynamik deines Lebens wird destruktiv. Deine Kräfte schwinden immer weiter, und du brauchst immer mehr Überwindung, Kampf und Zwang, um die Dinge am Laufen zu halten.**

Am Ende dieser Abwärtsbewegung wartet die große schwarze Leere, die Nicht-Lebendigkeit, das Nicht-Schöpferische, wo viele Menschen die Suche nach ihrem Funken aufgeben wollen.

Aufgeben? Und eine Million Gründe, alles hinzuschmeißen

In solch dunklen Momenten reicht manchmal ein weiterer Stoß, ein Blick in die verstörenden Weltnachrichten, eine Absage einer Chance, auf die du so gehofft hattest, ein Fehler in einem wichtigen Projekt oder einfach nur ein frustrierender Besuch auf Social Media, wo das Leben scheinbar allen mit Leichtigkeit gelingt – und wir würden am liebsten alles hinschmeißen. Warum solltest du dich noch anstrengen, wenn alles und jeder so austauschbar zu sein scheint? Warum solltest du noch alles zusammenhalten, wenn an sämtlichen Mauern gerüttelt wird? Und warum solltest du noch große Ziele anstreben, wenn viele Machthaber und Machthaberinnen unsere globale Zukunft scheinbar achtlos aufs Spiel setzen?

All diese Fragen sind so verständlich. Auch ich kenne Stunden, in denen sie sich zwischen mich und meinen Berufungselan stellen. Doch schauen wir so auf die Welt, gibt es nicht nur einen, sondern eine Million Gründe, aufzugeben. Dann gibt es keinen Anlass mehr, für uns einzustehen und zu kämpfen. Keinen Grund mehr, die dunklen Katakomben zu verlassen und nach dem Leuchten unserer Bestimmung zu suchen. Und vielleicht nicht einmal mehr einen Grund, morgens aufzustehen.

Dabei ist es dein gutes Recht, nach dem Sinn zu fragen. Es ist dein gutes Recht, oft nicht mehr zu wissen, was du denken, woran du dich ausrichten und wie du entscheiden sollst. Es steht dir zu, in dieser enormen Dynamik und Gleichzeitigkeit der Dinge die Übersicht zu verlieren. Es steht dir auch zu, zu sagen, du lässt deine Träume und Ideale fallen. Weil die Welt und der übervolle Alltag schon schwer genug zu tragen sind … Millionen Menschen entscheiden so. Sie geben ihre wahren Träume auf – und damit ihre Aufgabe.

Erkennst du die Ähnlichkeit der beiden Wörter: *aufgeben* und *Aufgabe*? Sie hängen zusammen: **Deine höhere Aufgabe will tatsächlich von dir, dass du etwas für sie aufgibst: die Illusion.** Die Illusion, dass es auf lange Sicht leichter wird, wenn du deine Pläne verwirfst. Dass du dich besser fühlen wirst, wenn du nicht mehr an dich und eine gute Zukunft glaubst. Dass vergrabene Träume nicht mehr nach dir rufen und vergrabene Funken nicht mehr brennen wollen.

Klar: Das Weitersuchen und Weitermachen kostet dich Überwindung, Mut und Kraft. Vielleicht auch Geld, Arbeit und Ausdauer.

Das Aufgeben hingegen kostet dich noch viel mehr: Es kostet dich deine Lebendigkeit.

Und genau darum ist es so wichtig, dass du *nicht aufgibst.* Es gibt schon so viele Menschen auf dieser Welt, deren inneres Feuer fast erloschen ist. So viele, in denen das Nein zum Leben stärker ist als das Ja. Und ich werde nicht müde zu sagen: Auch wenn es nicht immer einfach ist und vieles sehr schwer wiegt – wir brauchen dich in dieser Welt und zu dieser Zeit als den starken, mutigen, zukunftszugewandten Menschen, der du mit *der Kraft deiner Bestimmung* bist. Und *du* brauchst dich. Dein Aufraffen, dein Dabeibleiben, deine Zuversicht und dein Feuer – damit du in deinem Leben Sinn und Freude finden kannst.

Und tief in dir weißt auch du: **Die Entscheidung *für* die Aussichtslosigkeit würde dich unheimlich erschöpfen.** Denn du würdest damit gegen deine Essenz, gegen die Urknallkraft in dir anarbeiten, die du damit zwar zensieren, aber nicht zerstören könntest. Du würdest deine Talente, deine Träume und *die Kraft deiner Bestimmung* unterdrücken. Doch sie würden weiter drängen, sie würden sich weiter ausdehnen wollen – tief unter dem stillen Schmerz des Selbstverrats. Unter der Scham des Scheiterns. Und unter der Traurigkeit darüber, das tiefe Vertrauen in dich und das Leben nicht (mehr) zulassen zu können. Denn hinter dem Zweifel, dem Zurückhalten und dem Aufgebenwollen der eigenen guten Zukunft liegt ganz oft etwas Altes verborgen: verbrauchte Hoffnung.

Verbrauchte Hoffnung anerkennen

Du hast schon so viel probiert. Dich schon so oft aufgerafft, neu motiviert, so oft noch mal in dich und deine Träume investiert ... **Du hast Hoffnung in etwas oder jemanden gelegt – und bist enttäuscht worden.** Beruflich wie privat. In Beziehungen genauso wie in Projekten. Diese kleinen und großen Rückschläge haben sich in dir angesammelt wie in einem versteckten unterirdischen Zimmer. Dort, wo du all die Verletzungen, alle schlechten Feedbacks, alle Abschätzigkeit und Abwertung, die du je erfahren, und alle Misserfolge und Fehler, die du verantworten musstest, eingeschlossen hast. Einfach weil kein Platz war, sie angemessen zu verarbeiten. Weil es ja »jetzt wieder weitergehen muss«, weil es »doch nicht so tragisch« war. Weil es »doch noch viel Schlimmeres« gibt. Oder weil du dir »schon hättest denken können, dass das so enden wird« ... Und das einzig Kluge war, zu denken: Es ist besser, nicht mehr an mich und meine Träume zu glauben.

Es macht oft keinen wesentlichen Unterschied, ob diese Reaktionen auf unsere Rückschläge, misslungenen Experimente oder missglückten Partnerschaften von außen kommen oder ob unser innerer Kritiker über uns herfällt. Fakt ist: Sie tun weh. Und sie sagen uns, dass es sinnlos ist, so etwas wieder zu versuchen. Neue Zuversicht aufkommen zu lassen. Weil unsere ganze Hoffnung offensichtlich naiv war, blind oder schlichtweg dumm. Und wir selbst? Wir waren ganz klar nicht gut genug. Und glauben nun, wir seien es schlichtweg nicht wert, uns große Ziele zu setzen.

Die Macht unserer Prägung nimmt all das hellhörig auf und meißelt es als neue Grundwahrheit in Stein, wenn wir nicht einschreiten mit Mitgefühl für uns selbst und einer höheren Perspektive auf unseren Lebensweg und die Lektionen, die wir auf ihm lernen und meistern können.

In Situationen, in denen unsere Zuversicht zerschlagen wird, brauchen wir keine Analyse und erst recht keinen weiteren Schlag in die Magengrube. Sondern wir brauchen Platz für die Trauerarbeit: für das erste Nicht-wahrhaben-Wollen. Für all die aufbrechenden Emotionen. Für das innere Verhandeln und das Grübeln über die Zusammenhänge und Ursachen. Für das Bedauern. Für das Weinen. Und für das Ablösen.

Es geht also darum, erst einmal anzuerkennen, was geschehen ist – und was das Geschehene in uns berührt, bedroht oder beschädigt hat. Welche Wunden da aufgerissen wurden und was wir brauchen, um sie zu reinigen und zu heilen. Weil wir uns erst dann eine echte innere Freigabe erteilen, um etwas Neues zu verwirklichen, wenn wir diese Verletzungen und Enttäuschungen tatsächlich ebenso bewusst verabschieden und verarbeiten wie die alten Weltbilder, die uns für unsere gute Zukunft nicht mehr dienlich sind. Darum ist meine Einladung an dich, sozusagen das Zimmer der *verbrauchten Hoffnung* in dir aufzuspüren, es aufzusperren und die Gefühle darin zu befreien und anzuerkennen.

Frage dich: Wo in dir hängt ein stummer Schleier der verbrauchten Hoffnung?

Ein matter Nebel aus Enttäuschung und verlorener Freude, der dir die Sicht auf deinen inneren Funken erschwert? Welcher alte Schmerz ist noch aktiv in dir, der nicht will, dass du dich erweiterst? Welcher Rückschlag steckt dir in den Knochen, der nicht erlaubt, dass du etwas Neues wagst? Und was hat dich deine Hoffnung verlieren lassen? Was ist geschehen? Und wie fühlst und denkst du heute darüber?

> Wende dich den Erinnerungen neu zu. Erlaube dir, die damit verbundenen Emotionen ehrlich wahrzunehmen, sie zu benennen, sie da sein zu lassen und sie damit ein Stück weit aus der lähmenden Unterdrückung zu befreien.

Nicht mit der Absicht, sie wegzutrösten oder wegzuargumentieren, sondern um dir bewusst zu werden, wo sich noch verbrauchte Hoffnung still zwischen dich und deinen Bestimmungsweg stellt. Ich habe dazu eine Übung in den Audiodownloads zum Buch für dich vorbereitet. Du findest sie hier: www.monikaschmiderer.com/bestimmung-downloads.

Diese Zuwendung verändert deine Perspektive. Erweitert dein Verständnis und dein Mitgefühl für dich selbst – und erlaubt dir mehr Klarheit über das Wie und das Warum in deinen Entscheidungen.

Von Verletzungen und Fehlern zu Erfahrungen und Entscheidungen

Bei der Begegnung mit verbrauchter Hoffnung und alter Enttäuschung treffen wir auch auf viele Schuldzuweisungen und auf Scham. Wir bereuen und bedauern – und binden damit Energie in einer Vergangenheit, die wir nicht mehr ändern können. Darum beobachte und prüfe: Kannst du die belastenden Bewertungen, die du möglicherweise über dich und bestimmte vergangene Entscheidungen abgibst, in etwas Neues verwandeln?

> Kannst du eventuelle Fehler in der Vergangenheit nicht länger als Fehler, sondern als Entscheidungen sehen? Als Entscheidungen, die du damals nach bestem Wissen und Gewissen getroffen hast?

Oder als etwas, das du aus einer Notwendigkeit heraus gewählt hast, in einer Situation, in der es für dich keine Alternative gab? Oder als eine Entscheidung, in der du einem Impuls oder einem Bedürfnis nachgegeben hast, der oder das einfach stärker und dringlicher war als alles andere? Es war dein Versuch, bestmöglich zu leben oder gar zu überleben.

Selbst wenn du heute anders handeln würdest, kannst du dich von der Last des Fehlers aus der Vergangenheit befreien. Du hast die Rechnung dafür bereits bezahlt. **Und du kannst dein Konto nur wieder auffüllen, indem du Neues zulässt:** Verwandle deinen Blick auf die Fehler deiner Vergangenheit überall, wo es dir möglich ist, in einen Blick, der mit viel Mitgefühl Entscheidungen statt Fehler sieht. Und der dich daran erinnert, dass du künftig mit neuer Weisheit und neuer Weitsicht wählen kannst.

Auch die Perspektive auf deine Verletzungen darf sich auf dem Weg zur *Kraft deiner Bestimmung* verwandeln:

> Wenn Fehler Entscheidungen sind, dürfen aus Verletzungen Erfahrungen werden.

Intensive, oft leidvolle Erfahrungen, die wir lieber nicht gemacht hätten und die ich in keiner Form kleinreden oder beschönigen möchte. Doch wenn wir auch hier mehr Frieden und damit mehr Freiheit finden möchten, dürfen wir den Blick darauf lenken, was wir in der Intensität unserer Verletzung gelernt haben. Über uns selbst genauso wie über die, die uns verwundet haben. Darüber, wie wir nicht sein wollen. Wo heute unsere Grenzen liegen müssen, und letztlich auch, wie belastbar wir sind. Denn trotz all der Verletzungen, die dir in der Arena des Lebens bereits zugefügt wurden: Du bist hier. Du bist bereit, neu aufzubrechen – und *die Kraft deiner Bestimmung* zu finden und zu leben.

> **Manche Verletzungen sind zu groß, als dass sie von allein ausheilen könnten. Und wenn wir solche Verletzungen in uns tragen, dann ist da kein Versagen und keine Schwäche, für die wir uns schämen sollten. Sondern dann ist da eine Wunde, die über das Wunder der Verbundenheit zu anderen, kompetenten Menschen heilen darf.**

Manche Traumata und Herzenswunden brauchen medizinische oder therapeutische Hilfe – und sie brauchen Zeit. Doch wenn wir bereit sind, selbst in *diese* Tiefen zu blicken und auch hier den Schleier des Verdrängens zu heben, werden wir uns noch besser erkennen können. Wenn wir uns zutrauen, den unter diesen Narben verschlossenen Erinnerungen und Emotionen gewachsen zu sein, dann öffnen wir eine Quelle immenser Kraft. Denn gerade dort fließt eine Klarheit, die unvergleichlich und unverwässert ist. Menschen, die aus ihrer urinnersten Heilung heraus leben, strahlen eine geläuterte, klare und starke Wahrheit aus. Sie haben nicht nur ihren inneren Funken wiedergefunden, sondern sind durchs Feuer gegangen. Mitten hindurch. Und wissen, dass es manchmal einen ganz bestimmten Zündstoff zur Befreiung braucht: Zorn.

Zündender Zorn:
herausfordernd und heilsam

Chaos ist oft ein Katalysator für Klarheit. Und Zorn kann ein Zündstoff für die Befreiung der *Kraft deiner Bestimmung* sein. Denn sie drängt und brodelt umso heftiger in der verschlossenen Urknallblase in dir, je ungerechter die Umstände sind, unter denen sie zurückgehalten wird. Und auch du spürst genau, wo du klein- oder stillgehalten wirst, wo du dich ausgebeutet oder verleugnet fühlst, wo andere eine falsche Macht über dich und dein Leben ausüben – und wo der Wahnsinn in der Welt dich rasend wütend macht.

> So berechtigt und wichtig es ist, die verbrauchte Hoffnung anzuerkennen, so berechtigt und wichtig ist es, deinen Zorn zuzulassen.

Denn wie solltest du nicht wütend werden, wenn andere Menschen sich erlauben, in dein Leben einzugreifen und dich damit zu schwächen? Wie solltest du nicht zornig sein, wenn du die Lügen anderer entlarvst oder die Irrwege erkennst, auf die dich falsche Versprechen geführt haben? Und wie solltest du nicht den ganzen Frust und die Überforderung herausschreien wollen – und hinein in diese verrückte, laute Welt? Damit du *dich* wieder hörst. Dich wieder spürst. Und die Kraft befreist, die da in dir eingeschlossen wurde.

Zorn ist wie Trauer ein Tor zur Heilung, ein Teil des Trauer- und Verarbeitungsprozesses, den wir nicht auslassen sollten.

Auch wenn die meisten von uns ganz anders geprägt und erzogen worden sind – die Aggression ist, bewusst und gezielt gelebt, eine Energie, die uns enorm unterstützen kann. Zorn, den du **in gut geerdeter Klarheit ganz bewusst als unterstüt-**

zende Durchsetzungskraft wahrnimmst,** braucht keine Rache, braucht keine Vergeltung und schon gar kein impulsives Reagieren in den sozialen Medien, das die Macht des Negativen oft nur noch stärker nährt. Sondern er braucht dich in deiner wachen Bereitschaft, an ihm zu wachsen, und er eröffnet dir einen schöpferischen Entladungsraum. Er ist eine unglaublich kreative, vorwärts- und aufwärtsstrebende Kraft, die dir deinen Weg frei machen und deinen Motor in Bewegung bringen will. Denn:

> Zorn ist aktiv. Zorn setzt Grenzen. Zorn löst Bindungen, die nicht mehr konstruktiv sind.

Er befreit dich aus Unterdrückung und Lüge. Aus Partnerschaften, in denen die Augenhöhe oder der Respekt fehlen. Aus Jobsituationen und Projekten, die dich vereinnahmen oder in denen du dein wahres Potenzial nicht leben kannst.

Zorn kümmert sich um deine gesunden Grenzen – wir haben ihn schon als Kind oft lautstark und wütend für uns eingesetzt. Doch genau diese kindliche Wut, dieses ungebremste kindliche Feuer wurde vielen von uns schon sehr früh untersagt. Zorn sei böse, Wut sei unangebracht. Sie sei zu laut, zu wild, zu anstrengend – und alles andere als »schön brav«. Darum wurden diese starken, befreienden, oft auch selbstermächtigenden und selbstbestimmenden Gefühle leider als schädlich eingeordnet. Und viele von uns wurden mit Liebesentzug oder Auszeiten bestraft.

Die Macht der Prägung hat diese Gefühle also als gefährlich und selbstzerstörerisch abgespeichert und sie in die verbotene Zone geschoben. Dabei könnte die intensive, durchsetzungsfreudige Kraft der Wut und des Zorns uns heute in Wahrheit oft sehr nützlich sein in unserer Entwicklung. Denn sie kämpft nicht *gegen* die anderen oder *gegen* eine bestimmte Situation, sondern sie tritt *für* dich, für deinen Willen und für deine Bedürfnisse ein. Je mehr du sie unterdrückst, desto mehr unterdrückst du auch deinen natürlichen Selbstschutz – und musst taktisch ausweichen auf Ebenen der Manipulation, der Intrige, des unterschwelligen Boykotts oder in die Krankheit flüchten, um den Schutz und die Distanz zu erlangen, die du brauchst.

So wie wir als Kind in unserer Wut und Frustration gut begleitet hätten werden sollen, so sollten wir nun lernen, uns selbst durch diese Gefühle zu begleiten.

Denn sie haben starke und wichtige Botschaften für uns. Sie sagen: »So nicht mehr. Es reicht. *Das* ist vorbei.« Sie helfen dir, glasklar zu erkennen, was du in deinem Leben nicht (mehr) dulden kannst und willst – und zugleich auch die Power zu haben, für das einzustehen, was dir wichtig ist. Denn die Intensität des Zorns ist wie ein Katapult, das dich aus festgefahrenen Situationen befreien kann – und dich näher zu dem bringt, was jetzt wahr und richtig für dich ist.
Darum führt uns der Weg zu unserem wahren Selbst, hin zur *Kraft unserer Bestimmung*, oft auch zum Zorn. Zur Wut, die mit ihrer ganzen Wucht vieles bereinigen will, was nicht mehr du bist, was nicht mehr zu dir passt und was deiner Entwicklung nicht mehr positiv dient.

**Du kannst das Unterwerfende nicht mitnehmen
in deine selbstbestimmte Freiheit.**

Darum lass die Sprengkraft zu, die dein Zorn hat. Lass es in dir kochen, lass es aufwallen – und lass es eskalieren. Ja, du hast richtig gelesen: Es gibt Momente und Menschen, die es notwendig machen, dass du eskalierst. Dass die Wahrheit und die Klarheit aus dir herausbrechen wie Lava aus einem Vulkan. Weil du in manchen verstrickten Situationen nur auf diese Weise einen finalen Schlussstrich ziehen kannst. Wenn ungesunde Beziehungen oder belastende berufliche Verbindungen zu festgefahren sind, ist manchmal eine Explosion nötig, ein markanter Schockmoment, um eine Loslösung und einen Neustart überhaupt zu ermöglichen. Nicht alle Brücken hinter dir kannst und sollst du bestehen lassen. Manche müssen ganz einbrechen, damit dich nichts mehr zurückhalten oder zurückziehen kann.

Selbstverständlich sind friedliche und einvernehmliche Auflösungen der Königsweg. Und natürlich ist die Gewaltfreie Kommunikation und das konstruktive Klären von Bedürfnissen das, wonach wir streben sollten. Zumindest ebenso wichtig kann es jedoch eben manchmal sein, diese geballte Spannung freizusetzen, die da in dir brodelt und kocht – und sie nicht weiter zu decken. Denn bleibst du im unterdrückten Zorn, kann deine Kommunikation nie ganz klar werden. **Tief in dir bist du dann nämlich wortwörtlich blind vor Wut.** Du läufst Gefahr, diese Spannung anderweitig abzubauen – und anstelle deiner gelebten Kraft mit Machtspielen, Anschuldigungen und Anfeindungen zu arbeiten.

Darum darfst du auf deine Wut zugehen wie auf jede andere Emotion. So bewusst und wertfrei wie möglich – um dort zu klären, was nach Klärung ruft.

Das ist eine Herausforderung, keine Frage. Der Zorn fordert dich vollends, seine Unmittelbarkeit und seine Intensität auszuhalten. Seiner Wucht gewachsen zu sein. Und deine Verhaltensmuster der falschen Kleinheit und der unnötigen Unterordnung zu durchbrechen. Er will, dass du die Ketten der falschen Nettigkeiten sprengst und für dich und deine Rechte einstehst. Er fordert den Mut, dich auszudrücken und deine Vorhaben zu verteidigen. Sowohl gegenüber der Stimme der Macht deiner Prägung in dir als auch gegenüber anderen Menschen im Außen.

Rage on Page

Eine enorm entladende Übung dazu kann diese sein:

Rage on Page.
Bringe deinen Zorn aufs Papier.

»Rage on Page« bedeutet, deinen Zorn auf dem Papier zu entzünden. Ihn rauszulassen, hinzuwerfen auf die weißen Seiten vor dir – und zu schauen, was er dir zu sagen hat, wenn du ihn im Lesen zu dir zurücksprechen lässt.

Diese kleine, kurze und, wie ich finde, sehr befreiende Übung ist ein Weg, durch die starken Gefühle wie Zorn, Wut, aber oft auch Trauer, Ohnmacht und Bitterkeit hindurchzugehen und zu neuer Klarheit zu kommen. Sie ist eine Art Entladungsmöglichkeit, bei der du lernst, dich auch diesen intensiven Gefühlen gegenüber zu öffnen, sie zu benennen und im Schreiben genauer zu erforschen, was hinter ihnen steht: welche Verletzungen, welche Sehnsüchte – und welche Bedürfnisse, die nach Erfüllung rufen.

Um diese Erkenntnis- und Entladungsübung durchzuführen, gehe an einen ungestörten Ort, nimm Stift und Papier zur Hand und, wenn du magst, lege aktivierende Musik über deine Kopfhörer auf, die ganz nach deiner Wut klingt, sie noch weiter aufkochen lässt – und dann feuere deinen ganzen Zorn aufs Papier. Ungebremst und unzensiert. Lass alles raus: all die unterdrückten Gefühle, all die unterdrückten Wörter, die ganze geballte Wut, die Anschuldigungen, die Empörung, den Groll, aber auch die Enttäuschung, die Scham, die Trauer. Einfach alles.

Schreibe so lange, bis du durch die ganze Hitze, durch die ganze Unruhe und durch die ganze Intensität hindurchgegangen bist. Vielleicht fließen sogar Tränen, vielleicht musst du auch mal im Zorn aufschreien beim Schreiben. Alles ist erlaubt. Bleib dabei, bleib in der Begegnung mit dem Gefühl und bleib im Schreiben, bis es langsam wieder ruhiger wird in dir. Friedlicher. Still.

Und dann liegt dein Zorn auf dem Papier vor dir – und das Großartige daran ist nicht nur die innere Verwandlung, die du dadurch möglicherweise spürst, sondern dass der Zorn beim Durchlesen nun zu dir zurückspricht. Er gibt dir Einblicke in deine inneren Prozesse, gibt dir Hinweise auf das, was geklärt und verändert werden soll. Er lässt dich weinen oder vielleicht sogar lachen, weil dein Zorn von außen betrachtet nun ein ganz anderes Gesicht zeigt. Und du erkennen kannst, was er dir wirklich zu sagen hat. Was er fordert und was er braucht und wie du die in ihm geballte Energie für eine gute, schöpferische Weiterentwicklung der Situation nutzen kannst.

Denn hinter der gewaltigen Dringlichkeit des Zorns liegt immer auch ein unerfülltes Bedürfnis: sei es dein Bedürfnis nach Sicherheit, nach Wertschätzung, nach Selbstbestimmung, nach Gerechtigkeit, nach Unterstützung, nach Verlässlichkeit oder auch nach Ruhe, nach Leichtigkeit, nach Verständnis, nach Ausdruck oder Wachstum.

> Wenn du auf deinen Zorn zugehst, die Herausforderung dieses starken Gefühls annimmst und seine Botschaft hörst, dann wird er sehr heilsam und förderlich.

Denn dir wird klar, was du auf deinem Weg zur *Kraft deiner Bestimmung* nicht länger dulden willst, welche Änderungen nun absolut nötig sind und was du brauchst, um dich zu entfalten.

Dann kannst du die Energie deines Zorns schöpferischer lenken, ohne sie als Waffe zu verwenden. **Zorn ist ein Pfeil, der ins Schwarze trifft** – und je bewusster du ihn für die Befreiung d*er Kraft deiner Bestimmung* einsetzt, desto gezielter hilft er dir, dir deinen Weg zu bahnen. Ohne unnötige Eskapaden, aber mit genau der Entladung, die es manchmal einfach braucht, um etwas zu bewegen. Denn: **Unter dem Schleier von verbrauchter Hoffnung, im Nicht-loslassen-Können oder im Verdrängen von Zorn und Wut wirst du starr.** Diese Gefühle lähmen dich und kapseln *die Kraft deiner Bestimmung* mehr und mehr ab. Denn du erlebst dich selbst als unzureichend, als machtlos und vielleicht sogar als den Umständen ausgeliefert. Die Dynamik deines Lebens beginnt sich wie eine Abwärtsspirale nach unten zu drehen.

Der Zorn will genau hier klärend, selbstermächtigend und befreiend eingreifen und kann dir helfen, wieder ins Handeln zu kommen, indem er die Stimme in dir ist, die ruft: »Stopp, so nicht!« Und dich so in eine Aufwärtsbewegung führt, die dich wieder näher zu dir und zu deiner guten Zukunft führt.

> Wo verbrauchte Hoffnung also wie ein matter Schleier deine Motivation erstickt und das Glühen deines Funkens verdeckt, ist der Zündstoff des Zorns eine Energie, die dich wieder ins Tun bringen kann.

Die wie ein Windstoß in die Glut deines Funkens fährt – und dafür sorgen kann, die Flammen hochgehen zu lassen. Manchmal als radikale Explosion, als Kündigung, als Trennung oder Abschied. Manchmal als klare innere Abgrenzung gegenüber gewissen Meinungen und Haltungen. Manchmal als Antrieb, jetzt nicht länger zuzuschauen, sondern die Dinge in die Hand zu nehmen und etwas zu verändern. Manchmal als die Stimme in dir, die sagt: »Hinterfrage, was hier passiert. Bleibe kritisch. Wage es, anders zu denken und zu handeln. Und entscheide dich bei all den verschiedenen Einflüssen unserer Zeit für deinen Weg. Für dich.« Und damit für *die Kraft deiner Bestimmung.*

Wut verwandelt sich in Mut:
Nutze Irritation als eine Initialenergie

Die Transformationskraft des Zorns ist riesig. Und genauso die Kraft des Mutes. In manchen Situationen brauchen wir die Wut als eine Brücke zum Mut. Denn der Mut gibt uns den nötigen Anstoß und die sichere Rückendeckung, die wir manchmal benötigen, um uns mit unserer Wahrheit in die Arena des Lebens zu wagen. Dort draußen brauchen wir den Mut ganz dringend. Denn an so vielen Orten begegnet uns derzeit Angst, Verunsicherung, Verhärtung – und der Zorn der anderen, der viel zu oft unreflektiert bleibt und damit zerstörerisch wird. An manchen Tagen haben wir das Gefühl, die Arena sei voll Verrückter, die den Zugang zu sich und zur *Kraft ihrer Bestimmung* verloren haben. Und wir sind irritiert: irritiert von all den Veränderungen, von all der Unvorhersehbarkeit, von all den Dingen, die in unseren Augen ganz eindeutig in die falsche Richtung laufen – und noch irritierter von den Menschen, die das offenbar bejubeln.

> Diese Irritation ist ein Aufruf. Ein Aufruf dazu, zu dir zurückzukommen, dich und deine Werte dadurch immer klarer zu erkennen und immer genauer herauszufinden, wofür du dich mit **der Kraft deiner Bestimmung** und mit deinen Fähigkeiten und Talenten einsetzen willst.

Irritation kann eine Initialenergie für dein Ja zu deiner eigenen Stärke sein, zu deiner Fähigkeit, Probleme zu lösen und neue Wege zu finden, die nicht nur dir und deiner Entfaltung dienen, sondern auch für andere neue Perspektiven und Chancen eröffnen können.

Nimm die Irritation, die die Geschehnisse unserer Zeit auslösen, unbedingt wach und offen wahr, denn ich bin sicher, in ihr liegt ein Teil deiner Aufgabe, deines Auftrags hier in dieser

Welt zu dieser Zeit. Dort, wo du selbst Irritation spürst, und dort, wo du Irritation oder Orientierungslosigkeit bei anderen Menschen beobachtest, kannst du vielleicht beitragen: zur Lösung, zur Linderung, zur Weiterentwicklung.

Denn was du wahrnimmst, das ist dir also auch *bewusst* – und was dir bewusst ist, das kannst du als schöpferischer Mensch mit der *Kraft deiner Bestimmung* auch (mit-)gestalten.

Ja, ich bin überzeugt: Es ist kein Zufall, dass du hier bist und genau jetzt in diesem großen Wandel lebst. Und es ist genauso wenig ein Zufall, welche Themen dich triggern und welche Entwicklungen dich stören. Denn genau dort passt ein Schlüssel aus deinem Schlüsselbund an Begabungen und Kenntnissen in eine der Türen zur Lösung.

Alles, woran du dich *stößt*, kann also ein *Anstoß* für dich sein. Und jede Irritation eine Inspiration: für deinen nächsten Schritt und dein nächstes Vorhaben. So kann dich ein völlig entgleister Wutausbruch, den du zwischen einer Mutter mit ihrer Tochter auf dem Spielplatz beobachtest, dazu bewegen, selbst einen Kurs für friedvolle Erziehung zu besuchen – und schließlich selbst Kurse in deiner Gemeinde anzubieten. Ein Strandspaziergang zum Sonnenuntergang, bei dem du auf eine Müllbucht stößt, kann dich dazu animieren, dich bei einem Ozean-Clean-up-Unternehmen zu engagieren. Oder es kann dich ein Gespräch mit einem einst engen Freund, bei dem du ganz unerwartet auf eine sehr radikale politische Haltung stößt, dazu bringen, nach Möglichkeiten und Wegen zu suchen, den Frieden in der Welt zu fördern und das Miteinander herzlicher zu gestalten.

Erkennst du, wie du diese Irritationen und herausfordernden Momente in etwas Kreatives, etwas Schöpferisches verwandeln kannst? Und genau darum geht es in deinem Leben, das du mit *der Kraft deiner Bestimmung* gestalten willst. Es geht um das Umkehren. Um das Verwandeln von etwas Schwächendem zu etwas Schöpferischem. Von etwas Beängstigendem zu etwas Motivierendem. Von etwas Sinnlosem zu etwas Sinnstiftendem. Und all das beginnt mit der Verwandlung deiner selbst: indem du kein Beifahrer und keine Beifahrerin mehr bist, sondern dich auf den Fahrersitz deines Lebens setzt – und bereit bist, die Verantwortung für das Steuer zu übernehmen.

Lass dich von der Intensität dieser irritierenden Zeit, in der sich alles gleichzeitig zu verändern scheint, nicht schwächen, sondern erkenne die Aufforderung, deine Stärken, deinen freien Willen und deine schöpferischen Fähigkeiten zu nutzen.

Beginne Schritt für Schritt wach zu werden und zu erkennen, wo du selbst zu einer guten Veränderung, einer gesunden und schönen Entwicklung beitragen möchtest. Im Großen oder im Kleinen. Im Beruflichen oder ganz privat in deiner Familie oder in deinem Freundeskreis. Jeden Tag und in jeder Situation entscheidest du aufs Neue, wie du das, was du beobachtest und erlebst, bewertest – und damit auch, wie sehr du an der Instabilität und der Irritation wachsen wirst.

Wachstum braucht Instabilität

Entwicklung *braucht* Veränderung. Fortschritt *braucht* Loslösung vom Alten. **Und Wachstum *braucht* Instabilität, denn Wachstum *ist* Instabilität.** Das ist ein Naturgesetz, das wir nicht umgehen können. Darum sollte dein Ziel nicht sein, jede Instabilität und Irritation auszublenden, sondern sie wach und bestenfalls neugierig zu beobachten – und daran zu wachsen, dich zu entwickeln und Fortschritte zu machen. Und dich von der Vorstellung zu verabschieden, dass es anhaltende Stabilität gibt. Denn totale Stabilität bedeutet Stillstand. Ein Zustand, in dem es keine Dynamik und keine Bewegung mehr gibt. Das würde zwar bedeuten, dass es keinen Druck, keinen Stressor von außen mehr gäbe, jedoch auch, dass sich im Inneren nichts mehr verschieben oder verzerren könnte. Und das würde zur Folge haben, dass du innerlich stumpf und taub sein müsstest.

Der Tod ist maximale Stabilität. Nichts reagiert mehr auf die Einflüsse von außen, nichts Innerliches ist mehr in Bewegung.

> In der puren Lebendigkeit des Lebens gibt es keinen andauernd stabilen Zustand – und jede Form von Balance, von Gleichgewicht und Ordnung braucht ein aktives Einwirken. Braucht immer wieder einen Ausgleich zwischen den Polen. Balance ist nicht das Halten der Mitte, sondern das immer neue Ausgleichen des Ungleichgewichts.

Das Leben an sich ist etwas Dynamisches. Erinnere dich an unser Bild des Urknalls und an die Kettenreaktion deiner Bestimmung: Ist der Funke gezündet, will sich diese Kraft immer weiter ausdehnen und verschiedene Planeten und Sonnensysteme in Form von Freundschaften und Beziehungen, Erfahrungen und Erlebnissen, Projekten oder gar Firmen hervorbringen.

Nichts bleibt für immer stehen in einem Universum, das sich ausdehnt – und das von einer Kraft angetrieben wird, die Entwicklung als höchste Energie erkennt. Und diese Entwicklung braucht auch Erschütterung und Erwachen. Manchmal im Schmerz, manchmal im Zorn, manchmal im Miteinander, manchmal in der forschenden Neugier, manchmal in einer glühenden neuen Idee und der Lust, sie zu verwirklichen.

Wachstum IST Veränderung, und auch du kannst deine Urnatur am kraftvollsten und kreativsten leben, wenn du dir und der Welt um dich herum Wachstum und Veränderung erlaubst. Und dich daran erinnerst, dass du keine Maschine bist, die funktionieren muss, sondern ein Mensch, der etwas kreieren kann – und dabei auch Schwächen haben und Unsicherheit spüren darf.

Schwächen von Maschinen müssen nach Plan korrigiert und behoben werden, um die Funktion wiederherzustellen oder zu optimieren. Schwächen von uns Menschen sind hingegen ein Teil des Ganzen. Ein essenziell wichtiges Element unserer persönlichen Erkenntnis- und Entwicklungsaufgabe. Und noch mehr:

Schwächen sind Schlüsselstellen zu tiefer menschlicher Verbundenheit

Lass uns unseren Blick auf Fehler, Schwächen und Unzulänglichkeiten verwandeln, um darin die tiefere Bedeutung für uns und unseren Weg zur *Kraft unserer Bestimmung* zu erkennen.

Schwächen sind eine sensible Stelle, an der wir uns mit anderen Menschen verbinden können. Dort, wo wir uns schwach fühlen und Unsicherheit spüren, da können andere uns unterstützen. Da können unsere Fähigkeiten sich vernetzen. Unsere Talente und Begabungen sich ergänzen. In alle Richtungen.

Wo Schwächen sind, da ist also immer eine Chance für Verbindung. Und d*ie Kraft deiner Bestimmung* ist eine Kraft, die will, dass du genau diese stärkenden Verbindungen aufbaust, dass andere dich unterstützen und dass du wiederum die Schwächen anderer mit deinen Stärken mitträgst. Weil genau damit auch jeder Mensch seine Bedeutung erlangt, seine Berechtigung, seine Würde. **Eine Schwäche ist der Aufruf, seine Aufgabe anzunehmen und zu erfüllen für etwas, das größer ist als wir selbst.**

Wenn deine Schwächen und Unsicherheiten mitten in dieser chaotischen Welt also kein Makel, sondern eine Verbindungsstelle zu anderen sind, dann gibt es keinen Grund, sich vor ihnen zu fürchten. Wenn du Irritation als Weckruf und Rückschläge als Umwege siehst, die aber immer noch in die richtige Richtung führen, gibt es keine Sorge zu scheitern.

Für viele von uns ist diese Sichtweise jedoch sehr schwierig. Wir sind ganz anders geprägt worden. Wollen es allein und nach einem sicheren Plan schaffen. Millionen von uns wurden als geradlinige Einzelkämpfer und Einzelkämpferinnen erzogen, und die letzten Jahre haben viele Menschen noch mehr in die Angst, ins Misstrauen und in den einsamen Konkurrenzkampf gedrängt.

Doch wir sind keine isolierten Maschinen. Wir sind hoch individuelle, tief miteinander verbundene und kreative Wesen, deren höchstes Streben nicht das Streben nach einem perfekten Ergebnis sein muss. Sondern die im Streben nach Erfahrung, Erweiterung, Erfüllung, nach Beitrag, nach Bedeutung und Sinn am meisten wachsen und am besten heilen können.

Heile Welt?
Der Welt heilen helfen

Unsere Sehnsucht danach, unsere Bestimmung zu erfüllen, ist eng verwoben mit der Sehnsucht, in einer Welt zu leben, die wir lieben. Umgeben von Menschen, bei denen wir uns sicher, gesehen, gewürdigt und geschätzt fühlen. Eingebettet in eine Umgebung, die uns schützt und nährt und in der wir uns immer weiter entfalten können. Dieses Idealbild lebt in uns Menschen und wartet auf Verwirklichung.

Doch die Realität konfrontiert uns immer wieder mit den düsteren Schattenseiten der Menschheit: finstere Blicke in den Straßen und Büros. Düstere Prognosen zur politischen und ökologischen Weltlage. Schwarze Tage in der Wirtschaft ... Wie soll sich *die Kraft deiner Bestimmung* gegen all das durchsetzen? Und wie soll sie dich so mutig und stark machen können, dass du für dich und deine Lieben stark und optimistisch in die Zukunft schauen kannst? Sind Hoffnung und Aufbruchsstimmung angesichts aller Krisen überhaupt noch angebracht? Diese Gedanken sind ganz natürlich. Ja, sie sind sogar berechtigt. Und doch solltest du ihnen nicht folgen. Denn sie führen dich in die Kraftlosigkeit.

> Auf dem Weg zu dir und deiner Bestimmung geht es nicht um das Dagegen. Es geht um das Dafür. Es geht nicht ums Kämpfen. Es geht ums Aufbauen.

Es ist wichtig, einen wachen Blick für den Schmerz und das Chaos der Welt zu haben, doch ohne dir den Druck aufzuerlegen, es je ganz auflösen zu können. **Du bist nicht hier, um allein die ganze Welt zu retten. Du bist hier, um dein urinnerstes Feuer lebendig zu halten.** Deine Kraft und deine Bestimmung zu leben. Denn das ist niemals bedeutungslos. Und du bist niemals ohne Wirkung. Nichts, was du denkst und tust, bleibt je ohne Folge für dein Leben, für deine Beziehungen und für deinen beruflichen Weg. Und weil du dabei mit so vielen verschiedenen Menschen in Berührung kommst, bleibt dein Sein und Tun auch nicht bedeutungslos für die Welt. Denn du bist niemals isoliert. Du bist ein Glied einer Kette, ein aktiver Teil des großen Ganzen. **Und es macht für die Welt, die dich unmittelbar umgibt, einen *massiven* Unterschied, wie du dich ausrichtest: hin zum Schöpferischen oder hin zum schwarzen Loch.** Denn diese innere Ausrichtung verändert alles: die Gedanken, die du aussendest. Die Worte, die du sagst. Die Umarmungen, die du gibst.

Wenn es dir gelingt, trotz all der Schattenseiten unserer Zeit dein berufliches und privates Umfeld so zu gestalten, dass dort dein Feuer leuchten und sich in einer Kettenreaktion in Richtung Bestimmung ausbreiten kann, dann hast du den essenziellsten Teil deines Auftrages erfüllt. Wenn du für dich, deine Liebsten, deine Kolleginnen und Kollegen ein schöpferisches, menschenwürdiges Stück Welt geschaffen hast, dann hast du etwas gigantisch Großes geschaffen. Ich weiß, das ist nicht immer einfach unter den Erschütterungen unserer Zeit.

> Und es ist nicht immer einfach, an das Aufbauen zu glauben, während so vieles zerfällt. Doch öffne deinen Blick: Und erkenne den Aufbruch mitten im Umbruch.

In unserer Welt der Gegensätze ist immer alles gleichzeitig vorhanden: Irritation und Inspiration. Zorn und Mut. Chaos und Klarheit. Die Wahl deiner Perspektive ist entscheidend dafür, was du wie wahrnimmst und ob du dich von der Macht deiner Prägung oder der *Kraft deiner Bestimmung* leiten lässt. Ob du deine menschlichen Schwächen siehst oder dich an deine schöpferische Stärke erinnerst. Ob du glaubst, die »Lücken« in deinen Fähigkeiten machen dich unvollständig, oder ob du darin den wundervollen Freiraum erkennst, in dem du dich mit anderen Menschen verbinden kannst, um mit gemeinsamen Kräften etwas Stabiles und Schönes zu erbauen. **Denn als Mensch bist du in dieser Welt, um etwas beizutragen. Du bist geschaffen, um etwas zu er-schaffen. Und mehr und mehr zu werden, wer du in deiner wahren Essenz wirklich bist.**

III.
DIE WAHRHEIT

Lügen blenden.
Die Wahrheit leuchtet.

Furchtlos stehen sie am Rande der Klippen. Ihr Haar weht im Wind. Ihr Blick ist kühl und wissend. Ihr Gesichtsausdruck heldenhaft, als wären sie gerade vom Kampf zurückgekehrt. Unter ihnen tobt die Brandung. Die Sonne bricht sich dramatisch in den Wogen, die Kamera fährt hoch – und sie strecken beide Arme in den Himmel: Sie sind die Königinnen und Krieger der modernen Persönlichkeitsentwicklungsszene. Ihre Freiheit ist scheinbar grenzenlos. Ihr Erfolg überschäumend. Ihr Selbstbewusstsein unantastbar. Sie leben die totale Liebe, die vollste Hingabe – und ihre Berufung ist ihr Garantieschein für schwerelos erreichte und doch millionenschwere Geschäftserfolge. Sie haben ihr Reich ohne Anstrengung errichtet – und DU kannst das auch, sagen sie dir. In nur wenigen Wochen und mit nur ein paar wenigen Klicks auf ihrer Website lebst du fortan ein Leben wie auf deinem schönsten Visionboard. Du musst es nur genug wollen – und jetzt kaufen.

Bilder wie diese erinnern mich an ein Plakat, das einst an der Zimmertür meines Jugendfreundes hing und auf dem stand: »**Du musst sehr hell leuchten, sonst blendet es nicht.**«

Versprechen wie diese sind so grell und überzogen, dass sie den essenziellen Teil der Wahrheit ausblenden. Denn es sind keine reinen Lügen, die hier erzählt werden, weil jeder großen Aussage auch ein wahrer Kern innewohnt.

Doch die Mythen, die das moderne Marketing rund um diesen Kern webt, üben eine Macht auf uns aus. Sie spielen mit unseren urinnersten Wunden, mit den tiefsten Ängsten und mit den geheimsten Sehnsüchten. Sie erzeugen so viele Gefühle von Mangel und Unwürdigkeit in uns, dass manche Botschaften regelrecht wehtun – und wir wollen diesen Schmerz und diese Kleinheit nicht spüren. Wir wollen auch so unantastbar, reich und schwerelos leben. Und viele bleiben wie geblendet hängen an diesen strahlenden, übermenschlichen Idolen, die uns gerade in dunkleren und undurchsichtigen Zeiten wie Leuchttürme erscheinen.

»Lebe dein reichstes Leben!«, sagen sie mit einem breiten Lächeln. Und: »Entspanne dich und du wirst alles empfangen, was du willst.« Oder: »Du musst nur genug daran glauben, dann wird alles ganz von allein wahr werden.« Diese Sätze sind schillernd und schön – und oft bestärken sie dich am Anfang deines Weges auch. Sie geben dir das Gefühl, dass du nichts verlieren kannst und dass du es schaffen wirst – und das ist grundsätzlich großartig und wichtig. **Doch um den ganzen Weg deiner Bestimmung zu gehen, brauchst du mehr als das. Du brauchst Wahrheit.** Denn nur in der Wahrheit findest du auch in deine Kraft, in deine Würde und in deine Wirksamkeit.

Geblendet von falschen Versprechen, kannst du deinen ehrlichen Weg nicht finden, weil sie deinen Blick verzerren und dich teilweise sogar blind machen für das, was Bestimmung *wirklich* bedeutet. Denn in *der Kraft deiner Bestimmung* zu leben ist anders und so viel umfassender, als viele vermuten – und erst recht, als uns in diesen blendend schönen Videos und Werbebildern verkauft wird.

Darum lass uns in diesem Kapitel das Licht auf den wahren Kern richten. Und damit all die überhöhten Vorstellungen, all den unnötigen Druck und all die falschen Versprechen hinter uns lassen, die uns letztlich schwächen statt stärken. Lass uns über das sprechen, was nur selten über Bestimmung und Berufung erzählt wird. Und beginnen wir damit, Grundwahrheiten und falsche Versprechen zu unterscheiden.

Hinter leeren Versprechen und falschen Floskeln

Sobald du das Tor zur Welt der Persönlichkeitsentwicklung und Sinnsuche öffnest, wirst du mit Versprechen und stimmungsvollen Zitaten überflutet. Was dir schnell auffallen wird, ist, dass sich die Aussagen in diesem Feld oft sehr stark ähneln und sich wiederholen. Und zwar aus zweierlei Gründen:

Grund eins: Es sind universell gültige Grundwahrheiten und Grundgesetze des Lebens, die von uns Menschen über Jahrhunderte oder gar Jahrtausende hinweg immer wieder in neuer, zeitgemäßer Form verstanden werden sollen. Sie erinnern dich an die großen Zusammenhänge und bringen dich mit der tiefer liegenden und zugleich übergeordneten Bedeutung der Dinge in Berührung. Dazu zählen die Gesetze der Ursache und Wirkung, der Polarität, der Rhythmen, der Anziehung, der Schwingung, der Einheit und der Entsprechung. Sie helfen dir dabei, ein ganzheitliches Bild zu erkennen und Sinn in den Zusammenhängen zu finden.

Grund zwei: Es sind verführerische Floskeln und Versprechen, die zwar oft auf Grundwahrheiten aufbauen, aber viele wesentliche Aspekte auslassen. Sie begegnen dir überall dort, wo es um ein schnelles Ja geht. Diese Versprechen lassen die Eintrittsschwelle in ein Leben im Zeichen deiner Bestimmung so niedrig wie möglich aussehen, führen aber dazu, dass du an der ersten echten Steigung des Weges enorm irritiert und frustriert bist. Schlichtweg weil dir diese Floskeln nur die halbe Wahrheit geben – du aber deine ganze Kraft brauchst.

Zurück zum wahren Grund finden

Im Anschluss an mein Managementstudium habe ich über fünfzehn Jahre lang eine Text- und Konzeptagentur geführt. Ich kenne also die verschiedenen Marketingtechniken und -strategien, die in vielen Bereichen des Online- und Direktmarketings angewendet werden. Sie arbeiten mit hypnotischen Mustern, psychologischem Druck und ganz viel künstlich erzeugtem Mangelgefühl. Diese Techniken sind im Verkauf sehr effektiv, aber in ihrer Wirkung nicht ganz ehrlich – und können dich in entscheidenden Momenten an der wahren *Kraft deiner Bestimmung* zweifeln lassen.

In meiner heutigen Arbeit als Mentorin und Beraterin begegnet genau dieser Effekt mir immer wieder. So kam eines Morgens eine meiner Klientinnen ganz entmutigt in unser Gespräch und sagte zögerlich: »Wenn dieser Weg meine Bestimmung ist, warum ist er dann so schwer?« Ich fragte nach: »Wie meinst du das genau?« – »Ich meine, wenn das alles meine Bestimmung ist und ich mit diesem Projekt wirklich meiner Berufung folge, warum ist es dann so viel Aufwand? Warum geht es nicht leichter? Ich dachte immer, wenn ich erst meinen Weg gefunden und eingeschlagen habe, dann geht alles ganz einfach und schnell.« – »Und das tut es nicht?«, fragte ich. »Nein. Alles, was ich mache, ist so viel aufwendiger, als ich gedacht hätte. In jedem Projekt gibt es tausend kleine Schritte, tausend Dinge zu tun, bis ich endlich am Ziel bin. Ich habe einfach nicht damit gerechnet, dass dieser Weg so viel Mühe und Arbeit bedeuten würde.« Und da war sie: die Lücke, die die halb wahren Werbeversprechen zwischen ihr und ihrer eigentlichen Kraft erzeugt hatten.

> Denn so wie uns die Popkultur erzählt, dass echte Liebe ein großes, dramatisches Abenteuer sei, so macht sie uns auch weis, dass wir nur unsere Bestimmung finden müssten, und schon würden wir fortan in immerwährendem Glück und großem Reichtum leben.

Klingt das nicht märchenhaft? Und genau das ist es auch: Diese Märchen und Mythen versprechen uns etwas, das im lebendigen Alltag nicht realistisch ist – und enttäuschen uns damit nicht nur, sie entmachten uns sogar manchmal. Weil sie uns den Eindruck vermitteln, dass es ein Kinderspiel sei, unserer Bestimmung zu folgen, und dass alles, was wir uns erträumen, ganz schwerelos erreicht werden könne. Und dann zweifeln wir, wenn wir vor Herausforderungen stehen und erkennen, wie viele steile Gipfel noch vor uns liegen, bis wir unser Ziel erreichen werden.

Diese Form von Entmutigung begegnet mir immer und immer wieder – denn die schillernden Slogans können sich in schmerzhafte Stolpersteine verwandeln, die viele aufgeben lassen, noch bevor sie richtig angefangen haben … Dabei erliegen sie nichts anderem als einer Verzerrung der Wirklichkeit.

Darum lass uns diese Verschiebungen zurechtrücken und der Enttäuschung Raum geben. Denn Ent-Täuschung befreit dich von einer Illusion, auf die du ohnehin nicht aufbauen kannst. **Ent-Täuschung ist eine Korrektur.** Nimm sie dankbar an, auch wenn sie sich im ersten Moment unangenehm oder gar beschämend anfühlen kann, und erkenne die Wahrheit dahinter. Deine Wahrheit. Denn mit jedem entlarvten Mythos und jeder erlebten Ent-Täuschung wird dein Bild von der Welt klarer und dein Umgang mit den Herausforderungen des realen Lebens sicherer und stabiler werden.

Um diesen bereinigenden Prozess zu unterstützen, möchte ich mit dir in diesem Kapitel zu der Sichtweise auf deine Bestimmung finden, die womöglich ein bisschen weniger schick und weniger schön zu posten ist, dich aber letztlich bereit macht, den *ganzen* Weg zur Erfüllung deiner Bestimmung zu gehen. Darum lass uns von den schnellen Versprechen Abstand nehmen und in eine gute Erdung finden. In eine echte innere Ehrlichkeit, um damit in die Bereitschaft für die ganze Bandbreite eines Lebens in *der Kraft deiner Bestimmung* zu finden, die du brauchst. Damit du nicht nur den Mut hast, aufzubrechen, sondern auch die Energie und die Ausdauer, um dranzubleiben.

Lass uns diese Mythen jetzt gemeinsam entzaubern – und uns stattdessen den wahren, stärkenden Kern darin finden:

Die 8 Mythen rund um Bestimmung

Mythos #1: »Sobald du deine Bestimmung gefunden hast, ist jeder weitere Schritt glasklar.«

Ich bin überzeugt: Ist dein innerer Funke entzündet, wird enorm vieles für dich sichtbar. Du erkennst deine wahren Wünsche und Sehnsüchte. Siehst neue Ziele vor dir, die du erreichen willst, und Träume, die du verwirklichen möchtest. Du erkennst, was nicht länger stimmig für dich ist. Wovon du dich lösen und was oder wen du hinter dir lassen willst. Du kannst klarer benennen, was dich wütend macht, und siehst, wo du aus starken Gefühlen heraus auch starke nächste Schritte setzen kannst.

Geleitet von *der Kraft deiner Bestimmung*, triffst du auf Menschen, die dich inspirieren, und auf solche, die den Weg mit dir gemeinsam gehen können. Du stößt auf genau die Seminare und Bücher, die du gerade brauchst. Und findest Türen, die sich fast von selbst öffnen. Auf diesem Weg gibt es Phasen, in denen scheinst du immer genau zum richtigen Zeitpunkt am richtigen Ort zu sein. Die Fügungen fließen ineinander, und alles entwickelt sich auf wundervolle Weise für dich. **Es fühlt sich an, als wäre alles geführt.**

Wie du in Kapitel 1 gelesen hast, löst dein innerer Funke eine ganze Kettenreaktion der Entwicklung aus: von der inneren Sammlung deiner Kräfte und Ideen über das Aufstauen von mehr und mehr Veränderungsdruck bis zur Zündung, zum Freiwerden und Ausdehnen hin zu einer neuen Vielfalt und neuen Lebendigkeit. Diese Kettenreaktion deiner Bestimmung ist großartig und kann dein ganzes Dasein verändern. Doch nur wenn du auch bereit bist, mit ihrer ganzen Dynamik mitzugehen, auch unvorhergesehene Wendungen und starke Erschütterungen auszuhalten. Und wenn du lernst, mit beidem gut umzugehen: **mit Erfolg ebenso wie mit Misserfolg. Mit dem klaren Wissen ebenso wie mit dem Unbekannten.** Denn in jeder Phase hin zu deiner Bestimmung wird es Momente geben, in denen du nicht sicher wissen wirst, welcher nächste Schritt der einfachste und erfolgreichste ist: In der Phase der Sammlung deiner inneren Kräfte hast du noch keine Ahnung, wann, wo und wie die Zündung deines persönlichen Urknalls stattfinden wird. In der Phase der Zündung hast du in Wahrheit noch keine Vorstellung davon, welche Vielfalt dich in deiner größten Ausdehnung erwartet. Und in der Phase deiner größten Lebendigkeit weißt du nicht, welche neuen Ideen und neuen Wirklichkeiten sich bereits schon wieder in deinem Inneren sammeln – damit du irgendwann neu aufbrechen wirst, um vielleicht noch größere oder noch mal ganz andere Aufgaben zu übernehmen.

Und genau in diesen Momenten der Ungewissheit und der Unsicherheit gilt es, dich mit deiner Kraft zu verbinden und vertrauensvoll zu bleiben.

Wenn du in diesem Prozess an der fixen Vorstellung festhältst, dass dein innerer Funke dir jederzeit totale Sicherheit und Gewissheit gibt, wirst du deinen Weg vermutlich enttäuscht und irritiert abbrechen.

Wenn du an den Mythos glaubst, dass du deine Bestimmung nur finden und fixieren musst und sich alles andere von selbst fügen wird, dann wird dein Vorhaben sehr schnell an dieser falschen Vorstellung zerbrechen. Denn dein innerer Funke ist deine Initialenergie, dein Richtungsimpuls und deine Quelle der Kraft. Er ist aber kein metallener Schutzschild, der dich vor jeglichen inneren Selbstzweifeln oder Unsicherheiten im Außen abschirmen kann. Unvorhersehbares und Unbekanntes gehören nicht nur zum Prozess dazu, sie zeichnen ihn sogar aus. Denn:

Dein Bestimmungspfad ist kein Weg, dessen Ziel gesetzt ist, um dann »nur noch« erreicht zu werden. Es ist ein Weg, der sich erst durch das Gehen gestaltet.

Ganz abhängig davon, was du erlaubst, was du ermöglichst und was du zu erleben bereit bist.

Auf dem Weg zu deiner Bestimmung geht es also nicht vorrangig darum, etwas zu finden, sondern darum, eine Suchende und ein Suchender zu sein – und zu bleiben. Und sogar *Phasen der Ziellosigkeit* zu akzeptieren und auszuhalten. Denn gerade in Phasen der Ziellosigkeit kann sich das Neue in dir sammeln und für neue Vorhaben verdichten.

Immer sind deine Offenheit, deine Neugier und deine Präsenz im Hier und Jetzt die Grundvoraussetzungen dafür, deine Bestimmung zu erkennen und ihr folgen zu können – und in unserer lauten, wirren Welt diese feine, für andere unsichtbare Spur immer wiederzufinden. **Deine Bestimmung macht nicht alles glasklar und sicher, aber sie schärft deine Wahrnehmung für die Zeichen, die dir zeigen, was zu tun ist. Sie macht das Chaos der Welt nicht kleiner, aber hilft dir, deine eigene Welt kraftvoller zu strukturieren. Sie macht dich nicht unverwundbar, aber ungemein stärker.**

Und darin liegt die schöne Grundwahrheit dieses Versprechens: »Sobald du deine Bestimmung gefunden hast, ist jeder weitere Schritt glasklar«: Die Klarheit und Stärke, die du aus der Kraft deiner Bestimmung schöpfst, darf dir den Mut geben, tatsächlich auf dein bestes Leben zuzugehen – und der Freude zu folgen.

Mythos #2: »Folge der Freude, und alles andere folgt dir.«

Eng verwandt mit dem vorangegangenen Mythos sagt auch dieser Slogan, dass nur deine guten Gefühle zählen und sich der Weg dann von selbst ebnen wird. Darin liegt eine wichtige Grundwahrheit: Echte Freude ist ein essenzielles Erkennungszeichen für Tätigkeiten, die deiner Bestimmung entsprechen. Doch sobald wir Freude mit Spaß verwechseln und diesen Satz so verstehen, dass wir nur noch das tun sollen, was uns unmittelbar Belohnung und Lust bringt, kommen wir vom Weg der Bestimmung ab – und landen in einem Feld aus Unzufriedenheit und Unruhe, in dem wir suchtartig nach dem nächsten Hoch suchen.

Spüre den Unterschied: Spaß ist oberflächlich und impulsiv. Freude füllt die Seele und trägt ganz viel Demut und Dankbarkeit in sich. Spaß will immer etwas Neues, will immer mehr. Freude ist bereit, das Bekannte weiter zu vertiefen.

Es ist unrealistisch, dass dir auf deinem Weg alles gleich viel Befriedigung und Glück schenken wird. Und wenn wir meinen, dass wir nur richtig unterwegs sind, wenn alles sonnig ist, werden wir die ersten Gewitter nicht überstehen. Denn:

Leiden wir auf dem Weg unserer Bestimmung auch? Ja, selbstverständlich. Scheitern wir? Immer wieder. Ist es einfach? Ganz ehrlich: Ich finde, nicht. Doch es ist *echt*.

Es ist ehrlich, und es ist mit einer Energie geladen, die schlichtweg unersetzbar ist. Denn sie kommt aus deinem innersten Kern. Sie ist ein Ausdruck deines wahren Wesens – und keine Rolle, die du einfach spielst. Deine Bestimmung führt dich auf einen Weg, auf dem du dein Gesicht vielleicht sogar manchmal aus Scham verstecken möchtest, weil du dich so anders fühlst und so unverstanden in dem, was du tust und wie du denkst, aber es ist *dein* Gesicht, keine Maske, die du trägst.

So wenig, wie dich *die Kraft deiner Bestimmung* sofort zu Reichtum und Anerkennung führt, so wenig ist sie ein Spaziergang auf rosa Wölkchen. *Die Kraft deiner Bestimmung* ist ein Antrieb für dein größtmögliches persönliches Wachstum, für deine größtmögliche persönliche Entfaltung und deine größtmögliche persönliche Heilung – und darum führt sie dich auch durch alle Gefühlsschichten. Damit du sie alle kennenlernst, deine ganze Lebendigkeit fühlst und all die kleinen und großen Begrenzungen in dir aufspüren kannst, die dich noch von dir und deiner wahren inneren Stärke und deiner meisterhaften menschlichen Größe trennen.

Solltest du den Satz »Folge deiner Freude« also ganz verwerfen? Auf keinen Fall. Er ist motivierend, und er birgt diese sehr wertvolle Grundwahrheit in sich, die du unbedingt mit auf deinen Weg nehmen solltest: **Wo du echte Freude spürst, da hat deine Bestimmung eine Spur für dich ausgelegt. Da kommst du dir und deiner höheren Aufgabe näher.** Doch erwarte kein Leben in überschäumender Euphorie. Suche nicht nur nach Spaß, sondern schöpfe Mut und Vertrauen in der Spannung des Lebens, in den Höhen und Tiefen, in der Unvorhersehbarkeit und in den Herausforderungen. Dass du dabei immer wieder zurück in die Freude deiner geliebten Tätigkeiten findest, ist wichtig, um dranzubleiben. Das Dranbleiben wiederum ist wichtig, um gut zu werden in dem, was du mit Freude tust. Und gut zu sein ist wichtig, um sicher nach draußen gehen und andere mit deinen Projekten und Vorhaben begeistern zu können.

Darum suche die echte Freude, die gefüllt ist mit Dankbarkeit und Demut, die die Zeit für dich scheinbar verlangsamt. Damit du dich ganz hineinfallen lassen kannst in das, was deine Bestimmung ist – und die dich und dein Leben bereichern kann.

Mythos #3: »Deine Bestimmung wird dich reich machen.«

So wenig, wie dein Bestimmungsweg jederzeit glasklar vorhersehbar ist, so wenig kann er dir immerwährendes Glück und finanzielle Fülle garantieren.

Die Wahrheit ist, dass du für viele Schritte und viele Stunden auf dem Weg zur Verwirklichung deiner Bestimmung tatsächlich (zunächst) nicht bezahlt werden wirst. Da wartet eine Menge Aufbauarbeit auf dich, viel Ausprobieren, Anlernen, Ausbauen – all das kannst du in den meisten Fällen niemandem in Rechnung stellen. Du wirst sehr wahrscheinlich deine Freizeit in deine Vision investieren, und wenn diese nicht ausreicht, wirst du deine Berufungsarbeit auf deine späten Abend- oder frühen Morgenstunden ausweiten. Du wirst vielleicht auf dein Erspartes zugreifen oder dich mit Menschen vernetzen, die an deine Ideen glauben und dich finanziell unterstützen können und wollen. Denn besonders der Anfang und oft auch weitere Entwicklungsstufen auf deinem Bestimmungspfad sind derart selbstbestimmt, dass sie auch selbstfinanziert sind.

Was du also im Moment viel dringender brauchst als große Erwartungen, ist ganz viel Idealismus, ganz viel Eigenmotivation und ganz viel Vertrauen in dich und in deine Vision. Und ich bin sicher:

> Dieser Idealismus und dieser innere Antrieb werden da sein. Du wirst die Energie, den Elan und auch den Enthusiasmus haben, die du brauchst, um deine Vorhaben zu verwirklichen. Denn *die Kraft deiner Bestimmung* ist der stärkste Motor für Mut und Motivation.

So viele meiner Klientinnen und Klienten erzählen mir, dass sie gerade auf den ersten Etappen ihres Bestimmungspfades das Gefühl hätten, schon frühmorgens wach zu werden und voll Tatendrang zu sein, an ihren Projekten zu arbeiten. Dass sie weniger Schlaf bräuchten. Dass sie hoch konzentriert arbeiteten. Dass ihnen vieles sehr leicht von der Hand gehe. Dass sie vor Ideen überschäumten und sich so bestätigt und bestärkt fühlten. Und das ist der springende Punkt: *Die Kraft deiner Bestimmung* führt dich vielleicht nicht sofort auf den Weg des garantierten und des größtmöglichen finanziellen Erfolgs. Aber – und das ist der Funken Wahrheit, der diesem Mythos zugrunde liegt – sie aktiviert verschiedenste Fähigkeiten in dir, die dir immens dabei helfen können, finanziellen und nachhaltig erfüllenden Erfolg zu erreichen: **Sie macht dich einfallsreich und erfinderisch. Sie macht dich konzentriert und kreativ. Sie macht dich positiv und wertschätzend gegenüber dir selbst und anderen.** Sie hilft dir, in einem offenen Sowohl-als-auch anstatt in einem begrenzenden Entweder-oder zu denken. Sie hilft dir, trotz Angst weiterzugehen und trotz Zweifel zu handeln. Sie hilft dir, zu wachsen und neue Horizonte zu öffnen. Sie will, dass du zu einem Vordenker und einer Visionärin wirst und dich mit Vordenkerinnen und Visionären umgibst. Sie kennt kein Scheitern, sondern sieht nur wertvolle Erfahrungen und wichtige Korrekturen. Sie plant in höheren Maßstäben und immer in direkter Übereinstimmung mit deinen wahren Werten. Sie konzentriert sich auf Chancen und liebt es, etwas Neues auszuprobieren.

Die Kraft deiner Bestimmung ist nicht verbissen im Kampf zum Ziel, sondern liebt Details, liebt Tiefe, feiert Zwischenergebnisse und sieht das große Ganze. Sie macht dich dankbar und demütig, motiviert und mutig. Sie entfacht deinen Enthusiasmus und gibt dir ein Leuchten, das andere Menschen zu dir zieht, die du damit leichter begeistern kannst, dich zu unterstützen, mit dir zusammenzuarbeiten oder deine Produkte zu kaufen.

Die Liste ist lang – und wird für dich ganz gewiss im Laufe deiner Entwicklung sogar noch länger, denn *die Kraft deiner Bestimmung* aktiviert unzählige weitere individuelle Potenziale und kostbare Energien in dir. Und damit ist sie eine solide Grundlage dafür, dass du echten Erfolg und vielleicht sogar finanzielle Fülle aufbauen kannst. Denn diese Eigenschaften sind natürliche Multiplikatoren für Erfolg – und werden deine Anziehungskraft für das Gute verstärken. **Weil du aus deiner inneren, authentischen Kraft heraus handelst und dich nicht selbst ständig mit Härte und Zwang durchs Leben peitschen musst. Das Müssen ist vielmehr ein Wollen. Der Druck ist vielmehr ein Sog.**

Deine Hauptaufgabe ist es, diese Potenziale und Energien dann Tag für Tag in Taten umzusetzen – und deinem Weg zur Bestimmung treu zu bleiben, selbst wenn er sich vielleicht anders entwickelt oder mehr Aufwand bedeutet, als du zu Beginn angenommen hast. Bleibe auf deinem Weg also ausdauernd – und genieße es, dich auszuprobieren und dich als Mensch weiterzuentwickeln. **Denn deine Bestimmung zu leben, bedeutet vor allem, lebenslang zu lernen.** Lebenslang neuen Spuren zu folgen. Lebenslang zu suchen – und lebenslang zu finden. Und dich dabei in all deinen Facetten immer besser kennenzulernen. Immer neue Ebenen von dir zu entdecken und ihnen auch Platz im Leben zu geben.

Selbstverständlich begegnest du dabei deinen Stärken und Schwächen – und deine Bestimmung nimmt dich an den Schultern, stellt dich direkt vor sie und sagt: »Arbeite damit. Komm, schau mal: Was machst du aus deinem Talent? Wie gehst du mit dieser Unsicherheit um? Wie setzt du diese Fähigkeit ein? Wie löst du diese Angst auf?«

Bestimmung ist Konfrontation mit dir selbst, und diese Konfrontation bringt Klarheit und aktiviert Kraft. Denn die Wirkweise deiner Bestimmung ist, wie bereits erwähnt, das Phänomen der Umkehr: vom Schwächenden zum Schöpferischen. Vom Pessimistischen zum Produktiven. Von der Wut zum Mut. Vom Zweifeln zum Zählen auf dich selbst. Denn du kannst nur reich und glücklich leben, indem du frei, liebevoll und ehrlich lebst.

> Da ist kein Reichtum ohne Liebe. Keine Liebe ohne Freiheit. Und keine Freiheit ohne Struktur. Und all das kreierst du zuerst in dir selbst.

Mit deiner Haltung und mit deinen bewussten Gedanken. Mit der Liebe zu den Dingen, die du wählst und tust. Mit der Freiheit, die du dir nimmst, um deiner Bestimmung zu folgen. Und mit der Struktur, die du brauchst, um sie auch tragfähig zu machen. Denn ein weiterer Mythos rund um die Bestimmung ist, dass du einfach nur Ja sagen und »springen« musst, und das Netz des Universums wird dich auffangen. Wird es das?

Mythos #4: »Spring! Und das Netz wird dich auffangen.«

Das klingt genial! Wir spüren schon fast den Wind der neuen Freiheit in den Haaren. Du musst scheinbar nur alles hinschmeißen und dich einmal von der Klippe deiner alten Begrenzungen stürzen, und schon gelingt dein neues Leben von selbst. Das unsichtbare »Netz« des Universums ist immer unter dir und katapultiert dich zur richtigen Zeit an den richtigen Ort, was dich dann ganz von selbst zu immerwährendem Glück und Reichtum führen wird.

So und so ähnlich lauten die Slogans, die auf diesem Mythos aufbauen. Und zweifellos ist dies der Funken Wahrheit, der darin liegt: ***Die Kraft deiner Bestimmung kann dir Flügel verleihen, Aufwind geben und dein inneres Feuer entfachen.*** Und es ist immens wichtig, dann deinen persönlichen Urknall zuzulassen; diesen Moment der Entscheidung zu haben, an dem du für dich beschließt, deinen ureigenen Weg einzuschlagen, damit die Energie sich entladen und entwickeln kann.

Planlos in dieses neue Leben zu springen, kann dich zunächst zu spannenden neuen Abenteuern führen – und das hast du verdient, wenn du es dir wünschst. Doch dürfen wir hier einen ganz wesentlichen Aspekt nicht übersehen:

Ungelöstes holt dich ein
Gelöstes befreit dich.

In dir – und in jedem von uns – laufen verschiedene »Programme« ab: Programme, die sich aus Überzeugungen und Ängsten, aus Sehnsüchten und äußeren Gegebenheiten wie deiner finanziellen, familiären oder persönlichen Lebenssituation aufbauen und die dir bisher verschiedene Gründe geliefert haben, nicht zu »springen«. Diese inneren Programme und äußeren Umstände lösen sich nicht in Luft auf, wenn du durch die Luft segelst. Sie bleiben präsent, bleiben real und wollen auf deiner Entwicklungsreise in eine neue Form gebracht werden. Es heißt doch: **Egal, wo du hingehst, du nimmst dich selbst immer mit.** Und wenn du nun »losspringst«, kann es passieren, dass diese inneren Programme und äußeren Umstände dich wie ein Gummiband zurückziehen.

Nur was du wirklich angesehen, geheilt und gelöst hast, ist frei und erlaubt dir, frei zu sein. Alles, was du ausblendest, während du einfach aussteigst, holt dich in irgendeiner Form wieder ein, bindet dich, weil es noch nicht gelöst ist. Ungeheilte toxische Beziehungsmuster führen einen sehr oft wieder in die Arme von unglücklichen Menschen. Ungelöste finanzielle Themen führen eventuell zu neuen wirtschaftlichen Problemsituationen. Unbeantwortete familiäre Fragen warten weiter auf deine klare Haltung.

Die Verstrickungen des Lebens zu entwirren und Wunden tatsächlich zu heilen – das befreit. Nicht das Springen in ein Netz. Auch wenn dieser Mythos eine starke Grundwahrheit enthält. Nämlich die, dass tiefstes Vertrauen in deine *innere Führung*, also die sanfte Stimme in dir, die dich weise, mutig und doch liebevoll immer wieder an deine Bestimmung erinnern will, und ein kraftvolles Ja zu deinem Weg dich zu einer goldenen Lebensspur führen, auf der du die Bedeutung und den Sinn deines Lebens ganz anders wahrnehmen kannst. Und genau daran arbeiten wir auch in den weiteren Kapiteln. Aber:

> Fehlt das Vertrauen noch oder ist es zu oberflächlich, dann fühlt sich die neu errungene Freiheit oft schutzlos an.

Wir suchen nach Orientierung und nach dem berühmten Strohhalm, den wir zu fassen bekommen wollen. Einer davon ragt in unserer Zeit höher hinaus als alle anderen: der Strohhalm der sozialen Medien.

Verfange dich nicht im falschen Netz

Findet deine Reise nach dem loslösenden Urknall nicht in eine neue, gesunde Struktur, dann folgt auf den ersten Freiheitsflug oft ein tiefer Fall und möglicherweise sogar ein harter Aufprall.

Viele, die einfach »springen«, springen ins Leere – und suchen dann händeringend Halt im Netz der sozialen Medien. **Dort ist es verführerisch einfach, sich produktiv zu fühlen.** Dort finden wir Platz, mit unseren Ideen präsent zu sein und unsere Pläne zu posten. Neue Follower und Followerinnen aufzubauen und über uns und unsere Vorhaben zu reden. Doch vieles von dem, was wir dort sehen, ist ein Täuschen und Tarnen. Ein Hoffen statt Haben. Und es passiert nicht selten eine Verwechslung der Ebenen aus Sein und Schein: Denn in dieser Onlinewelt gesehen und wirklich wahrgenommen zu werden, bedeutet einen immensen Aufwand an Zeit, Arbeit, Kreativität und oft auch Geld. Und weil es so viel Zeit und Energie kosten kann, im Netz sichtbar zu sein, bleibt für manche kaum mehr Raum, die *tatsächliche* Arbeit zu tun. Nach außen hin scheint dann alles ganz wunderbar zu laufen, doch in der Realität gibt es noch keine greifbaren Erfolge.

Ich begleite in meinen Mentorings und Beratungen Menschen mit dreihundert und solche mit dreißigtausend Followern – und habe noch niemanden kennengelernt, der auf persönlicher Ebene nicht mit dem zeitlichen und emotionalen Aufwand hadert, der dahintersteht. **Und immer wieder beobachte ich, dass der Aufbau dieser Onlinepräsenz nicht nur Zeit, Geld und Energie kostet, sondern irgendwann auch Mut und Motivation.** Denn es funktioniert nicht für alle, nicht jede und jeder findet online den Zuspruch und das Netzwerk, die sie oder er sich wünscht.

Noch dazu sind die sozialen Medien genau der Ort, an dem wir mit den größten Mythen und Versprechungen geradezu bombardiert werden: Wer etwas auf sich hält und seine Berufung als Beruf leben will, der muss dabei auch auf der ganzen Welt leben und herumreisen können. Der muss, wie es dort aktuell genannt wird, »10K«- oder gar »100K«-Monate »fahren«, nachdem er »gesprungen« ist – und dann so schnell wie möglich »siebenstellig« werden. Es wird suggeriert, dass du auf dem falschen Weg bist, wenn dir deine Bestimmung nicht auch sogleich ein Einkommen von 120 000 Euro pro Jahr auf dein Konto spült. Und dass du unter einer Million Euro Jahresumsatz wohl immer noch zu sehr mit dir selbst haderst … Eine intensive Ansage.

Doch du darfst den Druck aus diesem Mythos herausnehmen. Denn Fakt ist, dass im Jahr 2021 85,8 Prozent *aller* umsatzsteuerpflichtigen Unternehmen in Deutschland *unter* einer Million Jahresumsatz erwirtschaftet haben*. Und trotzdem behaupten viele Stimmen in den sozialen Medien, dass es jede Yogalehrerin mit dem »richtigen Money-Mindset« in die finanzielle Spitzenliga schaffen kann.

Aber ist das denn wirklich für alle realistisch? Und noch wichtiger: Ist es wirklich notwendig, um sich in seiner Berufung wirksam und erfüllt zu fühlen? Worauf richtet sich der Fokus, wenn wir alles, was wir tun, auf die Goldwaage legen? Wie frei können wir noch unseren kreativen Impulsen folgen, wenn sie sich sogleich in finanzielle Fülle verwandeln sollen?

Und wenn es nicht die Umsatzziele sind, die Druck machen, dann zerren eine ganze Reihe weiterer Ziele an dir, die in den sozialen Medien so groß und wichtig dargestellt werden: Da sind die *»Couple Goals«,* die Beziehungsziele, die sich oft eher wie eine lange Projekt- und To-do-Liste lesen als wie schöne Erlebnisse in tiefer Verbundenheit. Da ist die perfekte Familienidylle in Pastell. Die vermeintlich so schwerelose

---

* Quelle: https://de.statista.com/statistik/daten/studie/239446/umfrage/verteilung-von-anzahl-und-umsatz-der-unternehmen-nach-umsatzgroessenklassen/, zuletzt abgerufen am 12.10.2023

Freiheit der Vielreisenden und das Glück derer, die so viel fitter, so viel schöner und so viel gesünder leben als du.

Jeder Lebensbereich hat seine eigenen Erfolgshashtags, und aus jeder Beziehung und jedem Projekt könntest du einen eigenen YouTube-, Instagram- oder TikTok-Kanal bauen. Doch ist der Leistungsanspruch, der hier erzeugt wird, noch menschlich? Und bringt er dich deiner Bestimmung tatsächlich näher?

Sehr oft sehe ich, dass der innere Funke unter dem Druck der sozialen Medien und im virtuellen Vergleichen fast erstickt wird. Dass der Kampf ums Mithalten und Aufsteigen *die Kraft der Bestimmung* schwächt – und dass viele Menschen, die voll Überzeugung und Freude gestartet sind, nach einigen Monaten matt und müde werden. Und das, obwohl sie noch gar nicht in die echte Umsetzung ihrer Träume gekommen sind. Das gilt selbstverständlich nicht für alle, die ihren Pfad sofort auf die sozialen Medien ausweiten, aber es ist eine Falle, der du dir stets bewusst bleiben darfst.

> Gerade wenn du vom Konsumenten zum Creator, von der Zuschauerin zur aktiven Gestalterin werden willst, ist ein bewusster, gut dosierter und gut organisierter Umgang mit der Ablenkung aus der digitalen Welt ein unersetzbarer Schlüssel zum Erfolg.

Du findest dazu eine reiche Fülle an Tipps und Inspiration in meinem Buch »SWITCH OFF *und hol dir dein Leben zurück: Wie wir der digitalen Stressfalle entkommen*«, und hier möchte ich dir als kleinen Exkurs die Spielregeln mitgeben, die mir für *die Kraft deiner Bestimmung* besonders wichtig scheinen:

- **Kreiere, *bevor* du konsumierst.** Lass das deine unumstößliche Grundregel für jeden Tag sein. Nimm dir ausnahmslos immer zuerst Zeit für *deine* Projekte und Pläne, bevor du schaust, was andere posten. Das bringt dich nicht nur aktiv ins Umsetzen und Verwirklichen, sondern es schützt

deine kreativen Kräfte davor, von anderen eingenommen oder im Konsumieren blockiert zu werden.
- **Halte dich an klar limitiere Onlinezeiten** und sorge jeden Tag dafür, dass du – wie ich es in meinen Kursen zur digitalen Balance nenne – echte »Master-Stunden« hast, in denen du offline bist und voll produktiv und konzentriert an deinen Vorhaben arbeiten kannst.
- **Entfolge** dort, wo du spürst, dass *die Kraft deiner Bestimmung* und dein Glaube an dich geschwächt werden. (Selbst wenn es auf den ersten Blick so aussieht, als würde dich diese Person oder dieser Kanal inspirieren. Du spürst den Unterschied.)
- **Knüpfe gern online neue Kontakte**, festige diese jedoch auch in der realen Welt, indem du Gleichgesinnte persönlich triffst. Und vernetze dich auch auf Veranstaltungen vor Ort. Mit Treffen statt Telefonieren und Tippen erhöhst du die Bindung und die Qualität des Austauschs.
- **Sei sicher** *in dir*, bevor du deine Ideen und Gedanken online teilst. Gib deinen Visionen Zeit, sich zuerst ohne Zuschauer zu entwickeln, und schütze deine sensible kreative Seele, bis sie stabil genug ist, auch Kritik und Gegenwind standzuhalten.

Gegenwind im innersten Kreis

Das Stichwort »Gegenwind« führt uns zum nächsten Netz, auf das viele insgeheim zählen, wenn sie springen: das Netz aus Freunden und Familie. Weil genau dieses Netz oft in Sachen Bestimmung nicht so stabil ist wie vermutet und es genau dort Löcher haben kann, wo wir es am wenigsten erwarten.

Freunde und Familie sind manchmal Fans deiner Ideen, manchmal aber auch deine härtesten Kritiker. Es kann sein, dass sie dir Rückendeckung geben, aber genauso könnte dir der härteste Gegenwind aus den engsten Reihen entgegenwehen. Und auch wenn dich der Rückstoß von dort vielleicht ganz besonders hart trifft – so ist er doch verständlich. Bei aller Liebe, aller Verbundenheit und allen Wegen, die ihr schon gemeinsam gegangen seid: In dem Moment, in dem du deinen Urknall entzündest und in eine neue Ausdehnung deiner Tatkraft und Talente, deiner Ideen und Inspiration gehst, bist du der Mensch, der die sichere Höhle verlässt. Vielleicht sogar diese Sicherheit gefährdet. Du bist der bisher vertraute Mensch, der nun plötzlich vom bekannten Weg abbiegt – und mehr will. Der offenbar nicht zufrieden ist und zu neuen Ufern aufbricht. Und nicht jeder will dorthin mitgehen. Nicht jede will das Vertraute verlassen. Und nicht jeder kann sich freudvoll in deine Aufbruchsstimmung einfühlen. Gerade Menschen, die die Suche nach *der Kraft ihrer Bestimmung* nicht antreten, die, die große Angst vor der Zukunft haben, oder die, die sich schwer enttäuscht vom Leben fühlen, werden wenig bis kein Verständnis dafür haben, was dich antreibt. Sie können nicht nachvollziehen, warum du bereit bist, so viel aufzugeben, so viel zu riskieren oder so viel Neues zuzulassen. Schlichtweg weil sie es selbst gerade nicht können.

> Du kannst kein Verständnis erwarten, wo kein Verstehen ist. Kannst kein Mitgefühl erhoffen, wo sich dein Gegenüber gerade selbst kaum spürt.

Es ist wichtig, dass du diese Menschen loslässt, indem du deine Erwartungen an sie zurücknimmst. Und jenen aus einer gesunden Distanz vergibst, die in ihrem Unverständnis missgünstig, argwöhnisch oder abwertend reagieren. Freundschaft und Verwandtschaft sind keine Verpflichtung dazu, dich bedingungslos zu unterstützen und all deine Entscheidungen gutzuheißen. Selbst dann nicht, wenn es für dich die größten, wichtigsten oder schönsten Entscheidungen deines Lebens sind. Diese Menschen leben noch in ihren angstvollen Mustern, sind beeinflusst von der Macht ihrer Prägung und wollen schützen, was ihnen sicher scheint.

Du kannst niemanden dazu zwingen, seine Zweifel für dich zu überwinden. Aber du kannst mit *der Kraft deiner Bestimmung* dein Herz weiter öffnen: für all jene, die dich als das erkennen, was und wer du wirklich bist. Die sich ehrlich mit dir freuen und auf die du tatsächlich zählen kannst. Die wollen, dass du wächst und weiterkommst. Die glauben, dass du das Gute verdienst und dass du das Gute vermehren kannst. Dass du stark bist und stolz auf deinen Mut und dein Durchhaltevermögen sein darfst.

Und sei es nur eine einzige Person, die dir diese Gefühle entgegenbringt – sie ist dein größtes Geschenk. Sie ist dein wertvollster Begleiter, deine kostbarste Türöffnerin. Und wenn da gerade gar niemand ist, der dich bereits in deiner neuen Größe sieht und unterstützt, dann lass mir dir sagen: **Auch wenn es kein garantiertes unsichtbares Netz gibt, das dich auffängt, wenn du ins Neue springst, kannst du dir doch selbst solch ein Sicherheitsnetz weben, eine aufrichtige, vertrauensvolle Verbindung mit gleich gesinnten Menschen knüpfen.** Menschen, die genauso wie du dieses Leben dazu nutzen wollen, ihre Möglichkeiten zu entdecken und ihre Potenziale zu entwickeln. Die ebenso nach der Grundwahrheit suchen und sich nicht von Mythen und leeren Versprechen blenden lassen. Die ihre Stärken einsetzen und ihre Schwächen nicht länger maskieren wollen. Die deine Fähigkeiten großartig finden und deine Fehler als die in Kapitel 2 bereits genannten Schlüsselstellen ansehen – und die sich mit dir verbinden wollen, um mit dir gemeinsam stärker zu sein.

Das Umfeld, aus dem du kommst, muss nicht das Umfeld sein, das dich auch künftig trägt.

Und doch darfst du den Wert von alledem erkennen, was war. Und dankbar sein für die, die dich bisher gestützt und begleitet haben. Gestatte dir, jene Menschen voll Mitgefühl zu sehen und innerlich freizugeben, die deinen neuen Weg nicht verstehen können – und konzentriere dich auf *die Kraft deiner Bestimmung*, die dich wie ein Magnet zu all den Menschen führt, die dich deiner Wahrheit und dem großen Plan deiner Seele näher bringen. Sie sind da – und du darfst auf sie zugehen.

Das unsichtbare Netz der kosmischen Kraft

Wenn wir von der Seele sprechen, sind wir beim wohl magischsten Netz angekommen, das uns halten kann: dem unsichtbaren Netz des Universums, der höheren kosmischen Ordnung, in der alles auf wundersame Weise für dich und deine Bestimmung vorbereitet ist. In der sich alles deinem Weg und deinem Willen beugt – und wo du nur noch von offener Tür zu offener Tür schreiten musst. Ein fantastischer Gedanke. Er hat eine so gigantische Ausdehnung und schließt so schön an unser Bild des Urknalls an.

Im tiefsten Grunde meines Wesens bin ich sogar sicher, dass es dieses kosmische Netz, diese goldenen, aber unsichtbaren Führungslinien des Lebens gibt – doch ich glaube nicht, dass dieses Netz so gewebt ist, wie wir es uns vorstellen. Das Wollen, das Drängen, das Müssen – all das sind keine übersinnlichen Eigenschaften. Sie knacken keine kosmischen Codes. Nicht umsonst sprechen wir im Englischen vom »*devine timing*«, dem »göttlichen Zeitpunkt«, also dem magischen Moment, der nicht in deiner Macht liegt, aber zu dem das »Tor des Schicksals« sich für dich öffnet. Du kannst alles daransetzen, die Dinge zu beschleunigen und an Hunderte Türen klopfen – doch wann sich welche in welcher Form für dich öffnet, liegt letztlich nicht in deiner Hand, und das, was dich erwartet, kann noch viel größer, wunderbarer und für dich stimmiger sein, als du es dir jetzt erträumst.

Darum gilt hier die Grundwahrheit:

Wenn du ins magische Netz des Universums springen willst, dann musst du all deine fixen Vorstellungen fallen lassen.

Alle Vorstellungen von dem Wie, dem Wo, dem Womit und dem Wann. Und du musst dich voll und ganz einlassen auf den Fluss des Lebens und das, was er dir bringt. In die Arme des Unbekannten zu springen, ist die größte Form der *Hingabe*, die du je praktizieren kannst. Und darum ist es empfehlenswert, diese Hingabe zu üben. Dich ihr in der Meditation anzunähern und dabei zu lernen, wie du dich innerlich mehr und mehr, tiefer und tiefer, sicherer und sicherer mit diesem kosmischen Netz verbinden kannst, von dem du Halt und Fügung erwartest. Und während du übst, ist es deine Aufgabe, bereit zu sein. Bereit und wach, um den Moment im kosmischen Timing zu erkennen, in dem sich die nächste schicksalhafte Tür für dich öffnet. Um diese Tür dann auch aufrecht und mutig durchschreiten zu können, alles gelernt und integriert zu haben, was sich im Warten – das vielmehr ein Vorbereiten war – für dich gezeigt hat. Denn mit sehr hoher Wahrscheinlichkeit wird die Tür, die sich dann für dich öffnet, ganz anders, größer und imposanter sein, als du sie dir vorgestellt hast.

Dazu möchte ich dir eine persönliche Geschichte erzählen: Bis zu meinem letzten Tag werde ich mich daran erinnern, was passierte, als ich Mitte zwanzig entschieden habe zu springen. Und zwar richtig. Denn meine bisherigen Stilbrüche, vom naturwissenschaftlichen Abitur zum Managementstudium, nahtlos weiter zum Aufbau meiner eigenen Text- und Konzeptagentur, waren für mich selbst absolut stimmig und logisch gewesen. Und meine selbstbestimmte Arbeit war für mich noch lange nicht das Ziel, sondern erst der Anfang meines Bestimmungspfads. Und so kam es, dass ich nach etwas mehr als drei Jahren meine erfolgreiche Agentur vorübergehend schloss – um meiner »wahren« Berufung zu folgen und einen Roman zu schreiben. Sechs Monate und knapp dreihundert Seiten später war ich auf Verlagssuche – und das Netz, in das ich mich gestürzt hatte, fing mich nicht auf. Niemand verlegte mein Werk. Niemand öffnete eine neue Tür für mich. Und ich fand mich fragend zwischen Himmel und Hölle: Wie hatte ich denn meine Bestimmung nur so falsch verstehen können? Es war doch genau das, was ich schon als Kind vor meinem geistigen Auge gesehen hatte. Genau das, was mein Herz wollte. Genau das, wozu ich mich in dieser wirren Welt und verrückten Zeit berufen fühlte: über die Fragen des Lebens zu schreiben und über die möglichen Antworten zu sprechen. Blickwinkel einzufangen und Perspektiven zu geben. Und obwohl ich erst Mitte zwanzig war, hatte ich gefühlt schon mein ganzes Leben auf diesen Punkt hingearbeitet. Hatte geübt, Zweifel überwunden und Ängste abgelegt, um mich überhaupt auf diesen Weg zu wagen. Und nun, als ich voll auf das große Ganze gesetzt, alles gegeben und alles riskiert hatte, geschah nichts. Ich wurde nicht aufgenommen in den Kreis der Autorinnen und Autoren – sondern zurückgeworfen auf mich selbst. Auf all die Illusionen, die ich noch auflösen, und all die Lücken, die ich in mir noch schließen musste.

»Warum schreibst du keinen Ratgeber?«, hat mein ältester Bruder mich eines Tages gefragt. Es schien mir absurd. Wie sollte ich Ratgeber schreiben können? Ich brauchte doch die Geschichte, die Figuren, die konstruierten Dialoge und Wendungen, um all das sicher zu verstecken und zu verpacken, was ich wirklich sagen wollte. Ich brauchte sogar einen Künstlernamen, ein Pseudonym, um mich vor den Wunden der möglichen Kritik und dem möglichen Versagen zu schützen.

Und was tat »das Universum«? Es schickte eine geballte Ladung an »Versagen« und Konfrontation. Denn ich sollte mich nicht verstecken, ich sollte nichts erfinden, nichts konstruieren, sondern direkt mit dir und all den Menschen in Verbindung treten, die mit meiner Arbeit in Resonanz gehen wollen. Ich sollte nicht heißen wie irgendeine Schauspielerin, sondern mit meinem Namen und meinem Gesicht einstehen können für das, was ich schreibe und sage.

> Ich musste erst in mich hineinwachsen, bevor ich ich sein konnte.

Und als ich weitere drei Jahre später tatsächlich das Versteck der Romane verlassen hatte und in meinem ersten Ratgeber ganz offen und direkt von *meinen* Erfahrungen und Erkenntnissen schrieb, öffneten sich alle wichtigen Türen nacheinander für mich. War ich bereit? Ja. War ich nervös, als mein erstes Buch erschienen ist? Auf jeden Fall. Und ich habe stets das Gefühl, in jedem Satz, den ich schreibe, selbst geprüft zu werden. Und jedes Thema, das ich vertiefe, selbst auf ganz neue Weise verinnerlichen und verkörpern zu müssen. Diese Prozesse und Prüfungen sehe ich als essentiellen Teil meiner Bestimmung, meiner Berufung. **Nicht weil es mir so leichtfällt und sich alles von selbst fügt, sondern weil dies mein größtmöglicher Erkenntnisraum ist – und ich damit wieder einen Erkenntnisraum für andere öffnen kann.** Weil ich hier mit jedem »Springen« meine eigene Standhaftigkeit stärken kann – und weil ich herausgefordert werde, jenes Netz zu festigen, das mir echten Halt gibt: das Netz in mir.

Dein inneres Netz

Ja, lass uns dorthin schauen, wo du den wichtigsten Rückhalt findest: in dir. In deinem inneren Netz aus Kompetenzen und Erfahrungen, aus deiner Bereitschaft, zu lernen, dich zu entwickeln und dich zu engagieren. In deinem – wenn vielleicht auch kleinen – Netz an lieben Menschen, die dich unterstützen und die sich mit dir freuen können. In deinem Netz an Möglichkeiten, das du immer weiter ausbauen kannst und wirst. Und in deinem Netz an Vertrauen.

> Und das ist das Wichtigste von allem: Hab Vertrauen in dich. Vertrauen in die guten Wendungen des Lebens. Vertrauen, dass es keine falschen Entscheidungen, sondern nur Fortschritte in Richtung Zukunft gibt. Vertrauen, dass du auch Rückschläge verkraften kannst. Und Vertrauen in deine innere Führung und in die höheren Kräfte des Universums, die hinter dir und deiner Bestimmung stehen.

Und genau dieses Vertrauen ist letztlich auch gemeint, wenn wir hören, »Spring! Und das Netz wird dich fangen«. Darum baue nicht auf das falsche Versprechen, dass du alles blind niederreißen kannst und es sich von ganz allein fügt, sondern baue dein Vertrauen auf: Werde dir bewusst darüber, was *dich* trägt, was dich stärkt und was dich ruft – und dann gehe Schritt für Schritt in deiner Geschwindigkeit auf deinem neuen Bestimmungspfad voran, anstatt mit voller Wucht ins Leere zu springen.

Mythos #5: »Du musst ›All-in‹ gehen und alles riskieren, damit es funktioniert.«

»All-in« zu gehen, wie das Kündigen des alten Arbeitsplatzes und das Aufbauen der Selbstständigkeit von null an genannt wird, kann für manche genau das sein, was sie brauchen. Aber in vielen Fällen wirft einen das auch sehr schnell wieder auf den Boden der ungeklärten Fragen zurück. In der freien Wirtschaft sehen wir, dass Neugründungen erfolgreicher verlaufen, die parallel zum bestehenden Beruf aufgebaut werden. Weil das Netz aus Sicherheit bestehen bleibt – und die Berufung in einem stabilen Feld wachsen und sich entwickeln kann.

Finanzielle Unsicherheit und ein Nervensystem im Überlebensmodus sind ganz eindeutig auch beschleunigende und antreibende Kräfte, die dir helfen können, den »Hintern hochzubekommen«, aber sie sind in Wahrheit eine Flucht nach vorn. Sie treiben dich zwar an, unterbinden aber deine wahre kreative Aufbaukraft und deine schöpferische Inspiration. Denn im Überlebensmodus bist du rein neurobiologisch nicht in der Lage, offen, kreativ und frei zu denken. Sondern dein System ist damit beschäftigt, gestresst den nächsten scheinbar sicheren Ort zu suchen. Und das treibt viele ins Nachahmen von augenscheinlich erfolgreichen Menschen. Und ins konzeptlose Ausprobieren aller möglichen Strategien, die aber kein gutes Fundament haben, sondern wie ein Kartenhaus schutzlos im offenen Feld stehen.

All das heißt nicht, dass du nichts riskieren sollst. Du sollst den Urknall auslösen und ins Verwirklichen kommen – unbedingt! Doch dieser Schritt muss nicht deine Existenz bedrohen oder deiner Authentizität den Atem rauben. Erinnere dich an *dein* Netz, an deine Fallschirme und an dein richtiges Timing.

> Ich bin absolut überzeugt, dass sich für *jeden* Menschen, der sich auf den Weg macht, neue Türen öffnen. Doch niemand kann vorhersagen, *wann* das sein wird – und *welche* Tür es dann ganz genau ist.

Denn das Wie und das Wann sind der Magie des Lebens überlassen. Manche Menschen sind so verbissen in ihre Zeitpläne und in ihre fixen Vorstellungen, dass sie mit Gewalt Wände einreißen und dabei oft sogar gegen den Fluss des Lebens arbeiten. Sie lernen durch Kampf und Härte. Mit *der Kraft dei-*

ner *Bestimmung* lernst du anders: Du lernst Selbstwahrnehmung und Vertrauen, und du spürst, wann dein neues Netz stark genug ist, um das alte abzulösen. Wann der Moment gekommen ist, dich neu zu entscheiden – und dein Leben zu verändern.

Die Grundwahrheit in diesem Mythos, dass du »All-in« gehen und alles riskieren musst, liegt darin, dass du dein volles inneres Ja zu deinem neuen Bestimmungspfad geben sollst – und dass du in *der Kraft deiner Bestimmung* auch darauf vertrauen kannst, dass dieser Pfad dich zum Ziel bringen wird. Doch dafür musst du nicht deine Existenz aufs Spiel setzen, sondern vielmehr deine existenziellen Ängste überwinden.

Mythos #6: »Deine Bestimmung zu finden, verändert dein Leben schlagartig.«

Es kann in der dunkelsten Stunde deines Lebens sein oder im höchsten Hoch: Wenn dir deine Bestimmung bewusst wird, entzündet sich dein innerer Funke – und die Kettenreaktion deiner Bestimmung wird in Gang gesetzt. Dieser Urknallmoment ist intensiv – doch er ist so zutiefst innerlich, dass es Monate oder gar Jahre dauern kann, bis er im Außen sichtbar wird. Denn die Phase des Freiwerdens, in der sich – wie wir es in Kapitel 1 gesehen haben – *die Kraft deiner Bestimmung* ihren Weg aus deiner Tiefe ins Leben bahnt, dauert bei jedem Menschen unterschiedlich lange. Für manche Menschen ist dieser Urknallmoment des Bewusstwerdens der Moment, der zur sofortigen Umsetzung führt. Sie haben ein erleuchtendes Aha-Erlebnis und setzen sogleich alle Hebel in Bewegung, ihr Leben neu auszurichten. Andere Menschen hingegen erleben diesen Urknallmoment als etwas Ruhigeres, so wie ein langsames, aber stetiges Weitererwachen hin zu sich selbst. Sie entzünden ihren Funken Stufe für Stufe immer heller. Sie erkennen sich Schritt für Schritt immer klarer – und geben der Phase des Freiwerdens viel Raum. Und das ist auch in unserer schnellen Welt völlig in Ordnung.

Immer wieder erzählen mir Klientinnen und Klienten, dass es da diesen einen Moment gab, indem sie plötzlich wussten: »Das ist es! So will ich leben«, und dann dauerte es noch Jahre, bis die Rahmenbedingungen geschaffen waren, diesem Ruf auch wirklich folgen zu können. Denn sie wollten die innere Umkehr, also das Umdenken und Umstrukturieren, das *die Kraft der Bestimmung* in ihnen in Bewegung gesetzt hatte, mit viel Respekt und Achtsamkeit gegenüber anderen und mit viel Mitgefühl für sich selbst leben.

Gerade wenn dein Freiwerden auch Kündigungen, Trennungen oder Umzüge mit sich bringt, brauchst du keinen falschen Druck und kein falsches Drängen.

Du brauchst Fürsorge, Zeit, innere Sicherheit und Vertrauen. Es gilt, die richtigen Momente zu erkennen, um die passenden Änderungen einzuleiten, und vielleicht braucht es auch Zeit, um unterstützende Begleiterinnen und neue sichere Orte zu finden. Damit auch dein Herz und deine Seele genug Zeit und Raum haben, die Veränderungen gut zu verarbeiten.

Es gibt keinen fixen Fahrplan, der für alle gleich ist. Du gehst in deinem Tempo, und deine Reise ist einzigartig. Jeden Schritt, den du auf deiner Suche und deiner Verwirklichung setzt, darfst du bereits als Teil deiner Bestimmung erkennen.

Die Grundwahrheit hinter diesem Mythos ist, dass du die Begegnung mit *der Kraft deiner Bestimmung* **nie wieder vergessen wirst.** Und dass dich deine Sehnsucht, sie zu leben, nie wieder loslassen wird. Und damit verändert sich dein Leben tatsächlich ab dem Moment, in dem dir deine Bestimmung bewusst wird. Denn diese Erkenntnis ist nun unwiderrufbar und unvergesslich in dir erwacht – und sie will von dir gelebt werden.

Deine Bestimmung ist es nicht, einmal JA zu sagen, einmal anzukommen. Sondern deine Bestimmung ist es, immer wieder neu deiner Wahrheit zu folgen. Immer wieder neu den Sinn deiner Situation zu erkennen – und diesen Sinn als Schubkraft für die nächsten Schritte zu nutzen.

Frage dich also nicht: »Bin ich weit genug?«, sondern frage dich: »Was an meiner Situation trägt gerade zu meinem Wachstum und meiner eigenen Heilung bei?« Und je mehr Wachstum und Heilung du erfährst, desto weiter, größer und umfassender wird der Raum, in dem du deine Bestimmung erkennen und leben kannst. Immer mit genau den Möglichkeiten und Mitteln, die dir *jetzt* zur Verfügung stehen, die du *jetzt* aktivieren kannst.

Darum möchte ich mit dir eine Form der Bestimmung und Berufung entdecken, die tiefgreifend, wundervoll und umfassend sein darf – und dir dabei Druck nimmt: weil du mit *der Kraft deiner Bestimmung* arbeitest und nicht mit Zwang. Weil die Dinge sich stimmig und stark für dich fügen dürfen und nicht wie ein kompliziertes Kartenhaus zusammengehalten werden müssen. *Die Kraft deiner Bestimmung* ist etwas, das dir Sicherheit gibt – und Freiheit schenkt. Die Freiheit, dein wahres Wesen in deinem Tempo zu entdecken. Dich deiner Herzensthemen anzunehmen. Deine Talente zu fördern und zu nutzen. Deine Interessen zu vertiefen. Deine Gleichgesinnten zu finden und mit ihnen zusammen etwas Neues, etwas Gutes zu schaffen. Mit all deinen Stärken und Schwächen wertvoll für die Menschen rund um dich zu sein. Und vielleicht sogar zum Vorbild zu werden. Zu jemandem, dessen Funke so hell leuchtet, dass er vorausgehen und den Funken in anderen

Menschen entfachen kann. Und das ist so viel mehr als eine schöne Vorstellung. Das ist ein stiller, doch starker Auftrag, der größer ist, als jeder Job es je sein kann.

Mythos #7: »Deine Bestimmung hat keinen Platz in einem Nine-to-five-Job.«

Die Sehnsucht nach Sinn ist eine der stärksten Triebfedern unseres Lebens. Was wir tun, soll eine Bedeutung haben, damit wir uns selbst bedeutend fühlen. Wir suchen Wert im Wert unserer Arbeit und Bestätigung in unserem Erfolg. Das ist natürlich und richtig. Und es gibt noch eine weitere Ebene: die Ebene der reinen Menschlichkeit. Der Bedeutung ohne berufliche Anerkennung oder finanzielle Entlohnung. Deine Bestimmung zu finden, muss nicht zwangsläufig bedeuten, deine eigene Firma zu gründen. Auch wenn vielen Ideen und Impulsen eine Gründungsidee innewohnt, sind manche Berufungen nicht in der Selbstständigkeit zu Hause. Solltest du also spüren, dass du zwar *die Kraft deiner Bestimmung* leben willst, dich aber weder als Selbstständige noch als Unternehmer siehst, dann ist trotzdem alles richtig.

> Manche Berufungen wachsen stärker, kraftvoller und wirksamer in einem Unternehmen, das deine Werte teilt und bereits eine Plattform für deine Bestimmung bieten kann.

Manche Ziele und Träume sind so umfassend oder komplex, dass sie einen Nährboden und Ressourcen brauchen, die deine eigenen Möglichkeiten vielleicht übersteigen. Gerade in sehr komplexen, sehr technischen oder sehr aufwendigen Branchen kann es regelrecht aussichtslos sein, dich deiner Berufung im Einzelkampf zu stellen. Solltest du dich zum Beispiel dazu berufen fühlen, Mars und Mond zu erforschen, ist es vielversprechender, dich für ein Raumfahrtteam zu qualifizieren, als in deinem Hinterhof an einer Rakete zu basteln. Oder wenn du deine Bestimmung darin siehst, eine ganzheitliche Gesundheitsklinik aufzubauen, ist es besser, dich mit entsprechenden Experten und Gruppen zu vernetzen, als zu versuchen, dir im Selbststudium sieben verschiedene Medizinfachrichtungen anzueignen.

Manche Lebensaufgaben werden erst im Team und als Teil von etwas Größerem wirklich wirkungsvoll. Wenn das auf dich und deine Vision zutrifft, dann gilt es, nach deinem Urknallmoment nach den Menschen, Gruppen und Unternehmen Ausschau zu halten, die dich am meisten anziehen und denen du dich mit deinen Ideen und Fähigkeiten anschließen willst. Je mehr unsere Gesellschaft die Zeichen der Zeit erkennt, desto mehr Unternehmen wird es geben, die in einen aufbauenden Zeitgeist atmen – und die deinen Funken nicht ersticken werden, sondern ihn noch heller leuchten lassen können.

Und ja, selbst in einer Anstellung von »neun bis fünf« kannst du deine Bestimmung leben. Besonders dann, wenn du weißt, dass du ein Mensch bist, der gern einen klaren Rahmen hat und der Beständigkeit braucht, um sich entfalten zu können. Und wie oft schon habe ich Menschen kennengelernt, die mit dem Schritt in die Selbstständigkeit aus ihrer Verpflichtung von »neun bis fünf« fliehen wollten und letzten Endes 24/7, also quasi ununterbrochen, gearbeitet haben.

Wichtiger als der Rahmen sind die Werte und die Absichten, mit denen du ihn füllst.

Schauen wir uns dieses Versprechen an: »Wenn du liebst, was du tust, wirst du in deinem Leben nie wieder arbeiten.« Was löst dieser Satz in dir aus? Wenn du denkst, »Oh ja, das will ich!«, dann frage dich nicht zuerst, was du so sehr liebst, dass du es zum Beruf machen könntest, sondern frage dich, warum du »Arbeit« abwertend definierst. Welche Gedanken und Gefühle löst das Wort »Arbeit« in dir aus?

Wenn du dich nach einem Leben in *der Kraft deiner Bestimmung* sehnst, darf Arbeit eine schöpferische Bedeutung für dich bekommen – egal, in welcher Form du sie ausübst. Denn immer gilt:

Deine Arbeit ist ein Kanal deiner Kraft. Sie ist ein sehr großer, sehr einnehmender und wichtiger Raum, in dem du als Mensch wirksam bist.

Und in dem du mit anderen Menschen und mit deren Bestimmung und deren Bedürfnissen in Berührung kommst. Deshalb ist es ein »heiliger« Raum. Und diesen Raum sollen wir immer mit der größtmöglichen Präsenz, der größtmöglichen Herzlichkeit und der größtmöglichen Aufrichtigkeit betreten – um die Begegnungen darin zu guten Begegnungen zu machen.

Ganz egal, ob ich als Studentin als Kellnerin gearbeitet habe oder ob ich im Ausland als Praktikantin unterwegs war; ob ich in meinen Zwanzigern Tausende Werbetexte, Hunderte Songs, eigene Theaterstücke und gar einen Roman geschrieben habe oder ob ich heute meine Ratgeber für dich schreiben darf; ob ich früher bei Poetry-Slams auf der Bühne stand oder heute als Vortragende bei Kongressen und Events auftrete; ob ich in meiner Agentur Unternehmen dabei unterstützt habe, ihre Botschaften und Werte nach außen zu tragen, oder ob ich heute meinen Klientinnen und Klienten dabei helfe, ihre Klarheit zu finden und ihre Berufung Schritt für Schritt zu verwirklichen – immer zählt meine *innere Haltung* der Aufgabe und den Menschen gegenüber. Meine Energie ist entscheidend. Meine Bereitschaft, etwas Gutes zu geben und etwas

Wertvolles zu schaffen, ist der wahre Faktor meines Erfolgs. Und ob das Ergebnis meiner Arbeit letztlich ein schön gedeckter Tisch ist, an dem sich Gäste wohlfühlen können, oder ob meine Leistung einem Millionenunternehmen hilft, seine Position nach innen zu stärken und nach außen auszubauen – **immer wirken dabei die Präsenz und die Kraft, die ich hineinlege.**

Die Grundwahrheit, die hinter dem Mythos liegt, dass deine Bestimmung keinen Platz in einem Nine-to-five-Job hat, ist diese:

> Dein Auftrag als Mensch ist größer als eine einzelne Aufgabe. Deine Berufung ist größer als ein einzelner Beruf. Und deine Bestimmung ist es, ein Leben voll Hingabe an das zu leben, *was gerade ist* – und etwas Gutes daraus zu machen.

So lässt sich deine Bestimmung im Unternehmertum genauso wie als Angestellte oder Angestellter leben. Sie kann deinen Berufsweg prägen und genauso zunächst deine rein private Leidenschaft sein. Sie ist lebendig – und darum passt sie auch in jedes Lebensmodell. Sie ist überall dort, wo du authentisch du selbst sein kannst. Wo du dich entwickeln darfst und wo du spürst, dass du wachsen und lernen darfst und mit deinem Wachsen und Lernen etwas zum großen Ganzen beitragen kannst.

> Bestimmung lässt sich nicht auf deinen Job reduzieren, aber muss auch in keinem Job ausgeschlossen werden.

Letztlich wird es nicht möglich sein, deine Bestimmung auf deinen Beruf oder auf dein Privatleben zu beschränken. Denn sie will keinen Teil von dir auslassen. Sie will dich ganz erfassen und mit allem arbeiten, was dich als Mensch auszeichnet.

Beruflich, privat und ganz persönlich, wie wir in Kapitel 5 noch vertiefen werden.

Deine Bestimmung ist kein fixes Programm, sie ist ein schöpferisches Prinzip, und ihre Kraft will wirken und sich ausdehnen: in dir und durch dich – und das überall und immer.

Du siehst: So wie jede Bestimmung einzigartig ist, so ist es auch die Form, sie auszuleben. Beruflich oder privat. Von neun bis fünf im Büro oder während du die Welt in einem Bus bereist. **Alles ist möglich, weil *alles* möglich ist!** Und das ist ein geniales Geschenk unserer, wenn auch herausfordernden Zeit, das wir unbedingt schätzen und nutzen sollten. So wie es sich für uns selbst gut und stimmig anfühlt und nicht so, wie es uns in den verschiedensten Medien als richtig präsentiert wird. **Du findest *deine* Form im mutigen Ausprobieren und kannst deine Vision so verwirklichen, wie es für dich und dein Umfeld gerade bestmöglich ist.** Ganz ohne den Druck irgendwelcher Moden oder Mythen und ganz ohne dabei andere Formen der Selbstverwirklichung zu verurteilen.

Keine Form ist besser oder schlechter als die andere. Sie ist anders und einzigartig und damit ein wertvoller Teil des großen Puzzles *der Bestimmung der Menschheit*. Trage du dein einmalig schönes Puzzlestück bei. Bringe dich auf deine Weise und gemäß deiner Wahrheit ein und präge damit nicht nur deinen Weg, sondern auch die Vielfalt, die wir alle brauchen, um uns frei fühlen zu können. Werde dir deiner einzigartigen Wirkung und deiner unersetzbaren Wichtigkeit bewusst – und werde dadurch umso wirksamer im Hier und Jetzt. In dieser gigantisch verrückten und zugleich gigantisch wundervollen Arena des Lebens, in der es so viele Stimmen gibt, von denen die wichtigste in dir selbst wohnt.

*Mythos #8: »Es gibt den einen Weg,
der dich garantiert zu deiner Bestimmung führt.«*

Es gibt nicht nur einen Weg und einen einzig möglichen Ausdruck *der Kraft deiner Bestimmung*, sondern einen ganzen kreativen Kosmos an Möglichkeiten. Und dasselbe gilt für die Art, deine Bestimmung zu entdecken: Manche Menschen werden vom Ruf ihrer Bestimmung getroffen wie von einem Blitzschlag. Andere wiederum verlieben sich stetig mehr in ihr Schicksal und erkennen darin ihre Lebensbestimmung. Und wieder andere sammeln Hinweise, Inspirationen und Selbsterkenntnisse wie die Bienen den Honig. Egal, wie wir unsere Bestimmung finden: Für alle von uns gilt, dass wir die 7 Phasen der Kettenreaktion unserer Bestimmung durchlaufen. Das Prinzip vom Sammeln und Verdichten über die Zündung, das Freiwerden und das Ausdehnen bis zur lebendigen Vielfalt ist das gleiche für uns alle – aber das Erlebnis an sich ist einzigartig. Und das ist es auch für dich. Klammere dich also nicht an Vorstellungen und Idealbilder, wie du deine Bestimmung finden und leben *sollst*, sondern bleibe offen, neugierig und wach für das, was *ist* – so wie es ist. Erkenne dich in deinem eigenen Leben wieder. Und versperre dir nicht die Sicht auf dich, indem du zu sehr zu den anderen schaust. **Die Antworten liegen nicht »da draußen« irgendwo, sondern in dir.**

Immer wieder beobachte ich, dass Klientinnen und Klienten naheliegende Talente und Möglichkeiten ausblenden, weil sie meinen, diese müssten spektakulärer und außergewöhnlicher sein. Oder dass sie offensichtliche Chancen und Zwischenschritte nicht nutzen, weil sie das Vorhandene zu sehr hinterfragen und sich zu stark mit anderen vergleichen. Doch dabei vergessen sie Folgendes:

Deine Bestimmung ist dem, was du *jetzt* tust und wer du *jetzt* bist, viel, viel näher als irgendeinem fremden Vorbild im Außen. Sie ist dem, was dich berührt, begeistert und beschäftigt, viel, viel näher als dem, was du denkst, was vielleicht klug oder gefragt sein könnte.

Deine Bestimmung
- spricht zu dir *in dir*, und sie klingt dabei nicht wie etwas Fremdes oder Fernes, sondern so vertraut wie du selbst.
- zeigt sich durch Gefühle wie Sehnsucht und Freude.
- arbeitet mit den Mitteln, die du gerade zur Verfügung hast und will in deinem Alltag wirksam werden.
- schickt dir Menschen, Zeichen und Impulse, die dich wieder einen Schritt weiterbringen.
- will, dass du mutig und im Vertrauen bleibst.

Wir vertiefen all das in Kapitel 5, doch was schon jetzt zur Auflösung der Berufungsmythen wichtig ist, ist:

Erinnere dich an dich

Andere Menschen können dich an dich und deine Kraft erinnern. Die Quelle deiner Kraft jedoch liegt tief in dir. Andere Menschen können dir eine Landkarte und mögliche Wege zeigen. Deinen Pfad beschreitest du jedoch selbst.

Und das darfst du dir auch zutrauen! Du trägst alles in dir und kannst alles lernen und dir alles aneignen, was du brauchst, um auf deinem Lebenspfad nicht nur ein Ziel, sondern verschiedenste erfüllende und erhebende Ziele zu erreichen. Traue dir die Steigungen zu. Traue dir die steinigen, abschüssigen Passagen zu. Traue dir die Gipfel zu – und auch die Täler. Es gibt immer einen nächsten Schritt, den du erkennen kannst, und immer etwas, das du ausprobieren darfst. Und sei es auf den ersten Blick noch so klein oder unbedeutend. Du weißt nie, wohin es dich letztlich führt. Gehe weiter, selbst wenn du zweifelst oder alles rundherum unsicher scheint. Und ja, du darfst dich auch mal täuschen. Du darfst dich auch mal »verlaufen«. Denn wie heißt es so schön:

Umwege sind oft Umleitungen
in eine neue, bessere Richtung.

Lass die Illusion los, dass dein Weg geradlinig zum Ergebnis führen muss – und lass dich ein auf das, was dich ruft. Solange du dich immer wieder gut mit dir selbst und mit *der Kraft deiner Bestimmung* verbindest, hast du deinen wichtigsten Wegweiser dabei. Und wenn du dich immer wieder von all dem trennst, was nicht (mehr) du bist und was nicht wahr ist, dann trägst du auch keinen schweren Ballast mit dir herum.

Die große Grundwahrheit hinter dem Mythos »Es gibt den einen Weg, der dich garantiert zu deiner Bestimmung führt« ist diese: **Es gibt tatsächlich den einen Weg, der dich zu deiner Bestimmung führt: deinen. Und das Schöne ist: Du gehst ihn bereits.** Alles, was hinter dir liegt und was in deinem Leben gerade präsent ist, gehört dazu – und alles, was du von nun an entscheidest und tust, ist ein Teil deines ganz ureigenen Bestimmungspfades. Vertraue darauf, dass nichts jemals sinnlos war und nichts jemals umsonst ist – und dass du die Kraft hast, immer noch bewusster zu wählen und deiner Bestimmung immer noch mehr Raum in deinem Leben zu geben.

Dein Mantra darf sein:

»Der Punkt, an dem ich gerade stehe, ist perfekt, und alles entwickelt sich zum Besten weiter.«

Und immer wenn da Hindernisse sind, wenn du an etwas oder an jemanden anstößt, dann stärkt dich das in deiner

Klarheit. Es stärkt dich in deinem Wissen darüber, was du willst und was du nicht willst. Was du glaubst, wonach du strebst und worauf du dich ausrichten willst – und was du als Mythos entlarven kannst.

Du kannst so viel Großartiges entwickeln und so viel Wertvolles in die Welt bringen. Lass dich nicht von zu hohen Erfolgserwartungen und zu großen Selbstzweifeln davon abhalten, es zu tun. Alles, was dir sagt, dass du nicht richtig bist, dass du nicht genügst, dass dein bisheriger Weg ganz anders hätte sein sollen oder dass du jetzt schon viel weiter sein müsstest, sind Gedanken, die du prüfen, loslassen und zum Guten wenden darfst.

Wenn dich etwas schwächt, dann prüfe:
Wer oder was hat diesen Gedanken erschaffen?

Wer hat diesen Gedanken erschaffen?

Immer dann, wenn du meinst, dass du gescheitert oder auf dem falschen Weg bist, höre deinen Gedanken ganz genau zu. Höre genau hin, was sie dir erzählen, welchen Druck sie dir machen und wie realistisch das Bild eigentlich ist, dem du scheinbar gerade nicht gerecht wirst. Denn immer wenn du in deiner aktuellen Lebenswahrnehmung *die Kraft deiner Bestimmung* nicht spüren kannst, ist sie nicht verloren, sondern nur verstellt. Etwas steht zwischen dir und deiner Kraft – und dieses Etwas ist meist nichts Größeres als ein Gedanke, der gerade zu viel Macht einnimmt.

Bleibe also ruhig bei dir und deinem Atem, notiere vielleicht sogar die Gedanken, die dich entmutigen, und frage dich:

- Woher kommt dieser Gedanke? Wer oder was hat ihn erschaffen? Wo habe ich ihn erzeugt oder aufgenommen?
- Dient mir dieser Gedanke noch? Kann ich an ihm wachsen? Oder erdrückt er mich?
- Will ich diesem Gedanken weiter folgen und eine Wirklichkeit erschaffen, die ihm entspricht?
- Oder will ich diesen Gedanken loslassen und eine neue, positive und stärkende Überzeugung finden?

Erinnere dich: *Die Kraft deiner Bestimmung* ist eine Kraft der Umkehr. Sie macht aus Schwächen Stärken und aus Fehlern Erfahrungen. Sie sieht die Zukunft als Raum der Möglichkeiten und die Vergangenheit als kostbaren Erfahrungsschatz. Sie will, dass du an dich, deine Werte, Talente, Ziele und Visionen glaubst – und dass du Wege findest, sie zu verwirklichen. Daher:

> Glaube nicht alles, was du denkst, aber glaube an dich.
> Glaube nicht alles, was du siehst, aber vertraue dem, was du spürst.

Glaube an dich

Selbst wenn du meinst, dass die Gedanken, die dich quälen, deine eigenen sind, so stammen sie oft aus der Macht deiner Prägung und aus den Mythen und Märchen des Marketings. Du hast dir diese Gedanken und Vorstellungen vielleicht einmal angeeignet, hast sie übernommen, weil sie dir nützlich waren. Weil sie dich inspiriert oder geschützt, motiviert oder beruhigt haben. Und zum entsprechenden Zeitpunkt war das auch in Ordnung. Doch die Dinge verändern sich, weil du dich entwickelst – und mit allem, was du durchlebst und in deiner Erfahrung erkannt hast, wächst du über diese Versprechen und Floskeln hinaus – und in deine Wahrheit hinein. Darum gilt:

Höre anderen zu, aber höre nicht zwangsläufig auch auf sie. Hole dir Inspiration, aber setze letztlich deine eigenen Ideen und deine freudvollsten Impulse um.

Du bist deine eigene Meisterin und dein eigener Meister, und du hast alle Fähigkeiten, die du brauchst, um die *Führungsperson* in deinem Leben zu sein: deine Werte und deine Herzensziele. Deine Willenskraft und deine Kreativität. Deine Inspiration und deine Ideen. Und dein Gespür für deinen *goldenen Lebensweg* – all das ist in dir angelegt. Vielleicht ist es derzeit etwas verschüttet oder geschwächt, aber du kannst es wieder befreien. Du kannst es stärken und trainieren wie einen Muskel: indem du ins Tun kommst und dranbleibst. Und dabei aufhörst, deine Erfahrungen an fremden Vorstellungen und falschen Versprechen zu messen. Die Kunst liegt darin, die Dinge, die du erlebst, ganz genau so anzunehmen, wie sie gerade sind – und darin den Rohstoff für deine Entwicklung zu erkennen. Nichts kann dich stärker mit *der Kraft deiner Bestimmung* verbinden, als dein inneres Ja zu dir selbst – und deine Bereitschaft, der inneren Stimme zu folgen, die dich ruft.

Du selbst bist die leuchtende Königin und der Krieger in deiner Lebensgeschichte. Du selbst stehst hoch über der Brandung. Du selbst überwindest die Täler. Du selbst erreichst die Gipfel – und du darfst so stolz auf dich sein. Auf jeden Schritt und alles, was du loslässt und lernst, während du gehst. Du darfst lernen, dir voll zu vertrauen und deinem Funken zu folgen. Denn:

Deine innerste Wahrheit blendet dich nicht.
Sie leuchtet – und weist dir voll Vertrauen deinen Weg.

IV.
DAS VERTRAUEN

Was war, war wichtig.
Wo du jetzt stehst, bist du stark.
Was kommt, formst du mit
deiner Kraft.

Der Sturm der Welt rüttelt stark an deinem Fundament. Viele Versprechen sind leer. Viele Netze geben dir keinen echten Halt. Und die Arena des Lebens ist oft laut, wirr und wild. **Doch mitten in diesem Chaos, da stehst du:** mit deinem Herzenswunsch. Mit deiner Sehnsucht. Mit deinem Funken – und deinem Lebensfeuer, das du hell und stark entzünden willst. Und dazu gratuliere ich dir.

Ich gratuliere dir, weil du trotz vieler schwerer Tage deine Träume nicht aufgegeben hast. Weil du trotz vieler verwirrender Veränderungen nach vorn schaust. Ich gratuliere dir, weil du daran glaubst, dass da noch etwas Wichtiges auf dich wartet. Dass da noch etwas Wertvolles von dir entdeckt werden will – und dass du noch so viel Schönes zu geben und zu erleben hast. Ich gratuliere dir, dass du trotz all der Gefahren unserer Zeit an eine gute Zukunft glaubst – und dass du dein Vertrauen nicht verworfen hast. Selbst wenn es vielleicht geschwächt oder geknickt wurde, es ist noch da. Und wir wollen es nun in diesem Kapitel gemeinsam stärken. Gemeinsam aufleben lassen. Und gemeinsam auf eine neue Stufe bringen.

Denn ein Leben in *der Kraft deiner Bestimmung* ist ein Leben voll Vertrauen:
- Vertrauen in die Welt, auch wenn sie verrückt scheint.
- Vertrauen in deine Fähigkeiten, auch wenn sie vielleicht noch verborgen sind.
- Vertrauen in deine Würde, auch wenn du sie erst anzunehmen hast.
- Vertrauen in die Menschen, auch wenn du sie dafür neu verstehen und sehen musst.
- Vertrauen ins Leben, auch wenn es nicht immer deinem Willen folgt.
- Vertrauen in die Zeit, auch wenn sie manchmal scheinbar gegen dich arbeitet.
- Vertrauen ins Unbekannte, auch wenn es dich jetzt noch verunsichert.
- Und Vertrauen ins Universum, in dem du dich mit *der Kraft deiner Bestimmung* noch so wundervoll weit ausdehnen kannst.

Wir wollen uns jetzt deinem Fundament des Vertrauens widmen, denn:

Vertrauen ist nicht nur die Basis, die du brauchst, um deine Bestimmung zu leben.
Vertrauen ist auch eine der wichtigsten Grundvoraussetzungen dafür, deine Bestimmung überhaupt finden zu können.

Wenn du in Ängsten und Sorgen feststeckst, wirst du nicht vollen Herzens aufbrechen können, um nach deiner Bestimmung zu suchen. Wenn du dich von Zweifeln spalten lässt, wirst du nicht die volle Energie haben, deinen Urknall zu entzünden und in die Phasen des Freiwerdens und Ausdehnens zu gehen. Du brauchst das Vertrauen, um dich hinauszuwagen in die Welt der Möglichkeiten – und um dich immer tiefer hineinzutrauen in deine innersten Räume. Wo du das verborgen hältst, was dein wahres Wesen ausmacht. Wo sich deine schöpferischen Ideen sammeln und wo du deine innere Stimme triffst. Wo du ein sicheres Gefühl dafür hast, was wirklich wichtig ist. Und wo du die Hinweise für deine nächsten Schritte findest. Denn Vertrauen gibt dir beides: Tiefe und Größe. Sicherheit und Risikobereitschaft. Ruhe und Mut.

Vertrauen ist Nicht-Wissen und Sich-doch-gewiss-Sein

Im Vertrauen zu sein, ist der Zustand, in dem du fest mit beiden Beinen auf dem Boden stehst und dich zugleich fallen lassen kannst. In dem du deinen Weg ganz bewusst gestaltest und dabei dem Fluss des Lebens jede Freiheit lässt, dich zu überraschen und dich zu Neuem und zum Besten zu lenken. Vertrauen macht dich selbstsicher und selbstbestimmt – und lässt dich dabei dennoch offen bleiben, um das zu sehen, was letztlich größer und wichtiger ist als du selbst. Vertrauen ist umfassend. Vertrauen ist erdend. Und Vertrauen beflügelt. Es ist eine der wichtigsten Kräfte, die dich führen und dich vorantreiben können. Du musst dein Vertrauen nicht steuern und lenken. Es lenkt dich. Leicht, leise und doch so stabil und sicher, wie kaum eine andere Form der Führung es ist.

Wenn uns dieses Vertrauen noch fehlt, dann verlangt vor allem unser Verstand nach Kontrolle. **Kontrolle jedoch ist oft eine Form von Kampf.** Wir wollen die Ergebnisse erzwingen und sind bereit, Menschen und Möglichkeiten zu manipulieren, damit sich unsere fixe Vorstellung verwirklicht. Damit verhärten wir uns. Kontrolle blockiert uns für das, was die höhere Fügung und Führung uns bieten möchte. Wir verlassen uns weder auf die Welt, noch auf andere, noch auf die Gunst der richtigen Stunde – und im Grunde auch nicht auf uns selbst. Wir haben Angst, unser Gesicht zu verlieren, und fürchten, den heftigen Emotionen, die das mit sich bringen würde, nicht gewachsen zu sein. **Dabei sind wir stark genug. Vor allem dann, wenn wir damit aufhören, unsere Kraft daran zu verschwenden, krampfhaft ein konstruiertes Kartenhaus zusammenzuhalten, und damit beginnen, unser innerstes Fundament zu festigen.** Wenn wir aufhören zu hoffen, dass der Sturm vorbeizieht, und stattdessen unsere inneren Säulen stärken. Denn auch zu hoffen ist etwas anderes, als zu vertrauen. Vertrauen fließt – Hoffnung wartet. Manchmal sogar zitternd, während die Schatten ihrer Sorgen von Neuem am Horizont aufziehen. Die Hoffnung steht nie stabil für sich allein. Sie braucht immer etwas oder jemanden im Außen, an das oder den sie sich halten kann. Und sie sucht nach Bestätigung.

> Vertrauen jedoch *ist* bereits die Bestätigung: dafür, dass du mit *der Kraft deiner Bestimmung* und dadurch mit deinem innersten Kern verbunden bist.

Dass du dich ganz eingelassen hast auf dich, mit all deinen Stärken und Schwächen. Dass du dir, deiner Wahrnehmung und deinen Fähigkeiten vertraust. Dass du an deine Visionen glaubst und bereit bist für dein Leben mit all seinen Höhen und Tiefen. Dass du nicht länger warten und auf immerwährendes Glück hoffen willst, sondern dass du die Märchen und Mythen hinter dir lässt und dich der Wahrheit deines Seins stellst.

Frage nach deiner Bestimmung – und gehe auf die Antwort zu

Lass diese herzliche und zugleich klare Einladung ganz innerlich werden:

Es reicht nicht,
dir die Frage nach deiner Bestimmung nur zu stellen.
Du musst auch auf die Antwort *zugehen*.

Es gibt viele Menschen, die sich die Frage nach ihrer Bestimmung stellen, doch der Antwort letztlich ausweichen. Innen wie außen: Sie scheuen davor zurück, in ihre inneren Räume zu gehen. Dorthin zu schauen, wo sich schon ihr Leben lang die Kräfte von Aufbruch und Ausdehnung bündeln, wo ihre Talente und ihr Temperament warten; weil sie Angst haben vor ihrer Stärke – und vor der Explosion oder gar der Zerstörung, die womöglich ihr gewohntes Leben treffen könnte. Also sagen sie zwar: »Ich will meine Berufung finden«, aber sie suchen nicht wirklich danach. Sie bleiben stehen in diesem kraftlosen Dazwischen, in dem sie zwar scheinbar vor neuen Schmerzen und neuem Scheitern sicher sind, aber wo sie überall nur an Grenzen stoßen. An die Grenzen der eigenen Angst. Und die Grenzen, die ihr Umfeld und die Macht ihrer Prägung für sie ziehen.

In diesem Dazwischen würden sie das Abenteuer des Lebens zwar unendlich gern annehmen – doch aus Angst vor dem Unbekannten da draußen und der eigenen Tiefe dadrinnen wählen sie immer wieder den gewohnten Weg. Sie bleiben im Hoffen, im Zögern – und im Warten: darauf, dass ihnen jemand ihre Antwort zuwirft und sich das Leben dann mühelos wie in den Werbespots neu für sie fügt und formt. Doch weil das nie passiert, warten sie letztlich ihr halbes Leben: auf das nächste Wochenende. Auf den nächsten Urlaub. Auf das nächste Paket.

Dass sie zögern und warten, bedeutet jedoch nicht, dass da keine Sehnsucht in ihnen brennt. Sie gehen diesem Brennen nur nicht nach. Sie betäuben es vielleicht sogar: mit dem nächsten Griff zum Handy. Mit dem nächsten Glas Wein. Dem nächsten Streit mit den Menschen, die sie für ihre innere Unruhe und Leere verantwortlich machen wollen. Der wahren und wichtigsten Konfrontation aber weichen sie weiter aus: Der Konfrontation mit den eigenen Ängsten und Wünschen. Die Frage nach ihrer Bestimmung bleibt eine offene, ungeklärte Frage. Und den Aufbruch zur Antwort verschieben sie immer weiter in eine Zukunft, die aber nie beginnt.

Das gilt es nicht zu verurteilen, denn es ist das Recht dieser Menschen, so zu leben und so zu entscheiden. Ihr Wille ist frei. Doch ihr Herz und ihr Selbst sind es vermutlich nicht. Denn dort halten sie ihn fest verschlossen: den alten Schmerz und die tief verschüttete Angst. Sie wollen nichts »hochkommen« lassen, nichts riskieren – und steigen dadurch selbst nie auf in diese Freiheit, nach der sie sich sehnen.

Vielleicht erkennst auch du dich manchmal in diesem Dazwischen, in diesem Zögern wieder und hast es noch nicht geschafft, weiterzugehen, der Stimme deiner Bestimmung zu folgen und ihre Freiheit tatsächlich zu leben. Doch dieser Schritt wird dir möglich werden. Denn der Schritt in die Freiheit verlangt nicht nach einem harten Kampf.

> Diese Freiheit verlangt nach einer neuen Verbindung: der Verbindung mit dir selbst und deiner ureigenen Fähigkeit, auf das Leben zuzugehen und ihm zu vertrauen.

Das Vertrauen ist dabei nicht nur der Anfang. Vertrauen ist auch das Ergebnis. Das Geschenk für die, die etwas riskieren. Und für jene, die sich der Frage wirklich stellen – und den

Antworten nicht ausweichen, sondern sich ihnen und den neuen Aufgaben hingeben.

Hingabe ist ein großes, wunderschönes Wort, dem in unserer modernen Welt aber eine sehr kleine Rolle zugewiesen wird. Hingabe beschränken wir häufig auf die Ebene der Sexualität und erlauben sie höchstens noch in der Kunst. **Doch Hingabe soll und will dein ganzes Leben berühren.** In jedem Bereich und vor allem in jeder Entscheidung wirksam sein. Denn Hingabe ist das volle Ja. Hingabe ist das volle Vertrauen. Und nein, volles Vertrauen braucht kein wasserdichtes Wissen. Es braucht keinen Garantieschein. Es braucht *dich*. Ganz präsent *in dir*.

Wo jedoch noch kein Vertrauen ist, da fehlt dir diese Verbindung zu dir selbst und diese Hingabe. Da bist du getrennt von den größten Kraftfeldern in dir selbst und den größten Kraftgebern, die dir zur Verfügung stehen. Und in diesem Getrennt-Sein kannst du deine Bestimmung nicht erkennen.

Wie sollst du deine urinnerste Wahrheit fassen und leben können, ohne dein Urinnerstes zu betreten?

Du musst in deine innere Welt hineingehen – und diese Verbindung in dir und zu dir selbst vertiefen. Dich selbst besser kennen- und spüren lernen. Ansonsten verwickelst du dich in dem, was andere von dir erwarten. Wenn du dich in dir selbst nicht verbunden fühlst, dann versuchst du alles Mögliche, um eine Verbindung zu etwas herzustellen, was außerhalb von dir ist. Doch das ist die falsche Richtung. Die festigende Verbindung führt zuerst nach innen. Das Fundament liegt in dir.

Solange du aber weder dir noch dem Ruf deiner Bestimmung vertrauen kannst oder insgeheim sogar zweifelst, ob es so etwas wie Bestimmung überhaupt gibt, findest du keinen Anker zur inneren Ausrichtung in dir. Dann denkst, sprichst, bewegst, entscheidest und lebst du letztlich wie die anderen

Menschen. Jene die du nachahmst, um scheinbar auf einem sicheren Weg zu sein. **Und du erbaust ein Ich, das oft schmerzlich wenig mit deinem wahren Selbst zu tun hat.** Du spürst dich zwar, aber immer in der Zerrform: Du kannst dich im Schmerz spüren, aber nicht in der Liebe. Du kannst in Hass brennen, aber nicht in Leidenschaft. Du kannst deine Ziele mit Zwang und Kampf erreichen, aber du sehnst dich tief in dir weiter nach *der Kraft deiner Bestimmung.*

Dieses Leben in der Zerrform, in diesem kraftlosen Dazwischen, ist unendlich anstrengend. **Es kostet so viel mehr Energie zu entsprechen, als sich zu entwickeln.** Das fehlende Vertrauen ständig zu kompensieren, ermüdet zutiefst, weil es nicht deiner Natur entspricht. Und die Frage nach deiner Bestimmung zu stellen, der Antwort aber auszuweichen, schürt letztlich eine nur noch größere Angst: die Angst, an dir selbst vorbeizuleben. Darum wage es unbedingt, Vertrauen zu fassen. Du darfst dich dir zuwenden und auf die Gefühle, die Träume, die Ideen und Impulse zugehen, die dich deiner Bestimmung näher bringen. Und dabei durch all die Sorgen, Zweifel und Ängste hindurchgehen, die dich jetzt noch von ihr trennen.

Hinter den Stimmen der Angst liegt dein größeres Du

Schon die ersten Schritte hin zu deiner Bestimmung und dem wahren Sinn deines Lebens können dir das Gefühl geben, schutzlos zu sein. Dich dem Ungewissen auszuliefern und dem, wovor *die Stimmen der Angst* dich warnen: »Lass das. Du wirst es ohnehin nie schaffen« oder: »Wieso solltest gerade du so ein wundervolles Leben verdient haben?« und: »Das ist doch größenwahnsinnig! Wer glaubst du denn zu sein?«. Die Stimmen der Angst und der Macht deiner Prägung können hart und herzlos sein. Sie drücken dich nieder, halten dich klein und stellen sich dir an fast jeder größeren Schwelle hin zu einer neuen Lebensebene in den Weg. Und du wirst unsicher, ob es denn wirklich so eine gute Idee ist, nach deiner großen Antwort zu suchen. Denn was, wenn die Antwort auf die Frage nach deiner Bestimmung ein gigantisch großer Aufruf ist? Was, wenn du nicht stark genug bist, deine Aufgabe zu tragen? Was, wenn dich deine Berufung einsam machen wird? Wenn dich niemand mehr verstehen und niemand mehr lieben wird? Oder was, wenn deine Bestimmung ganz und gar nicht spektakulär, sondern profan und alltäglich klingt? Oder noch schlimmer: Was, wenn du letztlich gar nichts findest? Wenn da kein Sinn und kein Funke ist? Wenn alles unbedeutend bleibt, weil jemand wie du so etwas Schönes wie *die Kraft der Bestimmung* gar nicht verdient hat?

Es gibt unzählige Gesichter der Angst und Tausende Stimmen der Angst, die dich zurückhalten können, und die meisten davon klingen wie du selbst, obwohl sie nicht von dir stammen. Viele sind übernommene Überzeugungen, alte Glaubenssätze, medial erzeugte Muster und familiäre Festlegungen, die in dir ein Bild von Bestimmung und Berufung erzeugt haben, das dich von der wahren Antwort getrennt halten kann. Um diese Muster und Festlegungen zu erkennen und mögliche neue Wege für dich zu entdecken, die dich zu deinem größeren Du bringen können, vervollständige gedanklich oder schriftlich ganz intuitiv diese Sätze:

- Ich finde, Berufung ist …
- Menschen, die ihre Bestimmung leben, sind …
- Um seine Bestimmung leben zu können, muss man …
- Wenn ich zu meiner Mutter gesagt hätte, dass ich meine Bestimmung finden will, hätte sie wohl geantwortet …

- Wenn ich zu meinem Vater gesagt hätte, dass ich meine Bestimmung finden will, hätte er wohl geantwortet …
- Die Erlaubnis, meine Bestimmung zu leben, kommt von …
- Anders als die anderen zu sein, bedeutet …
- Einen neuen Weg einzuschlagen, ist …
- Wenn ich meine Bestimmung leben würde, dann …
- Um meine Bestimmung leben zu können, müsste ich …
- Um das umsetzen zu können, bräuchte ich …
- In der Umsetzung könnte es mir helfen …

Erlaube dir, ganz ehrlich zu sein und zu erkennen, wo übernommene, hinderliche oder schlicht falsche Überzeugungen es dir schwer machen, deine Bestimmung zu erkennen und ihr zu folgen. Und formuliere all die Sätze, die davon geprägt sind, für dich in neue, bestärkende Überzeugungen um. Damit sie dich stützen und dein Fundament stärken, anstatt dich von innen heraus zu schwächen. Das kann zum Beispiel so einfach aussehen wie hier: »Ich finde, Berufung ist etwas für Künstlerinnen und Chaoten« wird zu »Ich finde, Berufung ist ein Ausdruck von Lebendigkeit und Freude, und ich habe Lebendigkeit und Freude verdient«. Oder ein mögliches »Einen neuen Weg einzuschlagen, ist gefährlich« wird zu »Einen neuen Weg einzuschlagen, ist genau das, was mich letztlich stärker und erfüllter machen wird«.

Du kannst dir und deinen Sorgen eine neue Sichtweise anbieten und dich darin üben, immer wieder die schöpferischen, die vertrauensvollen und die bestärkenden Gedanken zu wählen – und damit mehr und mehr in dein größeres Du hineinzuwachsen, das nicht länger im Käfig der eigenen Gedanken kleingehalten wird. Wie schon in Kapitel 3 gilt auch hier, dich bei negativen Selbstgesprächen zu unterbrechen und dich zu fragen:

»Wer hat diese Gedanken erschaffen?«

Und zu prüfen, woher Ängste, Zweifel und Sorgen kommen. Zu erkennen, warum sie dich zurückhalten, wie gerechtfertigt sie sind und welche Gedanken und Überzeugungen dir neue Wege zur Freiheit eröffnen können.

Das Ziel ist dabei nicht, dich in rosafarbene Zauberwelten aus Wölkchen und Regenbögen zu katapultieren. Es geht auch nicht darum, dich ständig selbst zu erhöhen und alle Bedenken im Keim zu ersticken, denn manche Einwände und Fragen sind wichtig und helfen dir, deinen Weg auch nachhaltig und mit Umsicht zu gehen. **Es geht vielmehr darum, all das Alte und all das Vererbte aus der Vergangenheit zu erkennen, das dich von deiner Zukunft abhält.** Das deinen Urknallmoment verhindern will, weil du vielleicht die erste Person in deiner Familie oder die einzige Person in deinem Umfeld bist, die so einen Moment überhaupt zulassen kann. Und die aus deinem Leben unter der Macht der Prägung zu einem Leben in *der Kraft der Bestimmung* vorstößt.

Die zwei Urängste

Dein größeres Du kann bedrohlich wirken, auf andere und auch auf dich selbst. Doch jede Befürchtung hat letztlich ihre Wurzeln in einer dieser beiden Urängste:
- der *Angst vor Bedeutungslosigkeit*
- und der *Angst vor Größe*.

Lass sie uns näher betrachten, damit du dich über sie hinausentwickeln kannst.

Die Angst vor Bedeutungslosigkeit

Niemand will umsonst hier sein. Es ist unser tiefstes menschliches Urbedürfnis, etwas beizutragen, dazuzugehören und wirksam zu sein. Jeder und jede will für etwas und in etwas gut sein, wertgeschätzt und gebraucht werden. Denn:

> Der Mensch braucht eine Mission, die er verwirklichen, und die Seele braucht eine Sehnsucht, der sie folgen kann.

Wir sind Wesen, die andere unterstützen wollen und selbst unterstützt werden möchten. Der Schmerz, den wir spüren, wenn wir glauben, als Mensch keinen Wert und keinen Sinn zu haben, ist schier unerträglich. Weil es unseren Ursprung verneint. Unsere Urkraft und unser Urpotenzial.

> Der Glaube, bedeutungslos zu sein, schneidet uns vom Lebensfaden der Freude ab und höhlt unsere Existenz aus.

Es ist das Nicht-gebraucht- und Nicht-gewollt-Werden, das uns zum Beispiel auch in zu langen Phasen der Arbeitslosigkeit und in jeder Form von Gefangenschaft in tiefe Verzweiflung und Apathie treiben kann. Wir leben dann in (Selbst-)Erniedrigung und Scham und damit am untersten Ende aller Gefühlsebenen.

In weniger extremen Formen begegnen wir dieser Urangst aber schon viel eher: Wir berühren sie bereits bei jeder Ablehnung und Zurückweisung. Bei jedem Nicht-Gelingen und Misserfolg. Bei jedem sinnlosen Abarbeiten von offenbar nutzlosen Tätigkeiten. Und selbst bei einer zu starren, zu bestimmten Routine leiden wir unter dem Gefühl, keine Bedeutung zu haben. Es ist so lähmend und demütigend. Wir fühlen uns ohnmächtig, und wir haben berechtigterweise Angst vor diesem Macht- und Kraftverlust, der uns sogar das Gefühl für unsere eigene Identität nehmen kann. Und diese Angst wird in vielen Menschen erst recht aktiv, wenn es um eine der wichtigsten Fragen des Lebens überhaupt geht: eben um die Frage nach unserer Bestimmung.

> Es darf dir bewusst sein:
> Mit der Frage nach deiner Bestimmung stellst du dich der größten Bewährungsprobe deiner eigenen Bedeutsamkeit.

Wenn du einmal ganz ernsthaft und mit offenem Herzen auf die Antwort zugehst, dann gibt es kein Zurück mehr. Dann kannst du dich nicht mehr in Ausreden, in »Ich wäre ja, wenn nur ...« und in Träumerei flüchten. Dann geht es darum, dich dem Leben und dir selbst wirklich zu stellen. Dann geht es ums Erkennen. Ums Annehmen. Ums Umsetzen. Und ums Sichtbarwerden. Und all das, was dein Bestimmungspfad für dich bereithält.

Aus Sicht der Angst ist der Schritt in die aktive Umsetzung deiner Bestimmung die ultimative »Überprüfung« deiner persönlichen Bedeutsamkeit. Was also, wenn du dann zwar deine Bestimmung findest, sie aber von anderen belächelt wird? Was, wenn du deiner Berufung dann zwar folgst, deine Projekte aber floppen? Was, wenn das, was du verwirklichst, letztlich niemand haben oder deine Begeisterung niemand mit dir teilen will? Was, wenn das »Geschenk«, das du angeblich in dir trägst, keiner annehmen möchte? In Ängsten und Zweifeln wie diesen stößt du auf die Narben tiefer Selbstwert-Wunden. »Du genügst nicht. Du taugst nicht. Du darfst nicht. Du hast das nicht verdient.« Wie viele Stimmen, die dich kleinhalten und unterdrücken wollen, hast du schon gehört? Sie sind nicht spurlos verklungen, sie sind noch da – und sie glauben nach wie vor, recht zu haben. Wenn du ihnen begegnest, hast du zwei Möglichkeiten: Du kannst ihnen zustimmen, dich und deine Träume aufgeben – und deine Kraft wird mehr und mehr in dieser vermeintlichen Kleinheit verschwinden. Oder du kannst die vermeintliche Kleinheit akzeptieren, sie voll annehmen, dich voll dahinterstellen – und trotzdem losgehen. **Du kannst dich für deine Ausdehnung entscheiden, auch wenn du nicht genau weißt, wohin dich das führt. Dich größer machen, als du dich vielleicht gerade fühlst.** Dich strecken, auch wenn es anfangs noch schwer ist. Dich fordern, auch wenn du dich vielleicht manchmal überfordert fühlst. Ja, vielleicht musst du sogar eine Zeitlang »so tun, als ob«, damit du wieder ins Tun und ins Vertrauen kommst. Dir einen großen Ruck geben, damit du deine inneren Kräfte wieder in Bewegung bringst – und damit du dich in der Konfrontation mit deiner menschlichen Kleinheit auch an deine menschliche Vergänglichkeit erinnerst.

Denn auch in deiner Vergänglichkeit liegt eine wichtige Bedeutung – und ein Auftrag.

Die Tatsache, dass uns nur eine begrenzte Anzahl an Stunden auf dieser Welt gegeben ist, bringt den Aufruf mit sich, sie aufs Beste zu nutzen. Erinnere dich an die »5 Dinge, die Sterbende am meisten bereuen«, über die wir in Kapitel 1 gesprochen haben – und an die Reue, die viele empfinden, die ihren eigenen Weg nicht gesucht und nicht angetreten haben.

Ja, alles ist vergänglich. Aber nichts ist je ohne Bedeutung. Nichts. Erst recht nicht du. Und niemals deine Bestimmung.

Erlaube dir, die Bedeutung in allem zu erkennen, was du erlebst und bewältigst. Erlaube dir, Sinnvolles zu schaffen und Sinn zu stiften. Dir selbst einen (inneren) Auftrag zu geben, der *dich* trägt und mit dessen Hilfe du dir deine Kraft beweisen kannst – und sei es zuallererst der Auftrag, dich innerlich aufzurichten. **Jeder Mensch hat die Möglichkeit, in seine Bestimmung hineinzuleben. Jeder Mensch hat das Potenzial, seine eigene Autorität zu sein.** Ein wahrhaft lebendiges Ich zu entwickeln. Ein starkes Selbst, das sogar in einer vermeintlichen Sackgasse auf einen höheren Weg vertraut und erkennt, welch zutiefst persönliche Bedeutung es mitbringt – und wie wirkungsvoll und groß diese tatsächlich sein kann.

Die Angst vor Größe

Wie schon Marianne Williamson in ihrem Buch *Rückkehr zur Liebe* schrieb, fürchten wir nicht so sehr unsere Kleinheit und unsere Unzulänglichkeit, sondern vielmehr diese wahre Größe, die uns innewohnt. Dieses immense Potenzial und diese Brillanz, die wir entfalten könnten. Mit diesem Gedanken hat sie Millionen Menschen tief bewegt. **Denn er erlaubt kein Verstecken in der Wunde des Nicht-Genügens.** Er erlaubt keinen Glauben an Bedeutungslosigkeit, sondern sieht deine Größe, dein inneres Strahlen und deine gelebte Kraft als eine dir übertragene Aufgabe. Als deine Bestimmung. Darin liegt eine gigantische Aufforderung und Deutlichkeit – und tatsächlich fällt es vielen deutlich schwerer, die eigene Größe anzunehmen, als in der vermeintlichen Kleinheit gefangen zu sein. In der tiefen Arbeit mit meinen Klientinnen und Klienten, die ich auf ihrem Weg zu innerer Klarheit und Bestimmung begleite, begegnen wir tatsächlich genau dieser Angst vor Größe. Denn viele glauben:

> Je größer das Feuer, desto länger die Schatten. Je größer der Traum, desto höher das Risiko. Je größer die eigene Persönlichkeit, desto mehr Angriffsfläche.

In der Bedeutungslosigkeit fürchten wir, abhängig zu werden. In der Größe befürchten wir, uns angreifbar zu machen. Unsere wahre Größe zu leben, könnte uns also genauso aus der sicheren Sippe ausschließen wie die Bedeutungslosigkeit. Ein zu großer Lebensauftrag könnte uns genauso zum einsamen Außenseiter machen wie eine fehlende Aufgabe. Vielleicht sogar noch mehr ... Denn in unserer Größe ziehen wir möglicherweise Neid oder Missgunst auf uns. Wir könnten zur Zielscheibe von Kritikern und Gegnerinnen werden, und manche könnten sogar danach trachten, uns zu Fall zu bringen.

> Größe ist bedrohlich – und doch so beeindruckend. Sie bringt uns in einen Zwiespalt aus Sehnsucht und Ehrfurcht, der höchst intensiv sein kann.

Wenn meine Klientinnen und Klienten zum ersten Mal die inneren Bilder finden, in denen sie ihre Bestimmung erkennen, dann ist meist beides da: **ein großartiges Glücksgefühl – und eine große Demut.** Denn sie beginnen, ihre mögliche und eigentliche Größe zu erahnen – und sind gefordert, sie auch zuzulassen. Diese aufsteigende Kraft anzunehmen, die da in ihnen wohnt, die hinter ihnen steht – und die jedes ihrer Vorhaben unterstützen will. Selbst wenn die Zweifel noch so laut sind – und die Bilder noch so gigantisch erscheinen. Und es spielt dabei überhaupt keine Rolle, ob das, was sie in diesem Moment als zu groß und zu gigantisch empfinden, auch von außen betrachtet groß und gigantisch scheint. Es geht hier nur um sie selbst. Nur um ihr Empfinden und ihr Erkennen. Für ihre derzeitige Verkörperung und ihren eigenen Entwicklungsweg ist dieser mögliche Zustand, dieser Raum ihrer Bestimmung, den sie betreten und fortan ausfüllen könnten, genial und gewaltig, und das aus diesem einen entscheidenden Grund: **weil er eine *enorme* Einladung zu wachsen und zu heilen ist.**

Damit sind wir nicht nur in den persönlichen Beratungen, sondern auch jetzt hier in diesem Buch **an einem der allerwichtigsten und entscheidendsten Kernpunkte angekommen**, der deine ganze weitere Reise zu deiner Bestimmung und vor allem das Erleben deines gesamten weiteren Wegs beeinflussen wird: Es ist der Punkt, an dem du deine Sicht auf das, was Bestimmung und Berufung ist, für immer verändern kannst. Wo du ihnen eine neue, befreiende und wahrhaft bestärkende Bedeutung geben kannst. Denn deine Bestimmung ist nicht das, was Mythen und Märchen sagen, ist nicht das, was die Macht deiner Prägung und deine vererbten Überzeugungen meinen, und ist nicht das, was dein Umfeld erwartet.

Unsere Bestimmung ist Wachstum und Heilung

Deine Bestimmung kann im Kern zusammengefasst werden in fünf Worte, die dich wie ein Mantra, wie ein Leitsatz durch dein ganzes weiteres Leben begleiten und dich immer wieder zurück zur *Kraft deiner Bestimmung* bringen wollen:

Alles ist Wachstum und Heilung.

Egal, wo du jetzt stehst, und egal, wo du hinmöchtest – das (wenn auch unbewusste) Kernziel deiner Vorhaben und deines Weges ist es, zu wachsen und zu heilen. Als Mensch deine inneren Begrenzungen zu überwinden, echte Freiheit zu finden und mit Aufrichtigkeit und Rückgrat im Leben zu stehen. Das ist Größe, das ist Kraft, das ist Ausstrahlung und gelebte Berufung.

Und dieses Wachstum hin zu deiner wahren Größe und

mutigen Ausdehnung braucht deine Heilung. Braucht das Reinigen, Pflegen und Schließen alter Wunden. Braucht das Verarbeiten, Vergeben, Loslassen und Weiterziehen auf einer neuen Ebene des Erkennens. Dieses Wachstum und diese Heilung erheben dich aus den alten Mustern, aus den alten Urteilen und Grenzen, die der Schmerz und die Angst mit sich bringen.

Und dieses Wachstum und diese Heilung erheben dich in ein neues Bewusstsein und damit zu einer neuen Perspektive auf alles. Auf deinen Beruf, auf deine Kolleginnen, auf deine Vorgesetzten und Kundinnen. Auf deine Partner, deine Kinder und deine Familie. Auf deine Eltern und deine Lehrer. Auf diese Welt und die Natur. Auf einfach alles, mit dem du in Verbindung und Resonanz stehst.

Dieser Prozess des Wachsens und Heilens verwandelt dich – und damit deine ganze Welt.

Denn die Welt ist ein Spiegel dessen, was du bist, was du denkst, was du fühlst. Und im Wachsen und Heilen veränderst du genau dieses Denken, dein Fühlen und damit dein Handeln und dein Erleben. Von allem. Du wirst keine Angst mehr vor Bedeutungslosigkeit haben, weil du Bedeutung und Tiefe in jedem Moment, in jedem Atemzug, in jedem Sonnenaufgang und in jedem Augenkontakt mit einem anderen Menschen erkennen kannst. Und du wirst deine innere Größe nicht mehr fürchten, weil du spürst und weißt, dass du in deiner ganzen einzigartigen Großartigkeit mehr denn je getragen und gehalten wirst: von *der Kraft deiner Bestimmung* und deiner höheren Führung, der wir uns im kommenden Kapitel weiter nähern werden.

Wirst du durch dein Wachsen und Heilen ganz frei von Angst und Befürchtungen sein? Vermutlich nicht. Sie gehören zum Menschsein dazu. Denn absolute Sicherheit ist – wenn wir sie uns als einen unverwundbaren Zustand der andauernden Harmonie und Stabilität vorstellen – etwas, das unerreichbar und unrealistisch bleibt. Das menschliche Leben ist durch seine Verwundbarkeit und Vergänglichkeit geprägt. Genauso wirst du auch weiterhin mit Gefühlen von Kleinheit, von Unwürdigkeit und von Angst vor neuer Größe und Ausdehnung konfrontiert werden. Weil die Konfrontation Reibung und Abgrenzung, Kraft und Klarheit erzeugt – und du darin einmal mehr Ja sagen, einmal mehr Mut fassen und einmal mehr dein Vertrauen stärken kannst.

Dein Leben ist ein intensiver Prozess, und dieser Prozess ist der wesentlichste Part deiner Bestimmung und deiner Ich-Werdung.

Ja, es gibt Menschen, die wachen eines Morgens auf und sind ein neuer, größerer, erwachter und berufener Mensch. Die meisten Menschen aber wachsen in diesen neuen, größeren, erwachten, berufenen Zustand ihrer selbst hinein. Tag für Tag. Entscheidung für Entscheidung. Hindernis für Hindernis. Überwindung für Überwindung. Erfolg für Erfolg. Und der Weg verläuft für kaum jemanden geradlinig von A nach B zu C. Denn niemand funktioniert wie eine Maschine.

Doch wenn du bereit bist, deine Bestimmung in deinem eigenen Prozess aus Wachstum und Heilung zu erkennen, dann dehnt sich dein Vertrauen augenblicklich aus: in alle Lebensbereiche und in alle Situationen.

Dein Vertrauen wächst mit deiner Offenheit dafür, dein Leben als ein von dir formbares Feld zu sehen, das du gestalten kannst. Das dir immer neue Wege, Chancen und Möglichkeiten bietet. Und diese Möglichkeiten liegen oft viel, viel näher, als du vielleicht vermutest. Denn dein Wachstum und deine Heilung passieren nicht irgendwo weit »da draußen« oder in irgendeiner fernen Zukunft. Sondern genau hier und jetzt in dir. Genau in der Situation und unter den Umständen, in denen du dich gerade befindest. Alles – jede Beziehung, jedes Projekt, jeder Schmerz, jede Sehnsucht, jeder Traum und jede Freude –, was gerade jetzt in deinem Leben präsent ist, ist bereits ein Teil deiner Bestimmung, ein Teil deines Prozesses. Mitten in deiner Suche kannst du also schon voll darauf vertrauen:

> Nichts, was du gerade erlebst, je erlebt hast oder je erleben wirst, ist von deiner Bestimmung ausgenommen. Weil alles deinem Erwachen, dem Entzünden deines Funkens und der Erweiterung deines Bestimmungspfades dient. Und weil alles nötig für deinen Prozess des Wachsens und Heilens ist.

Deine Bestimmung ist kein idealer Zustand weit weg, zu dem du aus den Wirrnissen und Schwierigkeiten deiner aktuellen Situation fliehen sollst. **Deine Bestimmung ist, die Wirrnisse und Schwierigkeiten deines Lebens im Hier und Jetzt anzunehmen – und etwas daraus zu machen.** Du kannst und sollst darauf vertrauen, dass du jetzt an dem perfektesten Punkt bist, an dem du überhaupt sein kannst. Und dass du genau das lernst und entwickelst, was nötig und wichtig für dich und deine höhere Aufgabe, deinen höheren Sinn auf dieser Erde ist. Du musst dich nicht erst hinarbeiten zu den großen Möglichkeiten und Chancen, sondern sie entstehen aus der Annahme der Situation, in der du gerade lebst. Indem du mehr daraus machst. Das Beste aus ihr herausholst. Das darin Gelernte neu und zukunftsweisend umsetzt. Das Wachstum im Jetzt erkennst. Die Heilung im Jetzt in den Mittelpunkt stellst – und damit *der Kraft deiner Bestimmung* immer mehr geheilten Raum gibst, in dem sie sich wirklich befreien und entfalten kann.

Die Situation, in der du gerade stehst, ist also die Situation, die gerade wichtig ist. Frage dich:
- Was gibt es hier für mich zu lernen?
- Was gibt es hier für mich zu heilen?
- Wie kann ich hier wachsen?
- Und wohin soll mich dieses Wachstum tragen?

In den Antworten auf diese Fragen liegen so viele Schlüssel, und sie befreien deinen inneren Funken und ermöglichen so eine Kettenreaktion deiner Bestimmung in deinem Leben.

Stelle dir diese Fragen – und nimm die Antworten an. Setze die Erkenntnisse um. Mitten in deinem Alltag. Mitten dort, wo du gerade bist – und dein Alltag und dein Leben werden sich verwandeln. Weil du nicht ausweichst. Sondern dich der Kraft von Wachstum und Heilung stellst. Und dabei selbst immer stärker und stärker wirst.

Überlege: Warum sollte das, was für dein wahres Wesen wirklich wichtig ist, nicht auch das sein, was gerade jetzt *da ist*? Selbstverständlich willst du mehr. Selbstverständlich willst du etwas Neues. Doch der Anfang dafür ist *hier*. Die Antwort auf die Frage nach deiner Bestimmung kommt direkt aus dem Leben, aus der Aktion.

> Dein Vertrauen in deinen Weg und in deine Fähigkeiten kommt nicht aus dem Denken, es kommt aus dem *Tun*. Und deine wahre Aufgabe erkennst du nicht im Analysieren, sondern im Ausprobieren, im Scheitern, im Reflektieren – und im Weitergehen.

Deine Bestimmung ist etwas so Lebendiges, etwas so Aktives. Sie formt und entwickelt sich mit dir und mit jedem Schritt, den du gehst. Sie ist dieser leuchtende Urkern in dir, dessen Kraft sich am Anfang nur sehr selten als ganz klarer Plan ausdrückt, dem du dann sofort folgen kannst. Vielmehr erkennst du deine Bestimmung zunächst als ein inneres Bild, als eine Sehnsucht, als ein Gefühl. Und Vertrauen bedeutet, diesem Gefühl zu folgen – und dem Impuls nachzugehen, der deinen ganzen Körper flutet.

Vertrauen entsteht nicht im Kopf.
Vertrauen erdet dich im Körper

Verständnis und Wissen verstärken das Vertrauen. Du kannst und sollst alle für dich wesentlichen Informationen zu deinem gewünschten Weg, deinem Traum suchen und sammeln und damit deinem Geist eine Richtung und etwas zum Festhalten und Ausbauen geben. Das bedeutet zum Beispiel, dass du dich gut bei den verschiedenen Ämtern und Behörden informierst, wenn du eine Firma gründen oder in deine Selbstständigkeit starten möchtest. Dass du dir alle wichtigen Informationen zum Ablauf und den Zahlungsbedingungen zu einem Kurs geben lässt, den du besuchen möchtest. Oder dass du alle wichtigen Rahmenbedingungen klärst, wenn du planst, mit deiner Familie in dein Traumland auszuwandern. Recherchiere immer sehr aufmerksam, blende keine wichtigen Details aus und sorge für eine solide Entscheidungsgrundlage – doch vergiss dabei nicht: Das Fundament deines Vertrauens in dich und deine Bestimmung liegt letztlich nicht im Verstand. Nicht in der Logik. Nicht in der Berechenbarkeit. Sondern in deinem Körper. Dein Körper gibt dir enorm wichtige Signale. Der Körper hat das letzte Wort, wenn du an einer neuen, großen Tür stehst und unbekannte Räume betreten willst. Deine körperlichen Reaktionen von Angst und Rückzug oder von Freude und Vorwärtsdrang sind sehr entscheidend. Denn diese Reaktionen sind Signale, die dich behindern oder unterstützen. Und damit sind sie ganz entscheidende Kräfte, die dir Grenzen setzen oder Chancen eröffnen können.

> Tiefes Vertrauen will also nicht nur durch Planung und Absicherungen vom Verstand erzeugt, sondern von deinem ganzen Körper erlaubt werden. In jeder Zelle und in jedem Atemzug darf das Gefühl des Vertrauens fließen – und ein Ganzkörper-Ja in dir freisetzen.

Dieses vertrauensvolle Ganzkörper-Ja, in dem Körper, Geist und Herz im Einklang Ja sagen, will sich aus deinem Herz- und Bauchraum heraus ganz ausbreiten Es löst die Hektik auf – und verwandelt die Aufregung in kraftvolle Vorfreude. Es fühlt sich stark, satt und sicher an. Nimmt die Geschwindigkeit aus den Dingen. Verlängert deinen Atem. Macht dich ruhiger und bedachter. Und dieses wunderschöne Vertrauen bringt auch all seine Verwandten mit: die Geborgenheit, die innere Ruhe und zugleich die Neugier, den Mut, die Lust aufs Erleben und Entdecken – und die Hingabe an deine Bestimmung.

> Vertrauen ist etwas so Intimes, weil es tief in dir stattfindet, weil du es zulassen und dich tatsächlich von ihm ergreifen lassen sollst.

Weil es dein ganzes Wesen berühren will. Und weil es dich so innig verbindet: unsichtbar, doch ganz unmittelbar passiert ein Verschmelzen mit dir selbst, mit deinen Gefühlen, mit deinen Erfahrungen und deinen »Fehlern«, mit deinen Träumen und auch mit den Menschen, die deinen Weg unterstützen.

Und du nährst dieses Vertrauen, diese Verbindung mit jedem Mal, wenn du dich auf die Fügungen des Lebens verlässt. Immer dann, wenn du dem Unbekannten offen gegenübertrittst. Und wenn du Ja sagen kannst zu deiner inneren Stimme – und ihrem Ruf folgst. **Gelebtes Vertrauen bedeutet, dass du das, was du vorhast, auch verwirklichst.** Es will, dass du das, was aus *der Kraft deiner Bestimmung* kommt und was dir deine Inspiration schenkt, auch ganz konkret umsetzt – und damit öffnet das gelebte Vertrauen für dich auch das Tor zur Erdung:

> Vertrauen gibt dir Erdung mitten im Sturm. Es stabilisiert dich trotz all der Erschütterungen im Fundament. Es gibt dir Sicherheit trotz der Enttäuschung. Und letztlich gibt es dir Mut – trotz der verbrauchten Hoffnung in dir und dem Chaos in der Welt.

Vertrauen ist nicht jenen vorbehalten, deren Herz und Hoffnung nie gebrochen wurde. Im Gegenteil. Die Resilienzforschung, die Forschung rund um unsere psychische Widerstandskraft und Belastbarkeit, zeigt uns, dass gerade die Menschen, die verlorenes Vertrauen Schritt für Schritt durch neue Erfahrungen und neue Erkenntnisse wiederfinden, und jene, die gebrochene Zuversicht durch ein neues Ja zur Zukunft kitten, ein noch stärkeres Rückgrat haben. Dass das Fundament des Vertrauens in ihnen sogar noch stabiler wird: weil sie aus eigener Erfahrung wissen, weil sie es mit allen Zellen erlebt und durchlebt haben, dass sie nach dem Fallen wieder aufstehen, nach dem Schmerz wieder lieben können. Dass das *Urvertrauen* in ihnen wieder neu aufgeladen werden kann – mit einer Kraft, die so viel größer ist als das, was die meisten Menschen in ihrem Alltagsbewusstsein zulassen.

Urvertrauen ist das Vertrauen, das uns an unseren Ursprung anbindet. An unseren *Urfunken* und an Quellen der Inspiration und Unterstützung, die größer als wir selbst sind. Doch leider wird genau dieses Urvertrauen bei vielen von uns schon in den ersten Wochen, Monaten oder Jahren erschüttert, in denen wir hier auf dieser Erde sind.

Das verletzte Geschenk des Urvertrauens

Urvertrauen ist eines der größten Geschenke, das uns in die Wiege gelegt werden kann. Doch nicht jedes Neugeborene befindet sich in einem Umfeld, das dieses Geschenk auch nährt, behütet und stärkt. Bei vielen wird diese große erdende Kraft der Geborgenheit und Verbindung schon sehr früh sehr hart herausgefordert. Eltern, die selbst kein starkes Fundament in sich erbauen konnten, können oft auch die große Verantwortung der Elternschaft nicht stabil tragen. Und geben das Leid weiter, das sie selbst erfahren und nicht verarbeitet haben. Gerade frühkindliche Traumata und Bindungsstörungen üben eine Art der Macht der Prägung auf uns aus, die uns das Vertrauen im weiteren Leben sehr schwer machen kann. Sowohl das Vertrauen in andere Menschen als auch in uns selbst. Denn wenn wir uns schutzlos fühlen, müssen wir nicht nur die anderen und deren mögliche Willkür, deren Ignoranz, gar deren Gewalt fürchten. Wenn wir uns schutzlos fühlen, fühlen wir uns oft auch wertlos. Denn wären wir tatsächlich wertvoll, würden wir doch nicht so schlecht behandelt werden. Wie soll es also etwas Besonderes, etwas Großes und Gutes wie *die Kraft unserer Bestimmung* in uns geben, wenn uns doch so viel Erniedrigung und so viel Schlechtes widerfährt? Diese Gefühle sind erdrückend. Diese Wunden sind tief. Tiefer als andere.

Darum braucht gerade die traumasensible Heilung viel Zeit, viel Mitgefühl und viel Verständnis für uns selbst, unsere bisherigen Entscheidungen und unsere verletzten *inneren Anteile*.

Sei es das vernachlässigte Kind, der ausgeschlossene Jugendliche, die nicht verstandene junge Erwachsene, die gestresste

Jungunternehmerin, der überforderte frischgebackene Vater – aus all dem, was und wer wir in den verschiedenen Lebensphasen waren und was wir dort erfahren haben, aus diesen *inneren Anteilen*, setzt sich unser Wesen heute zusammen. Anteile, die Angst und Schmerz in sich tragen und die wir mit unseren Entscheidungen und unserem Verhalten auf verschiedenste Art und Weise beschützen oder in Schach halten. Mit Rückzug oder mit Aggression. Mit Ablenkung oder mit Betäubung. Damit, dass wir keine klaren Grenzen setzen, aus Angst, erneut angegriffen, abgelehnt oder verlassen zu werden. Oder damit, dass unsere Grenzen so eisern und undurchdringbar sind, dass wir uns sozusagen in uns eingeschlossen haben und uns nicht mehr frei und erfüllt bewegen können.

Alles, was uns bedrohen und die Wunden in uns aufreißen könnte, versuchen wir zu vermeiden oder zu vertreiben. Und dazu zählt für ein Herz, das sein Vertrauen verloren und noch nicht wiedergefunden hat, leider oft auch die Hingabe an die eigene Bestimmung. Denn da wird sie gebraucht: **diese intime Nähe zu sich, die tiefes Vertrauen einfach braucht. Dieses Sich-von-innen-heraus-Spüren.** Das Sich-einlassen-Können auf diese Kraft, die sich entladen will. Auf dieses Aufbrechen in ein neues, selbstbestimmtes, kreatives und schöpferisches Leben.

Du weißt bereits: All die 7 Phasen der Kettenreaktion deiner Bestimmung lösen Reibung und Konfrontation aus – und das kann alte Wunden wieder öffnen. Das ist jedoch etwas Gutes. Denn darin liegt ein enorm wichtiger Weg hin zu einem ganz neuen Wachstum und einer besonders tiefen Heilung. Denn dort, wo du aufgerufen bist, noch tiefer ins Verstehen, ins Annehmen und ins Verarbeiten zu gehen, dort begegnest du einer neuen, noch tieferen Erkenntnis und letztlich einer noch größeren Befreiung von alten Lasten.

Erlaubst du diese Intimität des Vertrauens und diese innige *Anbindung* an dich selbst und an deine Bestimmung nicht, wirst du sie an anderen Orten suchen: in herausfordernden oder gar extremen körperlichen Leistungen, in denen du dich »voll spüren« kannst. In Alkohol- oder Drogenkonsum, der dich mit anderen für ein paar Stunden »zusammenschweißt« und zugleich vor den Problemen deines täglichen Lebens und der Wirrnis der Welt flüchten lässt. Oder auch in Lästereien und Intrigen, denen du dich mit anderen »Verbündeten« hingibst. **Diese falsche Intimität ist eine Flucht.** Sie vergrößert die Kluft zwischen dir und deiner Wahrheit, verstärkt den Schmerz nur. Doch du hast Verbundenheit und Fülle verdient – und die Hingabe zu dir selbst.

Je tiefer die Heilung, desto wirkungsvoller das Wachstum

Wenn du nicht nur die Frage nach deiner Bestimmung stellst, sondern auch auf die Antworten – sowohl auf die alltäglichen als auch auf die herausfordernden und gigantischen – zugehst und wenn du bereit bist, die Verletzungen der Vergangenheit anzunehmen und in Prozessen des Wachsens und des Heilens zu transformieren, dann transformierst du dich und dein ganzes Dasein. **Aber das musst du nicht allein bewältigen.** Gestehe dir jede therapeutische, psychiatrische und medizinische Unterstützung zu, die du in diesen Phasen brauchst. **Du hast genug gekämpft – und es darf jetzt leichter für dich werden.** Du darfst darauf vertrauen, dass Heilung möglich ist und dass professionelle Unterstützung dir neue Blickwinkel und Perspektiven geben und deinen Körper in diesen anspruchsvollen Prozessen stabilisieren kann. Dein Körper als deine unmittelbarste Erlebnis- und Erfahrungswelt ist nämlich eines deiner wichtigsten und wertvollsten Instrumente zur Verarbeitung und Heilung. **Auch psychische Heilung ist etwas Körperliches – und Vertrauen ist es auch.**

Und weil *die Kraft deiner Bestimmung* möchte, dass du in dein vollstes, größtes Vertrauen findest und aus deiner innersten Kraftquelle schöpfen kannst, führt sie dich auch genau dorthin. Sie will, dass du deiner Tiefe begegnest und deine körperlichen Signale und starken Gefühle nicht unterdrückst, sondern sie bewusst wahrnimmst, sie ernst nimmst und lernst, fürsorglich und schöpferisch mit ihnen umzugehen. Denn nur so kannst du auch wirklich einen Zugang zu deiner inneren Wahrheit und zu deiner höheren Führung finden.

Auch da, wo du auf deinem Bestimmungspfad Freude oder gar Euphorie erwartest, kann sich plötzlich ein alter Schmerz, eine alte Erniedrigung zeigen. Und in der Fülle, die deine Bestimmung in dein Leben bringen will, werden die Befürchtungen und Begrenzungen spürbar, die dein Körper noch in sich trägt. In der Verbindung mit deiner inneren Kraft berührst du diese Verletzungen, die dir das Vertrauen noch verbieten wollen. Und noch einmal versichere ich dir: Das ist etwas Gutes. Gib nicht auf. **Mitunter ist es sogar der Sinn gewisser Wegstrecken und Ziele, die dich auf deinem Bestimmungspfad erwarten, dich noch einmal mit diesen Befürchtungen und Begrenzungen zu konfrontieren, damit du in ihrer Auflösung letztlich freier und selbstwirksamer werden kannst.** Denn überall dort, wo du alte Verletzungen und Erniedrigungen aufspüren und mit deiner Heilungsarbeit auflösen kannst – in Form von Therapien oder Coachings, in der Selbsterfahrung oder in der Gruppe, mit Meditation oder mit anderen Techniken des bewussten Hinschauens und Heilens –, wird neue Ausdehnung möglich.

> Dort, wo Wunden waren, kann sich das Wunder deines Lebens verwirklichen, und wo dir die Rückbindung zu deinem Urvertrauen gelingt, da wird dein Rückgrat stabi-

ler und stärker. Das Schöne und Bestärkende ist: So wie verletzte Menschen andere verletzen, so können Menschen, die Heilung gefunden haben, andere Menschen in ihrer Heilung begleiten.

Sieh das als Chance und als Motivation, noch tiefer zu gehen – und Vertrauen und innere Sicherheit neu zu lernen. Kathie Kleff, Moderatorin und Autorin von *Wie ich ICH wurde: Der Weg meiner Traumaheilung*, sagte dazu in einem unserer persönlichen Gespräche: »Ich glaube, Vertrauen beginnt immer im gegenwärtigen Moment. Viele von uns tragen noch immer die Wunden längst vergangener Tage. Wir betrachten uns selbst durch die Linse der Vergangenheit, ohne dass wir uns dessen bewusst sind. Dabei sehen wir nicht, was wir schon alles geschafft haben. Besonders Menschen mit Traumafolgen erleben häufig als Erwachsene noch immer die alten Gefühle ihrer Kindheit. Wir fühlen uns hilflos, klein, ausgeliefert und ohnmächtig, weil wir uns als Kinder häufig so gefühlt haben. Unser Körper steckt noch fest im Strudel der Vergangenheit und klammert sich an alte Überlebensstrategien, die uns daran hindern, unsere Berufung zu finden. Oft fragen mich meine Klienten: Wie soll ich jemals wieder jemandem vertrauen? Ich verstehe die Frage, aber vielleicht geht es gar nicht darum. Vielleicht geht es vielmehr darum, das bedingungslose Vertrauen in die eigenen Fähigkeiten wieder aufzubauen und sich seiner eigenen Stärke und Resilienz bewusst zu werden. Und Schritt für Schritt die tiefe Gewissheit in sich zu verankern, dass, egal, was kommt, es einen Weg gibt und ich ihn finden werde.« Glaube auch du daran – und lerne dich selbst auf eine neue, tiefere und vertrauensvollere Art und Weise kennen – und lieben.

Sich Unbewusstes bewusst machen

Dich selbst neu kennen zu lernen bedeutet, dich neu zu spüren. Und über etwas hinauswachsen und hinausheilen heißt zuallererst, sich über etwas bewusst zu werden. Es hervorzuholen aus den dunklen Tiefen des Unterbewussten – und wach und klar zu erkennen, wo alter Schmerz in uns aktiviert wird und uns in vermeidende, unterwürfige oder aggressive Verhaltensmuster zwingt. Dieser psychologische Prozess ist ein zutiefst körperlicher. Denn die alten Schmerzen und entwurzelnden Erfahrungen sind, wie wir aus der Neurowissenschaft und Epigenetik wissen, in unserem Nervensystem und auf Zellebene gespeichert. Und diese Speicherungen schicken uns oft jahre- oder gar jahrzehntelang wie auf Autopilot in unbewusste Verhaltensprogramme, die wie viel befahrene Autobahnen in unserem Gehirn angelegt sind. Wir halten an Grenzen oder Ritualen fest, die wir längst nicht mehr brauchen würden; leben in Abhängigkeiten und Co-Abhängigkeiten, hängen in Opfer-Täter-Dynamiken fest, die uns immer wieder in neuer Form mit den alten Wunden konfrontieren. Um aus diesen Mustern und Prägungen auszusteigen, brauchen wir das Gehalten-Sein von guten Wegbegleitern, das Anbinden an den eigenen Körper und unseren inneren Kern, das Bewusst-Werden und das Neu-Lernen, das in jeder Zelle ankommen darf.

Dieses Neu-Lernen ist ein Prozess, in dem du
1. dir – ohne jeden Vorwurf, dafür mit großer Selbstfürsorge – in Angst- und Stresssituationen bewusst darüber wirst, dass du aus altem Schmerz oder altem Selbstschutz heraus handelst,
2. deine sorgenvollen Gedanken bewusst unterbrichst und dich fragst: »Wer oder was hat diesen Gedanken erschaf-

fen?« oder: »Welcher meiner verletzten inneren Anteile reagiert hier gerade?«,
3. akzeptierst, dass das, was gerade passiert, passiert, denn allein die Annahme der Angst und der Stressreaktion entspannt dich und mindert den Verdrängungsdruck,
4. zurück zu deinem Atem findest, ruhig und tief ein- und ausatmest, deinen stressgeladenen Emotionen erlaubst, langsam abzuklingen, indem du dich in deiner Mitte erdest (mehr dazu gleich in meiner 3-Punkte-Entspannung), um dann ganz gezielt einen neuen, optimistischeren, erhellenderen Gedanken zu wählen – einen Gedanken, der dir die Chance gibt, die Situation neu zu bewerten und dann aus einer höheren, freieren Warte heraus zu handeln.

Dieses Neu-Lernen durch Unterbrechen, Annehmen, Erden und Neu-Bewerten durchläufst du immer und immer und immer wieder. Über Tage, Monate und Jahre. Denn die festgefahrenen Autobahnen in deinem Gehirn und in deinem Verhalten verlässt du nicht durch einen kurzen Abstecher ins Grüne. Die neuen Pfade des Denkens, des Vertrauens und der Fülle wollen erst von dir angelegt und in ganz vielen Wiederholungen, mit bewusstem Üben, bewusstem Zurückkehren zu deiner Wahrheit ausgebaut werden. Und du entscheidest damit, wohin dich die neuen Netzwerke, die du dabei neurologisch aufbaust, in deinem Leben führen werden.

Dieses Neu-Werden und Aussteigen aus dem inneren Alarmzustand und der inneren Enge, die einst im Hochstress aktiviert wurden, braucht deshalb für jeden Menschen viel Zeit, weil es etliche neue positive Erfahrungen, Wiederholungen von guten Impulsen und viel körperliche Entspannung und Verarbeitung benötigt. **Gestehe dir diese Zeit des Neu-Werdens zu, auch wenn unsere Welt gerade so tut, als ob Zeit unser knappstes Gut wäre.** Die Zeit dehnt sich umso mehr für dich aus, je mehr du in ein entspanntes, offenes

Wahrnehmen und Vertrauen zurückfindest. Wenn du nicht ständig auf der Flucht, im Kampf oder in der Abwehr bist, dann werden dir neue, schöpferische und kreative Gedanken neue Bilder von dir und deiner Bestimmung zeigen, denen du dein Vertrauen und deine Energie schenken darfst.

All das bringt dich Stück für Stück zurück in die eigene gesunde Körperwahrnehmung. In die eigene wertschätzende Ich-Definition. Und in den eigenen schöpferischen Ausdruck deines wahren Selbst.

Und das Schöne ist: Du bist dabei nicht allein. Auf diesem Weg des Wachstums darfst du auf unterschiedlichste Weise Heilung erfahren: durch persönliche, professionelle, medizinische und therapeutische Unterstützung. Durch eine neue Perspektive, die du immer wieder bewusst einnimmst. Durch das wiederholte Aufbrechen von alten Glaubenssätzen. Durch eine gezielte gedankliche und emotionale Neubewertung des Erlebten. Durch Energiearbeit, Achtsamkeit und für dich passende Formen der Meditation, die du in deinen Alltag integrierst. Aber auch durch Bewegung und Sport, durch Humor, durch Kunst, durch Musik, durch Malen, Schreiben, Tanzen und durch jeden bewussten Ausdruck dessen, was *in dir* ist. Durch neue Selbstwertschätzung und eine bewusste tägliche Dankbarkeitsübung. Durch neue Freundschaften und die Rückbindung an deine (Wahl-)Familie. Durch bewusste Naturbegegnung und ganz oft auch durch das Aneignen von Heilwissen und Therapietechniken, die dir helfen und dein Interesse nach Vertiefung wecken. **All diese Schritte – einzeln und in Summe – zeigen unserem Nervensystem und unserem Körper, dass es in Ordnung ist, den Kampf oder die Flucht zu beenden.** Immer und immer wieder geben wir ihnen damit den Impuls, dass es nun sicher ist, die innere Starre zu lösen und in eine neue Lebendigkeit und Offenheit zu kommen. **All diese Methoden stärken unsere innere Widerstandsfähigkeit in der Wiederholung.** Festigen unser Fundament, wenn wir unsere Übung vertiefen – und damit werden sie zu inneren Ankern, auf die wir immer wieder zurückgreifen können. Sie helfen uns Tag für Tag, Übung für Übung, Wiederholung für Wiederholung, zu heilen – und Heil-Sein ist letztlich Ganz-Sein.

Was wir auf dem Weg der Heilung lernen, lernen wir mit unserem ganzen Wesen. Denn wir hoffen nicht nur, sondern wir erleben, wir erfahren, wir spüren, wir verkörpern und wir wissen dann auf allen Ebenen, dass es uns möglich ist, schmerzliche Erfahrungen ein Stück weit oder gar ganz zu verarbeiten. Altes zu verabschieden und neues Vertrauen in uns selbst und unser Leben zu fassen. Im Kopf – und im Körper.

Vertrauen füllt die Risse in deinem Fundament

Wo Vertrauen fehlt, da fehlt eine Verbindung. Wie du schon zu Beginn dieses Kapitels gesehen hast, bedeutet volles Vertrauen ein volles Ja zu allem: zu dieser verrückten, aber wunderschönen Welt. Zu deinen Fähigkeiten und deiner Würde. Zu deiner Kleinheit und zu deiner Größe. Zu dir selbst und zu anderen Menschen. Zum unvorhersehbaren Lauf des Lebens und zur geheimnisvollen Arbeit der Zeit. Zum Unbekannten – und zum unendlichen Universum.

Es ist dieses Gewiss-Sein im Ungewissen, das die Unruhe und Hektik aus allem nimmt und dass sowohl neue als auch alte Risse in deinem inneren Fundament wieder schließen kann. **Vertrauen verbindet das, was getrennt wurde, neu:** dich und deine inneren Räume. Dich und deine Wahrnehmung für das, was richtig und wichtig für dich ist. Es verbindet dich mit deinem Bewusstsein für deine Stärken und deine Talente. Und im selben Maße mit deinen Begleiterinnen und Begleitern und dieser wundervollen Welt. Jeder Riss, den dein inneres Fundament durch Stress, Druck und Trauma erlitten hat, wird durch dein vertrauensvolles Ja und mutiges Handeln mehr und mehr gekittet. Und dieses Ja ist viel einfacher, als wir oft meinen:

> Du sagst Ja, indem du dich einlässt auf das, was ist, *so wie es ist*, und indem du das Deine daraus machst. Du kommst aus dem Warten und Zögern zurück zu Mut und Tatkraft. Und findest ein Gefühl von Geborgenheit in dir und in deinem Dasein, das dich daran erinnert, dass du ein Teil dieses gigantischen großen Ganzen bist und dass du diesen lebendigen Urfunken in dir entzünden sollst – um das Ganze zu bereichern. Deine eigene innere Rückbindung an *die Kraft deiner Bestimmung* ist die stabilisierende Säule des Vertrauens, die du in dir erbauen kannst.

Und du stärkst sie mit deiner Erdung. Erinnere dich an unser Beispiel aus der Bauphysik in Kapitel 2: Egal, welche Form von Druck auf dich wirkt, immer gilt es, die Spannung gut abzuleiten, in den Boden zu bringen und damit das Lebensgebäude zu entlasten. Fehlendes Vertrauen verhindert diese Erdung; es will alles mit dem Verstand lösen und alle Bälle in der Luft halten. Doch du brauchst, um in deine Kraft zu kommen und darin zu bleiben, die Anker des Vertrauens, die du in dir setzt – und die dich im Sturm dieser Zeit sichern. Und das Schönste daran ist, dass diese Erdung wundervoll einfach sein kann und dass du eine erstaunlich effektive Form von Erdung immer und überall für dich einsetzen kannst. Sogar so, dass es für andere Menschen im Raum unsichtbar bleibt:

Anker des Vertrauens setzen

In dir liegen drei große Kraftzentren, von denen jedes für sich ein stabiles Fundament sein kann: dein Gehirn, dein Herz und dein Bauchhirn. Diese drei Zentren reagieren sehr sensibel auf Stressoren von außen und auf innere Anspannung, die wir durch unsere mentalen Prozesse und wiederkehrenden Gedanken erzeugen. Sie sind unter anderem über den Vagusnerv – den Hauptnerv des parasympathischen, also des autonomen Nervensystems, das für die Regulation von Schlaf und Wachsein, von Herzfrequenz und Blutdruck, von Verdauung und inneren Heilungsprozessen, von innerer Anspannung und Entspannung verantwortlich ist – verbunden und tauschen sich ununterbrochen darüber aus, welche Programme in deinem Körper-Geist-System im Moment aktiviert und welche heruntergefahren werden sollen. Sie prüfen ständig: Ist es gerade sicher zu entspannen und kreative, neue Wege zu gehen? Oder ist es sicherer, sich in der dunklen Höhle zu verstecken und die Gefahr hoffentlich schadlos vorbeiziehen zu lassen?

Unter Stress steigen unsere Gehirnwellen in sehr hohe, oft unregelmäßige Beta-Frequenzbereiche. In diesen Bereichen wird unserem gesamten System signalisiert: Achtung, Alarmbereitschaft! Unser kreatives, lösungsorientiertes Denken wird gebremst, und wir suchen wie mit Tunnelblick nach Schutz oder nach Angriffs- und Verteidigungsmöglichkeiten. Unser Herz beginnt schnell und unregelmäßig zu schlagen, um unsere Muskulatur für Flucht oder Kampf ideal zu durchbluten. Und: All die Energie, die wir zur Verdauung und Verarbeitung und für Wachstum und Heilung auf Zellebene zur Verfügung hätten, wird im Hochstress verpulvert. Und neben all den körperlichen und gesundheitlichen Konsequenzen, die das auf Dauer hat, lohnt sich auch die Frage: **Was geschieht**

dabei mit unserer Fähigkeit zu vertrauen? Im Stress haben wir meist keinen Zugang zu dieser ausbalancierenden, beruhigenden, bestärkenden und verbindenden Kraft. Wir wählen nicht bewusst, sondern wir reagieren instinktiv.

Doch wenn wir diese Spannung in uns erden können, wenn wir den Druck auflösen und unseren drei Zentren den Impuls geben, dass wir sicher sind, dann können wir unser inneres Fundament wieder stabilisieren – und nicht nur Wachstum und Heilung möglich machen, sondern auch unsere schöpferische Zukunft außerhalb des dunklen Stresstunnels sehen.

Um diese Entspannung zu finden, musst du erneut nicht an einen fernen Ort flüchten. Du hast alles, was du dazu brauchst, in dir und stets bei dir: mit der 3-Punkte-Entspannung, die du immer dann anwenden kannst, wenn du spürst, dass du die Verbindung zu dir und deinem Körper verlierst und im Stress dein Vertrauen fallen lässt.

Die 3-Punkte-Entspannung

Diese einfache Entspannungsübung kann dir dabei helfen, deine Gedanken zu beruhigen und in die Kraft und Weisheit deines Herzens und deine stabile Körperwahrnehmung zu kommen. Wiederhole sie immer und immer wieder, um den Effekt zu verstärken, um das Lösen von Anspannung und Druck bewusst zu üben und damit einen immer einfacheren und schnelleren Zugang zu diesem entspannten Körpergefühl finden zu können.

1. Entspanne tief hinter deinen Augen:
Stehe hüftbreit oder sitze aufrecht, mit beiden Füßen stabil auf dem Boden verankert. Finde deinen Atem, werde dir deines Körpers bewusst und gehe mit deiner Vorstellungskraft an den Punkt tief hinter deinen Augen. Stelle dir vor, wie dort,

tief im Inneren deines Kopfes, ein kleiner Ball voll unter Spannung steht, wie eine fest verschlossene Faust – und wie du mit einem tiefen Atemzug diesen Ball löst, ihn weich werden lässt und wie all die Spannung und der Druck tief in deinem Kopf nach unten abfällt.

2. Entspanne tief in deinem Herzraum:
Mit diesem Loslassen tief hinter deinen Augen wandern dein Atem und deine Aufmerksamkeit hinab bis in deinen Herzraum. Und wieder stellst du dir vor, wie sich dort alle Spannung in einem kleinen Ball sammelt, und du lässt erneut mit einem tiefen Atemzug allen Druck und alle Spannung los – und hinab zur Erde fallen.

3. Entspanne tief in deinem Bauchzentrum:
Mit diesem Loslassen in deinem Herzraum dürfen auch dein Atem und deine Aufmerksamkeit noch tiefer in deinen Körper wandern, bis eine Handbreit unter deinen Bauchnabel und tief ins Innere deines Bauchraums. Und auch hier stellst du dir vor, wie sich dort alle Spannung wie in einem Ball sammelt. Und erneut lässt du mit einem tiefen Atemzug all diese Spannung und all den Druck los – und über beide Beine hinab zur Erde fließen.

4. Lege abschließend – wenn es in deiner Situation gerade möglich ist – eine Hand auf dein Herz und eine Hand auf deinen Bauchraum.
Spüre die Wärme deiner Hände von innen her. Und erlaube deinem Atem, ruhig und tief zu deinen Handflächen zu fließen. Beobachte selbst, welche Hand auf deinem Herz und welche auf deinem Buach liegen soll, und wähle die Variante, die sich besser und beruhigender für dich anfühlt.
Dabei spürst du, wie du fest in dir und auf dieser Erde verankert bist. Beide Beine sind stark und fest mit dem Bo-

den verwurzelt, auf dem du stehst, und du lässt noch einmal los: tief hinter deinen Augen, tief in deinem Herzraum und tief in deinem Bauchraum, in den du weich und ruhig hineinatmen kannst. Dein Kopf darf leicht und frei sein und wie mit einem unsichtbaren Faden mit dem Himmel über dir verbunden sein. Und du bleibst für ein paar Atemzüge in diesem Ganz-Sein stehen. Spürst beide Hände, spürst deine Wurzeln und deine Anbindung nach oben und verbindest dich mit dir, der Erde, deinem Körper und deinem neuen Vertrauen in dich und *die Kraft deiner Bestimmung*.

Anfangs kann es sein, dass du noch wenig bis gar nichts im Körper spürst, doch ich lade dich ein, dranzubleiben und zu üben. Erlaube dir, mit der Kraft deiner Vorstellung und deiner bewusst gesetzten *Intention*, also deiner gezielten Absicht, zu arbeiten und mit dieser Übung deinem Körper das Signal zum Entspannen und Loslassen zu geben.

Wie bei allen Meditationen und Achtsamkeitstechniken liegt die Kraft der Wirkung auch hier in der Kraft der Wiederholung. **Je öfter du zu dieser Übung zurückkehrst, desto mehr wird auch dein Körper lernen, dieser Intention zu folgen und deine drei Zentren zu entspannen.** Damit dein Fundament stabil und deine innere Basis für neues Vertrauen gelegt ist.

Damit du dich immer tiefer und immer bewusster anbinden kannst an dich, an deinen Körper und die befreiende *Kraft deiner Bestimmung*, habe ich in den Downloads zum Buch unter anderem eine geführte 3-Punkte-Entspannung und eine erdende Body-Scan-Meditation für dich vorbereitet. Du findest sie hier: www.monikaschmiderer.com/bestimmung-downloads.

Erdung finden

Erdung ist eine Form von Freiheit. »Wie innen, so außen. Wie oben, so unten«, heißt es im Prinzip der Resonanz, dem zweiten von den sieben hermetischen Gesetzen, die als die Grundlage der kosmischen Gesetzmäßigkeiten gelten – und tatsächlich ist es so: Wenn wir über uns hinauswachsen möchten, müssen wir in unsere tiefsten Tiefen hinabsteigen. Wenn wir frei sein wollen, müssen wir solide Anker in uns setzen. Wir brauchen hier auf dieser Erde immer ein Gleichgewicht der Pole. Ein Sowohl-als-auch. Und so fördert deine gute Erdung nicht nur dein Vertrauen in dich und die Welt, sondern auch deine Freiheit. Deine Wurzeln sind die Adern deiner Flügel – und es lohnt sich immer, in sie zu investieren. Und wie? **Erdung erlebst du in jeder Form von Achtsamkeit.** Und in der präsenten Wahrnehmung deiner Sinne, des Raumes, in dem du dich befindest, oder deines Körpers. In jeder Art von Sport, vor allem in den Übungen, die deine Beine und dein Bauchzentrum aktivieren. In jeder künstlerischen Betätigung und in allem, was du mit deinen Händen bearbeiten und erschaffen kannst. Im Kochen und in einer gesunden Ernährung, die du für dich wählst. In der Zeit, die du mit dir allein verbringst, und in den Stunden, die du mit Menschen teilst, bei denen du ganz du selbst sein kannst und die dir das Gefühl geben, sicher und geborgen zu sein. Und selbstverständlich bei Erlebnissen in der freien Natur und im achtsamen Umgang mit Tieren und Pflanzen. Ein besonders schöner und symbolischer Akt der Erdung und gleichzeitigen Befreiung, den ich regelmäßig praktiziere, ist es, all meinen Zimmer- und Topfpflanzen ein größeres Gefäß zu schenken. Sie aus ihren alten Grenzen auszugraben und ihnen frische, satte Erde und mehr Platz zu geben. Es ist erstaunlich, wie kraftvoll die Pflanzen danach wirken und wie gut sich diese kleine Geste anfühlen kann. Und so bestärkend und befreiend das für das Wachstum und die Blüte der Pflanzen ist, so bestärkend und befreiend ist bewusste Erdung auch für uns.

Bewusste Erdung bringt immer zuerst die Kräfte zurück in den Boden. Sobald die Energie sich dort jedoch »verwurzelt«, also vertrauensvoll vertieft hat, dehnt sie sich wie in einem Baum sogleich in den Stamm und alle Äste hin aus. Sie unterstützt das Freiwerden und Ausdehnen.

> Erdung und Freiheit bestärken einander. Und alles, was du in deinen inneren Boden fallen lässt, wird in irgendeiner Form heranwachsen und sich in deinem Leben zeigen.

Auch jeder gute Gedanke, den du tief genug in dich hineinfallen lässt, den du pflegst und mit deiner Aufmerksamkeit und Zuwendung aufziehst, wird zu einer tragenden Kraft in dir heranwachsen. **Jede neue gute Gewohnheit, die du in deinen Alltag integrierst, wird zu einer Verstärkerin deines Vertrauens und deiner inneren Kraft.** Und jede neue vertrauensvolle Freundschaft und Beziehung, die du zulässt und aufbaust, wird zu einer neuen Säule des Vertrauens in deinem Herzen und deinem Lebensgebäude.

Die Frage ist nicht, ob es *möglich* ist, neues Vertrauen zu fassen, sondern die Frage ist: **Wirst du bereit sein, dich der Tiefe deines Vertrauens und deiner innersten Kraft hinzugeben?**

In deiner Hingabe wird Erlebnis für Erlebnis, Öffnung für Öffnung das krampfhafte Festhalten, das falsche Verdrängen und das Kontrollieren-Müssen in dir geheilt. Und du kannst tief durchatmen und sagen:

»Sorge du«: Vertraue in deine höhere Führung

Wird der Grad der Unberechenbarkeit deines Lebens damit geringer? Nein. Aber deine Sorgen. Denn im Vertrauen und in der Hingabe nimmst du irgendwann deine Sorgen in beide Hände, streckst sie weit nach oben aus, hin zu deiner *höheren Führung*, und sagst: »**Sorge du.**« Du übergibst das, was deine Perspektive übersteigt oder deinen rationalen Geist überfordert.

»**Sorge du« ist die ultimative Hingabe.** Das ultimative Vertrauen, das es dir erlaubt, weiterzugehen, selbst wenn du nicht die geringste Ahnung hast, was dich erwarten wird. Selbst wenn du vor Zweifeln zitterst, aber bereits mitten auf der Hängebrücke von Klippe zu Klippe stehst.

> Mit »Sorge du« erlaubst du deiner höheren Führung, der Faktor in deinem Leben zu sein, der das Bedrohliche aus allem nimmt.

Aus dem Unbekannten, aus der Kleinheit, aus der Größe – und letztlich aus der Vergänglichkeit. Denn dieses »Sorge du« verbindet dich mit der Urquelle *der Kraft deiner Bestimmung*. Mit deinem Ursprung und dem Bewusstsein, dass die Essenz dessen, was passiert, dir immer dient. Und dass sich hinter der begrenzenden, oft verletzenden und furchterregenden Arena des Lebens ein ganzes funkelndes Universum jeden Tag weiter ausdehnt.

»Sorge du« bedeutet, all das, was außerhalb deiner Kontrolle liegt, loszulassen – um stattdessen beide deiner starken Hände frei zu haben, um das zu erbauen, was du erbauen willst. Weil es das ist, wozu du hier bist. Weil es das ist, was dieses Universum von dir erwartet und wofür es dich ausgestattet hat. Mit all dem, was du jetzt meinst, schon zu können – und all dem, was du noch lernen und kreativ entdecken wirst. Vertraue darauf und kitte damit die Risse in deinem Fundament. Vertraue auf eine gute Zukunft und löse dich damit von der Angst, unterzugehen. Vertraue auf deine Wahrheit und deine Werte – und schließe die Lücke zwischen dem, was du im Außen zeigst, und dem, was du wirklich bist. **Nimm dich wahr und nimm dich ernst.** Lass für dich los, stehe für dich ein und stehe für dich auf. Du bist es wert, deinen Wert zu leben. Deine Würde als Mensch und den Wert deiner Existenz anzuerkennen und anzunehmen, macht dich letztlich ganz. Macht dein Vertrauen vollständig. Macht *die Kraft deiner Bestimmung* zu deiner innersten Triebfeder, und sie sagt:

> Was du tun willst, muss nicht machtvoll sein, aber mutig.
> Was du erschaffen möchtest, muss nicht eindrucksvoll sein, aber echt.
> Was du geben willst, muss nicht heldenhaft sein, aber heil.

Weil du so viel mehr bist als deine Leistung, mehr als dein Kontostand, mehr als deine Position. Du bist letztlich sogar mehr als du selbst. Denn der Sinn deines Selbst geht über dich hinaus: hin zu den anderen Menschen und zum großen Ganzen.

Stell dir ein Wasserglas vor, gefüllt bis an den Rand. Jemand nimmt nun einen Stein und wirft ihn in das Glas. Was passiert? Das Wasser läuft über. Es ist zu viel. Das Glas war bereits bis an seine Grenze ausgelastet und konnte nichts Weiteres aufnehmen – es hatte sozusagen keine andere Möglichkeit, als überzulaufen. Wenn du aber das Glas nimmst und das Wasser darin in einen Ozean schüttest und nun denselben Stein ins Wasser wirfst, wird er nichts mehr zum Überlaufen bringen. Es wird feine Wellen geben, die darauf hinweisen, dass etwas geschehen ist, aber der Ozean kann den Stein mit Gelassenheit aufnehmen.

So ist es auch mit dir: Solange du dich als von anderen Menschen und der universellen Energie getrennt fühlst, bist du wie dieses Glas. Dann bist du ein isoliertes Wesen, das alles allein tragen und verkraften muss. Doch sobald du diese Trennung aufhebst und dich als ein in deiner Tiefe fest mit deinem Urfunken, *der Kraft deiner Bestimmung* und deinen lieben Mitmenschen verbundenes Wesen erkennst, erschüttert dich der Stein vielleicht noch, aber er bringt nichts mehr in dir zum Überlaufen. Denn der Stein fällt in ein größeres Becken. In ein verbundenes Selbst. In dich als ein Teil eines größeren Ganzen, in dem du nicht alles kontrollieren kannst – und auch nicht für alles allein verantwortlich bist. **Das ist Urvertrauen.** Und dieses Urvertrauen ist etwas, zu dem du zurückkehren, auf das du dich besinnen, in das du dich immer wieder einstimmen darfst. In den Ozean rund um dich, der dich trägt, der mich trägt und in dem nie alles ganz in unserer Macht steht, aber aus dem unsere Kraft kommt.

Bist du bereit, das so anzunehmen? Bist du bereit, dich neu zu sehen? Dich neu zu verstehen – und in diesem neuen Verständnis von dir, der Welt, den Menschen und unserer Würde auch neues Vertrauen zu schöpfen? Angebunden zu sein und dich als ein wertvolles Gesicht, eine wertvolle Figur in einer gigantisch großen Geschichte zu sehen? Deine Talente als einen wichtigen Teil eines großen Gesamtwerks zu erkennen? Und dein »Schicksal« als eine Chance zu sehen, selbst schöpferisch zu werden? Etwas entstehen zu lassen? Etwas beizutragen? Mit allem, was dein inneres Feuer nährt, dir Freude bereitet und dein Herz immer weiter öffnet? Für dich – und für andere? Sag: Willst du das? Bist du wahrhaftig bereit dafür, etwas zu empfangen, weil du wahrhaft bereit dafür bist, etwas zu geben?

Kein Mensch wird je ganz in seine Kraft kommen, ohne sein Menschenbild zu heilen

Immer wieder begegnet uns die Aussage: Wenn du dein inneres Geschenk nicht hervorholst und mit der Welt teilst, dann stiehlst du von denen, die dich am meisten brauchen. Und ich finde, sie trifft mitten in die Wahrheit dessen, was es bedeutet, deine Bestimmung zu leben.

Aber was, wenn du – ganz insgeheim – gerade gar nicht teilen willst? Wenn du insgeheim gerade gar nicht mehr geben möchtest? Den Extraschritt gar nicht gehen willst? Weil du dich selbst bestohlen fühlst? Weil du so müde bist vom Geben. So müde von den Menschen rund um dich, die immer nur fordern, immer nur wollen. Und weil du glaubst, dass du, wenn du ganz in deine Kraft kommst, noch mehr ausgebeutet werden wirst. Noch mehr wirst einstehen müssen für alles und jeden. Dabei schulterst du schon so viel. Jeden Tag.

Je tiefer wir durch die Märchen und Mythen, durch den alten Schmerz und die Verletzungen zu unserer eigenen inneren Wahrheit vorstoßen, desto geheimer werden oft auch die Gründe, die wir für unsere Begrenzungen haben. Und einer dieser insgeheimen Gründe kann sein, nicht (mehr) geben zu *wollen*. Das hört sich sehr hart an, aber es ist ebenfalls eine Schutzfunktion.

> Manchmal entscheiden wir – bewusst oder unbewusst –, im Mangel, in der Kleinheit, in der Starre zu bleiben, weil wir dann nicht geben müssen.

Und dieses Nicht-(mehr)-geben-Wollen kann die ganze Menschheit meinen. Denn ist diese Menschheit es überhaupt wert, dass du dich für sie einsetzt? Lohnt es sich noch, dass du alle Hürden überwindest und allen Mut aufbringst, um *der Kraft deiner Bestimmung* zu folgen und etwas Großartiges in die Welt zu bringen? Ist nicht ohnehin alles schon verloren? Haben wir als Menschheit nicht sowieso versagt? Sind wir nicht eine schreckliche Spezies, inmitten deren du dich oft verloren, schutzlos und allein fühlst? All die grausamen Nachrichten über Krieg, Gewalt, Verbrechen und Wahnsinn, all der schockierende Schmerz, den wir einander, dem Tierreich und der Natur zufügen, durchdringt das offene Herz so tief und ist so bitter, dass wir eines Tages entschließen, uns zu verschließen. Vor dem Leid und der Hässlichkeit, die wir kaum ertragen können. Doch damit verschließen wir uns leider auch vor der Menschheit an sich.

> Gedanken wie der, dass unser Planet ohne uns bessergestellt wäre, sind schnell gedacht, doch haben eine fatale Wirkung auf uns und *die Kraft unserer Bestimmung.*

Denn sie werten uns als Teil der Schöpfung vernichtend ab – und wünschen sich auf einer gewissen Ebene sogar unsere Vernichtung. Aber überlege: Wie sollst du dir selbst Wert und Würde zusprechen und erlauben können, wenn du die Menschheit an sich nicht (mehr) als würdig und wertvoll anerkennst? Wie sollst du dir selbst ein erfülltes und erfüllendes Leben erlauben, wenn du es der Menschheit nicht (mehr) gönnst? Wie sollst du in deine gute Zukunft investieren, wenn du es der Menschheit nicht (mehr) zutraust, gut mit dem Guten umgehen zu können? Wie sollst du noch etwas aufbauen und bewegen können, wenn du den Untergang fokussierst? Und wie sollst du deine Kraft spüren und aus ihr heraus geben und schöpfen können, wenn du glaubst, dass das Geben vergebens sein wird?

All das könntest du dann nur noch tun, indem du dich von der Menschheit, der sogenannten Gesellschaft, innerlich distanzierst und abspaltest. Aber wie sollst du dich je ganz und vollständig verbunden fühlen, wenn du die Menschheit ablehnst und »Menschlichkeit« an sich als Schwäche ansiehst? Denn du selbst gehörst doch zur Menschheit dazu, du bist ja selbst ein Teil davon.

»Das ist menschlich« darf kein Schimpfwort sein. Aber auch keine Rechtfertigung. Mensch zu sein in dieser chaotischen, verletzten Welt sollte mehr denn je ein Aufruf sein, zu wachsen und zu heilen. Den Schmerz anzuerkennen und zugleich dennoch den Blick auf die Möglichkeiten zu lenken. Die Potenziale zu sehen und in die volle schöpferische Hingabe und Kraft zu kommen, die nur uns Menschen möglich ist. **Die uns zu diesem genialen, enorm wirkungsvollen Wesen macht, das alles, was im Raum des Möglichen und im Feld des Denkbaren liegt, auch Wirklichkeit werden lassen kann.**

Die Kraft und Macht deines Menschseins ist gigantisch – und es ist dein Auftrag, diese Kraft, soweit du es dir zugestehen kannst, auszudehnen und zu leben. Die Menschheit anzunehmen, so wie sie ist, und neben ihren Fehlern und fatalen Entscheidungen auch immer ihre Würde und ihren Wert zu sehen. Um nicht zuletzt *deine* Würde und *deinen* Wert voll annehmen und sehen zu können.

Darum lade ich dich ein, im Aufbruch zu deinem Bestimmungspfad zu prüfen:

Inwiefern kannst du dein Menschenbild heilen?
Um zurückzufinden zu d
einer eigenen menschlichen Urkraft.

Welche Zuschreibungen und Abwertungen der Menschheit sind in dir noch aufzulösen? Welche Vorurteile wieder abzulegen? Welche innere Enge und Härte gilt es zu transformieren? Welche Schuld und welche Scham zu heilen? Nicht nur für das, was andere getan haben oder tun. Sondern vor allem auch für die Momente, in denen du dich selbst gegen deine schöpferische Menschlichkeit entschieden und blind und zerstörerisch gehandelt hast. Nicht nur, wo du verletzt worden bist, sondern auch dort, wo du andere verletzt hast.

Wie stehst du zu deiner eigenen Menschlichkeit? Und wie kannst du sie von nun an im höchsten, besten Sinne neu definieren?

Meine Definition von Menschlichkeit – und ich lade dich ein, sie mit mir zu teilen und dich von ihr inspirieren zu lassen – ist die Definition meines **We-Are-Creators-Prinzips:** des Prinzips des schöpferischen, kreativen Menschen, der so viel mehr ist als ein müder Konsument und eine gestresste Followerin. Der nicht im Vergleich zu anderen steht, sondern in wertvoller Ergänzung dazu. Dessen Aufgabe es ist, immer bewusster, immer freier und immer proaktiver zu leben. Der auf die Angst und die Probleme zugeht – und sie durchdringt mit dem Vertrauen und *der Kraft seiner Bestimmung,* die ihm in genau dieses fordernde Leben in genau dieser verrückten Zeit als inneres Rüstzeug mitgegeben wurden.

Und ja, natürlich sehe ich trotzdem die Verfehlungen und Grausamkeiten in der Welt. An manchen Tagen und nach manchen Ereignissen fällt es mir schwerer, das Schöpferische und das Gute zu sehen. Und es gibt Dinge, die geschehen sind, persönlich genauso wie kollektiv, die nicht verziehen und verarbeitet sind. Der Schmerzkörper der Menschheit und der Schmerzkörper der Erde sind sehr aufgeladen. Aber ich habe mich entschieden, die noch unberührte Zukunft in meinen Fokus zu stellen. Die noch ungeschriebene Geschichte als die Geschichte zu wählen, die ich prägen und gestalten will. **Und ich habe entschieden, der Menschheit nicht nur eine, sondern jede Chance zu geben.** Ihr nicht nur ein bisschen Bewusstsein zuzutrauen, sondern eine ganz große Weiterentwicklung. Um mich selbst zu retten. Um nicht in Hoffnungslosigkeit und Resignation zu verfallen. Und um im schöpferischen Feld meiner Möglichkeiten zu bleiben. **Denn wenn ich nicht mehr an die Menschheit glaube, kann ich nicht an mich glauben.** Wenn ich die Menschheit ablehne, lehne ich mich selbst ab. Und wenn ich nichts mehr beitragen will, kann ich nichts mehr erschaffen.

Reflektiere klar und ehrlich: Bist du bereit, das Geschenk *der Kraft deiner Bestimmung* anzunehmen, weil du tief in dir auch bereit bist, zu geben? Trotz allem? Mitten im Chaos und der Unberechenbarkeit unserer Zeit? Wenn du dazu aus tiefster Ehrlichkeit heraus Ja sagen kannst, kannst du eine großartige, tief heilsame neue Verbindung zwischen dir und der Welt entstehen lassen. Und dein Herz nicht nur neu für all die Millionen dir unbekannten Menschen da draußen weiten, sondern es vor allem auch für die Menschen öffnen, die dich auf deinem Weg als Helferinnen und Türöffner begleiten wollen.

Gib die Menschheit nicht auf. Glaube an sie und ihren großen, unschätzbaren Wert. Denn je tiefer du mit dem Wert des Menschseins verbunden bist, desto mehr wirst du auch eins mit dir selbst und allen Menschen, die mit dir und deinem Bestimmungspfad in Berührung kommen. Weil du in der Wertschätzung dir selbst und deinen Mitmenschen auf viel offenere Art und Weise begegnen und die natürliche Verbundenheit spüren kannst, die zwischen uns liegt.

> Mehr und mehr kannst du so die Würde und den Wert der gesamten Menschheit erkennen und deinen ureigenen, starken Weg durch dieses zutiefst geheimnisvolle Leben gehen – und du hast die Kraft, die Führung über dich selbst und deinen goldenen Lebensweg zu übernehmen und deinen Kosmos neu zu erschaffen.

V.
DIE FÜHRUNG

Du gehst dir selbst voraus.
Und erschaffst einen neuen Kosmos
mit deiner Kraft.

Du bist die Tür, durch die du gehst, um in die neuen Räume deines Lebens zu finden. Du bist der Berg, den du überwinden willst. Du bist auch der Gipfel, auf dem du letztlich stehst. Niemand kann die Tür für dich öffnen. Niemand kann den Raum für dich betreten. Niemand kann den Berg für dich bezwingen. Und niemand wird je die überschäumende Freude, den Frieden und die Freiheit deines Gipfelmoments so spüren können wie du. Denn dein Bestimmungspfad ist *dein ureigener* Weg. Du entscheidest dich für ihn. Du entzündest den Funken. Du folgst deiner Vision. Du wagst dich ins Unbekannte. Du erschaffst das Neue. Du scheiterst. Du gewinnst. Du feierst ... **Du führst.**

Du gehst dir selbst voraus – und kreierst dabei einen ganz neuen Kosmos mit *der Kraft deiner Bestimmung*.

Erschaffst dein Leben in seiner stärksten Form. Denn im Bewusstsein um deine höhere Aufgabe wirst du dich nie wieder von der Angst vor deiner Kleinheit und deiner Verwundbarkeit lähmen lassen. Mit deinem inneren Ja zum Geben und

Beitragen wirst du dich nie wieder von der Angst vor Ausdehnung und Größe abhalten lassen. Du bist mit dir selbst und deinem Vertrauen verbunden – und gehst auf deine Zukunft zu. Auf diesem zutiefst authentischen und enthusiastischen Weg, auf dem du deine Bestimmung und damit dich selbst verwirklichst. Dieser Weg ist ein Weg voller Energie, voller Elan und voller Erkenntnis. Und die Freiheit, die du dabei erlangst, ist der Lohn für die Verantwortung, die du übernimmst. Für dich – und für dein gesamtes Schicksal.

Im Bewusstsein um deine Bestimmung kannst du kein blinder Passagier in deinem eigenen Leben sein. Du entscheidest aus deiner innersten Kraft heraus. Stehst in deiner ganzen Größe. Folgst deinen Werten und deiner Wahrheit. Und du lebst das, was dich immer noch lebendiger macht, voll Vertrauen. Dazu brauchst du weder Märchen noch Mythen noch falsche Vorbilder noch jemanden, den du für all das verantwortlich machen kannst, was in deiner Vergangenheit gefehlt hat. Sondern du brauchst *dich*. Präsent *in dir*. Und bereit, immer noch weiter in dein wahres Wesen hineinzuwachsen.

Hinter dem Opferdenken öffnet sich ein Ozean der Freiheit

Wie wir bereits vertieft haben, ist der Pfad deiner Bestimmung ein Weg aus Wachstum und Heilung. Und auf diesem Weg lässt du nicht nur alte Glaubenssätze und Begrenzungen, alte Muster und Wunden hinter dir, sondern du verabschiedest vor allem eines: **das *Opferdenken*.** Denn sobald du Ja gesagt hast und beginnst, dich bewusst mit *der Kraft deiner Bestimmung* zu verbinden, kannst du dich gar nicht mehr als Opfer sehen. Es wird unmöglich. Denn deine Bestimmung zu leben und in einer Opferrolle zu sein, schließt sich gegenseitig aus. Weil das Opferdenken dir nicht nur deine Eigenständigkeit verbieten würde, sondern auch deine Erweiterung, dein Wachstum und sogar deine Heilung.

Als Opfer deiner Umstände, deiner Familiengeschichte, deiner Lehrer, deiner Neiderinnen, deiner Finanzen oder gar als Opfer dieser Epoche der Menschheitsgeschichte wirst du das Tor zu deinem neuen Weg nicht öffnen können. Du wirst den Berg niemals erklimmen und den Gipfel immer nur aus weiter Ferne sehen. Schlichtweg weil dir die Kraft fehlt. Denn du verlierst sie an das Verurteilen, an das Anklagen, an das Beschweren, an das Kleinhalten. Weil du als Opfer der Umstände andere über dich erhöhen und selbst geduckt und schwach bleiben musst. Und dabei verlierst du nicht nur die Augenhöhe zu den anderen Menschen, sondern auch zu dir selbst – und gibst deine schöpferische Stärke ab. **Denn den Menschen oder den Umständen, denen du die Verantwortung zuschreibst, gibst du unbewusst auch die Macht.** Wenn du andere für deine Entscheidungen, Situationen und Gefühle verantwortlich machst, sprichst du dir selbst die Fähigkeit ab, das verborgene Entwicklungspotenzial in diesen Entscheidungen, Situationen und Gefühlen zu erkennen – und zu nutzen. Im Kleinen wie im Großen: Sei es die Wahl eines einengenden Wohnortes, die du deinen Eltern zuliebe getroffen hast. Sei es ein verbrauchter Beruf, den du deines sozialen Umfeldes wegen behältst. Sei es ein Dich-nicht-Entwickeln, ein Dich-nicht-Entfalten, in das du dich deinen Kindern zuliebe zwängst. Frage dich: **Wie viel Bitterkeit erzeugt das in deinen Beziehungen – und in dir? Und wie viel Potenzial nimmt es aus der Verwirklichung deiner Bestimmung?**

Reflektiere dazu:
- Wo machst du vielleicht gerade andere für deine Umstände verantwortlich?

- Wie viel Kraft verlierst du, wenn du dich nicht mehr im Beitragen- und Geben-Wollen siehst, sondern als Opfer derer fühlst, für die du handelst?
- Welche Märchen oder Mythen, welche Stimmen im Außen und welche Erwartungen haben unter Umständen dazu beigetragen, dass du dich jetzt so fühlst?
- Welchen Vorteil hast du möglicherweise insgeheim davon, dich als Opfer darzustellen? Welchen Schritten kannst du dadurch ausweichen?
- Welche Sehnsucht liegt unter deinen Opfergefühlen verborgen?
- Was kann sich ändern, wenn du die Verantwortung ganz zu dir zurückholst?
- Wie fühlt sich das an?
- Was willst du dann neu entscheiden oder ändern?
- Und was kannst du gleich heute oder noch diese Woche tun, um diese neue Entscheidung möglich zu machen?
- Wie viel Kraft wird dir das geben?
- Wo spürst du diese Kraft in deinem Körper?
- Willst du sie aktivieren?

Führung bedeutet, für etwas einzustehen – und dafür loszugehen

Die Führungsperson in deinem eigenen Leben zu sein, heißt, deine Wahrheit, deine Erkenntnis, deine Sehnsucht und deine Vision nicht nur zu kennen, sondern hinter ihr zu stehen und sie zu verkörpern. Ganz egal, ob als Unternehmerin mit einem hundertköpfigen Team oder als kreative One-Man-Show. Ob als entscheidendes Oberhaupt einer Familie oder als verantwortungsbewusste Tochter oder zuverlässiger Sohn. Ob als

Teil einer weltweiten Organisation oder als Studentin im ersten Semester. Ob als Lehrling oder als Meisterin. Als Mensch im Rampenlicht oder als Stütze im Hintergrund.

Führung ist genau diese Kraft, die entsteht, wenn wir etwas beitragen wollen und empfangen können. Wenn wir offen sind und zugleich schöpferisch handeln. Wenn wir das Feld des Vertrauten ausdehnen und beginnen, uns im Feld des Unbekannten sicher zu bewegen.

Als Führungsperson in deinem Leben musst du weder perfekt noch unverwundbar sein, aber zuverlässig und aufrichtig – vor allem dir selbst gegenüber. Denn alles, worüber du dir bewusst geworden bist, wird in gewisser Weise zu deiner Pflicht. Alles, was du einmal klar erkannt hast, kannst du nicht mehr ausblenden, ohne dich dabei selbst hinters Licht zu führen. Dieses Schattendasein, dieses Ausblenden und Wegschauen hast du hinter dir gelassen. Du hast um mehr Freude und Lebendigkeit gebeten – und erkannt, dass du sie selbst entfachen kannst und sollst.

> Deiner Bestimmung zu folgen und die Führung in deinem Leben zu übernehmen, heißt, deinen inneren Funken zu entzünden und bereit zu sein, mit deiner leuchtenden Kraft vorauszugehen.

Selbst dann, wenn es schwierig wird. Selbst dann, wenn es steil bergauf oder bergab geht. Und selbst dann, wenn andere dich kritisieren – oder ignorieren.

In der Kunst sagt man, die schlimmsten Kritikerinnen und Kritiker seien jene Menschen, deren Talente verkannt würden. Die selbst den Wunsch gehabt hätten, Künstlerinnen oder Künstler zu werden, doch die den Schritt nie gewagt und sich letztlich in ihrer Frustration verloren hätten. **Und wie es verbitterte Kritikerinnen und Kritiker in der Welt der Kunst gibt, so, glaube ich, gibt es auch verbitterte Berufs-Ver-**

ächterinnen und Berufungs-Vermeider, die nicht (mehr) an den Funken in sich selbst und in anderen glauben. Die sich die Frage nach ihrer Bestimmung verbieten oder jeder möglichen Antwort ausweichen. Doch damit versperren sie sich den Zugang zu ihrer größten Kraft und leuchtendsten Lebendigkeit. Sie sind gebunden an die Macht der Prägung, der Mythen, der alten Muster, eingebrannten Gewohnheiten und Ängste. Keine hübschen Zitate auf Social Media, keine Good-Vibes-Only und keine halbherzigen Vorsätze und Hoffnungen können sie aus dieser gedanklichen und emotionalen Sackgasse befreien. Denn diese Befreiung braucht Kraft. Braucht Sehnsucht. Braucht vielleicht sogar den zündenden Zorn, den wir uns in Kapitel 2 erlaubt haben. Es braucht Mut, es braucht Feuer, und es braucht sehr viel Ausdauer. Denn manche Hürden müssen wir immer und immer und immer wieder neu überwinden. Manche Fragen stellen sich uns im Leben immer wieder. Manche Übungen und Praktiken, die uns guttun, begleiten uns ein Leben lang, damit wir sie immer stärker und stabiler vertiefen.

Darum lade ich dich an dieser Stelle ein, innezuhalten und zu erkennen, wie weit *du* bereits gekommen bist. Wie viel du schon riskiert und wie viel du schon gelernt hast. Wie sehr du an deinen Erfahrungen gewachsen bist und wie viel Belastendes du bereits hinter dir gelassen hast.

> Jede Befreiung aus der Macht deiner Prägung und jedes Verlassen deiner Komfortzone ist etwas, worauf du *immens* stolz sein darfst.

Jede begrenzende Gewohnheit, die du überwunden, jede schwächende Beziehung, die du aufgelöst, jede berufliche Erweiterung, die du umgesetzt hast, ist ein gigantischer Grund für ehrliche Selbstwertschätzung. Lass sie nie zu kurz kommen, nur weil wir in einer Zeit leben, in der wir so sehr das

Ziel feiern, aber viel zu selten den Weg würdigen. In der wir das finale Produkt über den Prozess stellen. Denn tatsächlich ist es umgekehrt. Der Prozess ist wichtiger als das, was dabei letztlich entsteht. Und während ich das schreibe, höre auch ich sogleich die Stimme meiner inneren Autorin rufen: »Hey, stopp! Natürlich ist das Produkt wichtig. Dieses Buch soll gut werden, es soll gedruckt in die Regale kommen und von den wunderbaren Menschen gelesen werden, für die ich es schreibe.« Und damit hat die Autorin in mir natürlich recht. Das ist, was sie will – und das ist auch das, was ich mir als Mentorin und Vortragende wünsche, um mit diesem Buch mit meinen Klientinnen und Kunden weiterarbeiten zu können. Doch da sind noch andere Anteile in mir, für die das Produkt tatsächlich nebensächlich ist: für mein Herz, das schlichtweg die Worte liebt und hofft, dass dieser wundervolle Strom des Schreibens nie versiegen wird. Für die Stimme der weisen Meisterin in mir, die zustimmend auf die innere Erweiterung schaut, die nötig war, um so tief in dieses Thema eintauchen zu können. Und auch für die feurige Künstlerin in mir ist das Produkt unwesentlich, weil sie ohnehin schon weit vor dem Ende dieses Buches damit begonnen hat, Zündstoff für das nächste zu sammeln. **Sie hängt nicht am Ergebnis, sie will die *Erfahrung*.**

> Und genau darum geht es bei der Verwirklichung deiner Bestimmung: Suche nach den Erfahrungen, die dein ganzes Wesen berühren.

Erfahrungen, die alle Anteile in dir aktivieren. Die all deine Sinne ansprechen. Die dir das Gefühl geben, dass Raum und Zeit sich für dich ausdehnen. Die dich so begeistern, dass du mehr Inspiration und Ideen hast als Gelegenheiten, sie umzusetzen. Die dich so motivieren, dass deine Batterien immer wieder wie von selbst aufgeladen werden. Suche nach Projekten und Herausforderungen, die dein ganzes Leben für ein paar Wochen, ein paar Monate oder gar Jahre in eine andere Schwingung versetzen können. In eine Schwingung der Neugier und Kreativität – damit du dich neu einschwingen kannst: in die Erinnerung an dein wahres Wesen und in deine nächste Entwicklungsstufe deiner Bestimmung.

Schöpferische Selbstermächtigung braucht sensible Selbstwahrnehmung

Deine Bestimmung ist es, zu wachsen und zu heilen – und dein Wachstum und deine Heilung bringen dich immer näher an dein Gefühl des Vollständig- und Richtig-Seins heran. Dieses Vollständig-Sein schließt alles mit ein: all deine verschiedenen Lebensbereiche. All deine Erfahrungen. All deine Entscheidungen. Und all die Anteile in dir, die dich ausmachen. Die ein Teil dieses wunderschönen Mosaiks sind, das du bist. Das du aus den Scherben und den Diamanten zusammengesetzt hast, die das Leben dir gab. Und du darfst dieses Mosaik schön, richtig und gut finden. Ganz genau so, wie es gerade ist. Mit all seinen Farben und Formen. Mit all seinen Bruchstellen und all seiner Brillanz. Und in jedem Anteil in dir eine Stimme erkennen, die wichtig für deinen Prozess war – und ist. Denn sie gehen alle mit dir auf deinen Bestimmungspfad: dein inneres Kind, dein innerer Jugendlicher, deine innere Erwachsene. Sie begleiten dich als dein inneres Team: die Managerin, die Ehefrau, die Mutter, die Tochter, die Sportlerin, die Kreative, die Kriegerin, die Liebende, die Diva. Und sie sind ein Teil von dir: der Macher, der Partner, der Vater, der Sohn, der Philosoph, der Handwerker, der Träumer, der Kämpfer. **Alle deine inneren Anteile brechen mit dir zu deiner höheren Bestimmung auf.**

Und wenn du die Sehnsucht danach mit deinem ganzen Wesen, mit all deinen Anteilen spüren kannst, wenn alle Stimmen in dir einer guten Zukunft zustimmen können, dann entfesselst du deine vollste Kraft. Denn nichts in dir steht dir dann mehr im Weg. Nichts in dir hält dich zurück. Darum ist es ein Geschenk, dich mit deinem inneren Team vertraut zu machen und keine Stimme mehr auszuschließen. Sondern sie zu hören, sie anzunehmen und auch sie zu lehren, wie sie neu vertrauen kann.

Dieses vom Psychologen Friedemann Schulz von Thun entwickelte Persönlichkeitsmodell des *inneren Teams*[*] nimmt im systemischen Mentoring eine besondere Rolle ein. Und es kann auch dir eine neue Sicht auf die Schönheit und Intelligenz deiner gewachsenen Persönlichkeitsstruktur geben. Die verschiedenen inneren Anteile in dir zu erkennen und zu hören, hilft dir, Klarheit in das innere Stimmen- und Meinungsgewirr zu bringen und im richtigen Moment auch den richtigen Impulsen zu folgen. Würde ich beispielsweise jetzt, in der Phase des Schreibens von Kapitel 5 von 7, der Stimme meiner inneren Künstlerin nachgehen, dann würde dieses Buch nie vollendet werden. Will ich – die erwachsene Führungsperson Monika Schmiderer – das? Nein. Mein Ziel ist das vollendete Buch in deiner Hand. Dennoch gebe ich der Künstlerin in mir das, was sie braucht, um sich lebendig und gesehen zu fühlen: Jeden Tag schreibe ich von Hand drei Morgenseiten im freien kreativen Fluss, bei denen ich die Worte einfach ganz ohne Ziel und ohne Anspruch aufs Papier fließen lasse. Bewusst nicht am Computer, sondern von Hand geschrieben, sind diese drei Morgenseiten für mich ein Ritual für künstlerische Freiheit und Vielfalt, indem ich in meinem Schreiben ganz frei und losgelöst von jeder Leistung und jeder produktiven Erwartung sein kann. Und wenn diese drei Seiten im ganz

---

[*] Siehe dazu das Buch »Das innere Team in Aktion« von Friedemann Schulz von Thun, das 2004 im Rowohlt Verlag erschienen ist.

freien kreativen Fluss noch nicht ausreichen, um meiner inneren Künstlerin ein schönes Spielfeld zu geben, dann öffne ich danach noch den Ideen-Sammlungs-Ordner auf meinem Rechner, um die Impulse als Ideen weiterzuspinnen. Meine innere Künstlerin ist wichtig. Sie darf und soll da sein. Sie darf und soll sich ausleben und ihr Feuer hochhalten – und ich brauche diesen inneren Anteil, um meiner Bestimmung folgen und sie erfüllen zu können. Und zugleich sorge ich dafür, dass sie nicht durchbrennt und dass dieses Buch finalisiert wird.

Ähnliche Formen des inneren Führens werden auch für dich auf deinem Bestimmungspfad wichtig werden. Denn in dir wird es trotz deines klaren Jas zu deinem Weg Stimmen geben, die ganz andere Bedürfnisse äußern, ganz andere Pläne haben oder ganz andere Türen öffnen wollen. Verdränge sie nicht. Schließe sie nicht aus. Höre hin. Lass sie Bedenken äußern und Tipps geben. Lass sie verrückte Ideen haben oder die Welt auch mal nicht mehr verstehen können. Sei da für sie und sei auf diese Weise da für dich. Denn alle diese Anteile gehören ja zu dir. Doch erde dich in dir und erinnere dich immer daran: **Du führst.** In deiner ganzen erwachsenen Klarheit und mit *der Kraft deiner Bestimmung*, die weiß, dass du deiner Aufgabe gewachsen sein wirst.

Damit du diese Arbeit mit deinen inneren Anteilen vertiefen kannst, habe ich eine Übung in den Downloads zum Buch für dich vorbereitet. Du findest sie wieder unter: www.monikaschmiderer.com/bestimmung-downloads.

Die vier Zonen deines Wachstums

Lass uns an dieser Stelle das Konzept der *vier Zonen des Wachstums* genauer ansehen, die da sind:
- Komfortzone,
- Angstzone,
- Lernzone und
- Trauma- oder Panikzone

und sie mit deiner Bestimmung in Verbindung bringen.

Die Komfortzone

In der *Komfortzone,* also in der Zone des Gewohnten, des Bekannten und Vertrauten, sind wir sicher. Wir glauben, die Dynamik und den Verlauf der Dinge abschätzen zu können und sind mit keinen großen Veränderungen oder fordernden Neuerungen konfrontiert. Es ist das Feld, das uns am nächsten liegt. In dem wir uns im Idealfall im Alltag sehr häufig bewegen und in das wir immer wieder zurückkehren können, um unser Nervensystem in einen entspannten Zustand zu bringen. **Die Komfortzone ist unsere Erdungs- und Integrationszone.** Unser Fundament. Das Zuhause unseres Vertrauens. Und die Ankerstelle, an der wir im Sturm des Lebens immer wieder anlegen können. Gute Rituale, beständige Beziehungen, klare Abläufe und gewohnte Rhythmen sind die Bausteine dieser Zone. Und sie ist wichtig. Es gibt die Aussage, dass die Komfortzone die Zone sei, in der unsere Träume sterben. Das ist nur dann wahr, wenn wir im Wohlfühlraum des Bekannten unsere Bereitschaft ablegen, diese Komfortzone auch immer wieder zu verlassen. Wenn wir uns betäuben lassen von Bequemlichkeit. Doch wenn wir das Vertrauen, das wir dort fassen und fühlen können, als das Fundament nutzen, das es in

Wirklichkeit ist, dann schöpfen wir Kraft in unserer Komfortzone und gehen immer wieder mutig darüber hinaus. Wir brechen gern auf, um etwas zu lernen, um unseren Funken zu nähren und das Feuer der Veränderung zu spüren.

Die Lernzone

Die *Lernzone* ist unsere Zone der Erweiterung, der Entwicklung und der Erneuerung. Es ist die Ebene, in der wir auf Unbekanntes zugehen und es zu etwas Vertrautem machen. Einerseits indem wir uns innerlich auf das Neue einstimmen, unsere Visionen innerlich formen und in Gedanken und Gefühlen nähren; indem wir meditieren, indem wir visualisieren und manifestieren, was wir erleben wollen. Andererseits indem wir *tun*, indem wir uns neue Fähigkeiten aneignen und bestehende Talente ausbauen; indem wir uns für die Ausbildung anmelden, die uns so anspricht; indem wir den »Kaufen«-Button drücken, das Ticket endlich buchen und in die Welt hinausziehen, indem wir die Nummer wählen und die großartige Firma anrufen, bei der wir uns schon seit Monaten vorstellen wollen; indem wir auf »Veröffentlichen« klicken und die Website online stellen, an der wir schon seit Wochen basteln.

Die Lernzone ist die Zone, in der auch du auf deinem Bestimmungspfad immer und immer wieder ganz konkret aufgefordert wirst, deine Träume zu Taten werden zu lassen. Damit *die Kraft deiner Bestimmung* sich immer weiter in deinem Leben ausdehnen und eine immer größere Vielfalt annehmen kann. Und damit du immer wirksamer wirst in dieser Welt.

Und das Schöne dabei ist: **Mit allem, was du dir in der Lernzone aneignest und dir vertraut machst, wächst auch deine Komfortzone** – und umso mehr Möglichkeiten zur inneren Stabilisierung erschließt du dir. Denn die Tätigkeiten und Erlebnisse, die du dir vertraut gemacht hast, werden zu weiteren Ankerpunkten. Die Erfahrungen, die du gesammelt hast, werden Teil der Komfort- und Erdungszone in dir.

Darum erlaube dir, dir auf deinem Bestimmungspfad auch etwas Großes zuzutrauen. Etwas, das dich herausfordert und deine bisherigen Erlebnisse übersteigt. Erlaube dir, auch ausgefallenen Interessen und ganz neuen Impulsen zu folgen. Mutige Schritte zu gehen. Um freier zu werden – und zugleich sicherer. Selbstverständlich bleibst du dabei ein Mensch. Und als Mensch stellt sich immer wieder die Angst zwischen dich und deine Wünsche und neuen Erfahrungen.

Die Angstzone

Nicht immer, aber immer wieder wirst du auf deinem Bestimmungspfad durch die *Angstzone,* die wie eine Schwelle zwischen deiner Komfort- und deiner Lernzone liegt, gehen. **Die Angstzone ist die Zone, in der du mit den Stimmen deiner Angst, der Macht deiner Prägung, mit alten Wunden oder auch mit Zukunftsängsten und Selbstzweifeln konfrontiert wirst.** Und genau darum ist sie wie eine Schwellenzone, die dich herausfordert, deinen Ängsten, Prägungen, Vorbehalten und Zweifeln voll Vertrauen und Mut zu begegnen – und sie zu überwinden. Indem du sie ganz klar benennst, dich ihnen und den damit verbundenen Gefühlen bewusst stellst und über sie hinauswächst. Darin stärkst du nicht nur dein Rückgrat, sondern gehst mit jeder überwundenen Angst und jedem abgelegten Zweifel deinen Bestimmungspfad leichter und freier – und darfst stolz auf dich sein und voll Freude weitergehen.

Die Trauma- und Panikzone

Die *Trauma- und Panikzone* hingegen ist nicht mehr eingebettet zwischen der erdenden Komfort- und der erweiternden Lernzone. **Die Traumazone ist unsere Zone der Erschütterung und der tiefsten Verwundungen,** über die wir in Kapitel 4 bereits gesprochen haben. Hier begegnen wir Herausforderungen und Konfrontationen, die uns über die Maßen belasten. Sie treffen uns entweder so abrupt und heftig oder belasten uns zu intensiv über einen zu langen Zeitraum, dass wir sie nicht mehr als Lernerfahrung verarbeiten und nicht mehr in unsere Komfortzone integrieren können. Dazu zählen beispielsweise Situationen mit massivem Kontrollverlust, akute Lebensgefahr, schwere Erkrankungen, alle Formen von psychischer und physischer Gewalt, Verlusterfahrungen oder anhaltende psychische Ausnahmesituationen. Wie schon in Kapitel 4 möchte ich auch hier noch einmal Mut machen, solche Erlebnisse mit einer erfahrenen Therapeutin oder einem erfahrenen Therapeuten zu bearbeiten, weil gerade auch darin sehr große Heilungschancen und immense neue Freiräume zugänglich werden können. In diesem Buch widmen wir uns nur der Erkenntnis, dass – verdeckte oder offene – Traumafolgen dich im Aufbruch zu deiner Bestimmung zurückhalten können. Jedoch auch, dass du die Stimme der Angst immer genau prüfen darfst und sogar sollst. Lass dich auf deinem Bestimmungspfad nicht drängen oder unter Druck setzen, wo dein ganzer Körper dir ein klares Nein signalisiert.

Ein Ganzkörper-Nein ist ein Schutzmechanismus, den du als die erwachsene und wache Führungsperson in deinem Leben ernst nehmen und gemeinsam mit einem fachkundigen, vertrauensvollen Menschen genauer analysieren solltest. Gerade wenn Mythen wie »Du musst alles riskieren, um gewinnen zu können« oder »Spring! Und das Netz wird dich auffangen« dich von einer Klippe stürzen wollen, du dabei aber Todesangst bekommst, nimm dieses starke Signal ernst. Wenn du gerade weder alle Brücken hinter dir abbrechen noch dich ohne Seil in die Tiefe fallen lassen willst, dann höre auf dieses innere Stoppzeichen.

Selbstverständlich gilt es, Risiken einzugehen, wenn du die Richtung deines Lebens verändern willst. Und sollst du dabei lernen und dich erweitern? Ja, klar. Aber sollst du dich komplett überfordern und an den Rand deiner Belastbarkeit stellen? Nein. Deine höhere Aufgabe will, dass du etwas für sie aufgibst. Aber ich will dich noch einmal daran erinnern, dass es nicht deine ganze bisherige Existenz sein muss, die du dafür einsetzt. Wenn du Angst spürst, dann erde dich in deinem Vertrauen an das richtige Timing, an die richtigen Begleiterinnen und Begleiter und an deine Fähigkeit, zu wachsen und zu heilen.

Denn das stabilste Vertrauen ist das, was du in deiner Heilung wiederfindest. Und die kraftvollste Form deines Heilens ist das bewusste Hinschauen – und Hindurchsehen durch den Schmerz und die Umstände, sodass die Zukunft wieder sichtbar wird. Es ist ein Durchs-Feuer-Gehen. Eine Form von Läuterung im allerbesten und befreiendsten Sinne, wie wir sie schon in der Kraft deines gut gehaltenen Zorns kennengelernt haben. In diesem Durchs-Feuer-Gehen im Wachsen und Heilen wird all das in dir geklärt, gereinigt und letztlich verfeinert, was du für dein Leben in deiner Bestimmung brauchst.

> **Allem voran dein Herz. Es ist die wichtigste und wertvollste innere Feuerstelle, die du hast – und der Ort, an dem dein persönlicher Urknallmoment sein innerstes Kraftzentrum hat.**

An keinem anderen Ort passiert genau die Öffnung, die Annahme, das Erwarten-Dürfen und das Empfangen-Können, die das Wunder deines ureigenen Wegs auszeichnen. Die es hereinlassen – und dir helfen, deine Komfortzone, deine Angstzone und deine Lernzone so zu verbinden, dass daraus deine schöpferische Kreativzone entstehen kann.

Von der Komfortzone zur Kreativzone

Das Rezept für ein schöpferisches Leben ist einfach – und voller fließender Übergänge:
- **Erstens:** Schöpfe Erdung, Stabilität und Vertrauen in deiner Komfortzone.
- **Zweitens**: Entzünde deinen Mut, um frei zu werden und die Zwischenräume aus Zweifeln, Sorgen und Ängsten in deiner Angstzone zu überwinden.
- **Drittens:** Sammle immer neue Erfahrungen, Erkenntnisse, Enttäuschungen und Erfolge in deiner Lernzone – und erkenne in der fließenden Verbindung dieser drei Zonen den Spielraum, in dem du deine schöpferische Kraft am stärksten ausleben kannst, und mache ihn zu deiner Kreativzone.

Deine **Kreativzone** ist die lebendigste und schöpferischste aller Zonen. Es ist die Zone, in der du beginnst, aus deinem tiefsten Vertrauen und deiner größten Freude heraus zu leben. In der du alles, was gerade in deinem Leben vorhanden ist, als einen Rohstoff erkennst, mit dem du deine gute Zukunft erbaust. Während du dabei selbst als Mensch immer vollständiger, immer vielseitiger, immer vitaler, immer und immer wirksamer wirst.

Kreativ bist du nicht nur dann, wenn du im Malerkittel vor einer großen Leinwand stehst oder an der Gitarre sitzt und Songs schreibst, sondern immer dann, wenn du etwas aus dem Raum des Möglichen und Denkbaren in die Wirklichkeit bringst. Wenn du eine Idee umsetzt, eine Vision verwirklichst. Ganz egal, ob das nun künstlerisch oder ganz praktisch ist. Ob das als etwas Anspruchsvolles oder als etwas ganz Einfaches wahrgenommen wird. Ob du deine Wohnung neu dekorierst oder eine Firma gründest. Ob du lernst, gesund zu kochen, oder ob du auf Basis von Ergebnissen psychologischer Statistiken neue Produkte für deine Kundinnen und Kunden entwickelst. Ob du dem Impuls nachgehst, dich für einen DIY-Nähkurs anzumelden, oder die Idee verwirklichst, in deiner Abteilung neue Regeln für mehr digitale Balance im Berufsalltag umzusetzen. Ob du für schöne, verbindende Erlebnisse in deiner Familie sorgst oder dich bei einer Umweltbewegung engagierst – all das ist kreativ. Denn all das ist schöpferisch. Ist etwas, das du initiierst, das du umsetzt, das du in die Welt und zu den Menschen bringst.

Und bei jeder dieser kreativen Formen wird *die Kraft deiner Bestimmung* aktiv, wenn du sozusagen mit »Herz, Hirn und Bauch« ganz dabei bist. Wenn alles in dir in dieselbe Richtung strebt: Dein Herz glüht voll Freude, ist offen für neue Erfahrungen und Begegnungen. Und du bist mit weitem Herzen auch bereit zu empfangen – und bereit zu geben.

In deinem Gehirn lösen die neuen Lernerfahrungen kreative Feuerwerke aus: Neue neuronale Netzwerke bilden sich, Ideen sprühen, Inspiration fließt – und echte Veränderung und Entwicklung wird möglich.

Und auch dein Bauchhirn, der Sitz deiner Intuition, gibt sein Ja. Gibt dir Mut und Antrieb von tief innen heraus und lässt dich sich stark und stabil fühlen. **Im schöpferischen Tun und Sein stehst du voll in deiner Kraft** – und dein ganzer Körper ist mit dir »auf Spur«. Da ist keine Enge, sondern Elan. Keine Angst, sondern Aufbruchsstimmung flutet deinen Körper. Und du wächst während der Umsetzung über all das hinaus, was du je gemacht hast – und schaffst Dinge, die du dir vielleicht nie zugetraut hättest. Denn dein Körper-Geist-System ist kohärent. In stimmigem, produktivem Gleichklang. Im Flow. Du nutzt diesen Fluss, um dein Leben in die Richtung zu steuern, die du dir wünschst. Um das zu verwirklichen, was dir deine inneren Bilder und Visionen als Wegweiser zeigen. Dabei geht es dir nicht in erster Linie darum, Applaus oder Erfolg zu ernten. Du suchst die Freude, das Gefühl der Hingabe, der Co-Kreation mit deinem Innersten. Es ist eine Erfahrung und immer ein Spiel mit offenem Ausgang – dafür aber mit inspirierender Intensität. Mit leuchtender Lebendigkeit. Und mit der Verwandlung deines Alltags. Denn in *der Kraft deiner Bestimmung* bekommt selbst das Einfachste seine Berechtigung, seinen Wert und seine Richtigkeit. Und je mehr Freude und Feuer du in diesem Kreieren, im Verwirklichen findest, desto schöpferischer wirst du. Die Kanäle deiner Inspiration weiten sich immer mehr – und dein Feld vergrößert sich.

Dieses schöpferische Tun und Sein in der Kreativzone ist eine der allerschönsten Ausdrucksformen *der Kraft deiner Bestimmung*.

Und ich verspreche dir, sie will und wird mit allem arbeiten, was in dir ist: mit deiner Schwäche – und mit deiner ganzen einzigartigen Schönheit. Mit deinen Ängsten – und mit deinen größenwahnsinnigsten Ideen. Mit deiner zarten Verletzlichkeit – und deinem unverwüstlichen Feuer. *Die Kraft deiner Bestimmung* sieht in jeder Situation Lösungen und Möglichkeiten – und in dir einen Menschen, der weit mehr verwirklichen kann, als er es zu diesem Zeitpunkt noch glaubt. Sie ist zutiefst lebendig und dabei höchst kreativ – und aktiviert eine enorme Schaffens- und Manifestationsenergie in dir. Denn dieser Flow, dieser Gleichklang und diese Übereinstimmung in dir gibt allem, was du planst und tust, eine spürbar stärkere Schubkraft. Und damit ist eine deutlich größere Ausdehnung und Wirkung möglich.

Selbst wenn du an den Übergängen raus aus deiner Komfortzone hin zur nächsten Erweiterung immer wieder Schwellen aus Zweifeln und Angst überwinden musst, überwindest du dabei auch mehr und mehr jedes Getrennt-Sein von dem, was du wirklich willst und wer du wirklich bist.

Du wächst über dich hinaus – und in dich hinein und schließt die Lücke zwischen dem, was du im Außen lebst, und deinem inneren Wesenskern.

Und in dieser inneren Verbundenheit erlaubst du dir, Aufgaben anzunehmen und Abenteuer anzugehen, die noch spannender und reizvoller sind, als du je zu träumen gewagt hättest. Und du erschaffst dabei – im Lernen, im Ausprobieren, ja im Spielen in deiner Kreativzone – deinen ganz persönlichen, einzigartigen Kosmos: deinen *Berufungsraum*.

Betrete deinen Berufungsraum – und dehne ihn aus

Deine Bestimmung zu leben und deine Berufung zu finden, ist kein Zielpunkt, den du einmal erreichst und an dem du dann für den Rest deines Lebens stehen bleibst. Es bedeutet nicht, einmal diese eine große, geheimnisvolle Tür gefunden zu haben und dann für immer im selben Raum zu bleiben. Deine Bestimmung zu leben, heißt, dich selbst und deine Berufung immer weiter zu formen, zu befreien und zu erweitern. Es bedeutet, immer weiterzuwachsen, immer weiterzugehen, immer neue Türen zu entdecken – und auszuprobieren, welche von ihnen sich für dich öffnen.

Manche Menschen warten ihr Leben lang vor einer verschlossenen Tür.

Sie weigern sich zu sehen, dass sie im Korridor aus Angst und Krisen festgehalten werden. Sie weigern sich zu sehen, dass die Antwort nicht im Außen liegt, sondern in ihrem Inneren. Sie weigern sich zu akzeptieren, dass die Verwirklichung ihrer Träume und Visionen letztlich eine ganz andere Form annehmen kann als erwartet. Sie erkennen nicht, dass es nötig ist, vom Hoffen ins Tun, vom Warten ins Sich-selbst-Vorausgehen zu kommen. Oder sie befinden sich in einem Umfeld, in dem noch niemand vor ihnen den Weg aus diesem Korridor bewusst gesucht und gefunden hat, und kommen gar nicht auf den Gedanken, dass ein anderes, freieres und kreativeres Leben möglich wäre. Und hoffen und warten damit ihr Leben lang auf ein Glück, das nicht kommt.

Doch in dem Moment, in dem du dein Vertrauen neu geweckt, dein Ja in dir ernst genommen und die Führung und die Verantwortung für dich und dein Leben übernommen hast, erkennst du, dass du damit nicht nur eine wichtige Linie überschritten und ein großes Tor geöffnet hast, sondern dass deine Bestimmung tatsächlich eine ganz neue Welt für dich bereithält. Dass du mit deinem persönlichen Urknall und in den 7 Phasen der Kettenreaktion deiner Bestimmung tatsächlich einen neuen Kosmos *für* dich und *durch* dich entstehen hast lassen. Und dass du diesen Kosmos mit jedem Ausdehnen deiner Komfortzone, mit jeder Erweiterung in deiner Lernzone und mit jeder kreativen, aufbauenden Erfahrung größer, schillernder und faszinierender machst. Nicht für andere. Sondern für dich. Nicht für maximalen Reichtum. Sondern für maximale Erfüllung. Mit allem, was das für dich bedeutet. Und mit allem, was du darin zum Ausdruck und zur Verwirklichung bringen möchtest. Und dabei ist weit mehr möglich, als du jetzt erkennen kannst. **Denn dein Berufungs-**

raum entwickelt sich mit dir und für dich. **Er erweitert sich immer dort, wohin du deinen Fokus richtest – und vor allem dort, wo deine innere Führung deinen nächsthöheren Entwicklungsschritt für dich sieht.** Und sie spricht dir dafür nach jeder gemeisterten Herausforderung eine neue Einladung zu einer noch größeren Chance aus, dich als kraftvoll und wirksam zu erleben. Sie überrascht dich, damit du dich selbst überraschen kannst. Und dich mit deinen Kompetenzen, mit deinem Weitblick und mit deiner Persönlichkeit immer weiter ausdehnst. Hinein in deine wahre Größe. In der du *die Kraft deiner Bestimmung* immer deutlicher spürst und immer gezielter nutzen kannst. Indem deine Erkenntnis über das, was dir wirklich wichtig ist, immer klarer wird. Und indem du in deiner Berufung zu dem Menschen heranreifst, der du wirklich bist: vollständig, wirksam und ganz.

Finde in deine Vollständigkeit

Manche meiner Klientinnen und Klienten erkennen ihre Bestimmung sogleich als ein komplettes Bild, das sie verwirklichen wollen. Für manche zeigt sich ein einziger Satz, der sie inspiriert und anleitet. Für manche ein einziges Wort, das für sie die klare Richtung vorgibt. Und wieder andere folgen einfach einem Gefühl, dessen Botschaft sie Schritt für Schritt entschlüsseln. Egal wie konkret oder konfus, wie eindeutig oder ungreifbar die Vorstellung von deiner Bestimmung jetzt gerade für dich ist, sei dir sicher:

> Deine Bestimmung liegt in dir. Und je mehr du in dich selbst hineinwächst, je näher du dir selbst kommst, desto mehr wächst du in deine Bestimmung und in dein wahres Wesen hinein.

Und dieses Hineinwachsen kennt kein Ende. Dein Weg ist nie abgeschlossen. Es gibt kein finales Ziel, sondern nur ständige Entwicklung und Erweiterung. Hör also nie auf, dir die Frage deiner höchsten Bestimmung zu stellen. Denn du kannst in immer größere, immer vielseitigere Antworten hineinleben. Also bleibe offen. Bleibe bewusst im Hier und Jetzt. Bleibe präsent und wach. Selbst dann, wenn du glaubst, deine Bestimmung ganz genau zu kennen. Prüfe immer wieder, wie passend dein Platz in deinem Berufungsraum noch für dich ist. Prüfe immer wieder, ob sich da neue Türen öffnen und Erweiterungen zeigen wollen. Prüfe am besten jeden Tag mit einem wenn auch kurzen, aber sehr bewussten Innehalten, wie du als Mensch heute am besten und schöpferischsten zum Gelingen einer guten Zukunft beitragen kannst. Wem du helfen, wen du inspirieren und wen du unterstützen möchtest und von dem du wiederum unterstützt werden kannst. Was du beenden und was du neu verwirklichen darfst. Denn deine Bestimmung will dir ganz gewiss noch eine höhere Aufgabe zeigen. In deinem Tun will sich eine noch tiefere Bedeutung eröffnen, und dein Weg will dir noch mehr Wachstumsmöglichkeiten bieten.

Denn deine Bestimmung sucht nach Vollständigkeit und maximaler Fülle. Sie fügt all deinen Gedanken eine höhere Inspiration hinzu. Sie gibt all deinen Handlungen mehr Bedeutung. Und dir als Mensch mehr Freude, mehr Mitgefühl, mehr Substanz und Wirkung.

Wie wir in Kapitel 3 entdeckt haben, sollst du auf deinem Bestimmungspfad eine Suchende oder ein Suchender sein – und bleiben. Darum gilt: Bleibe selbst im Ankommen neugierig und offen. Und solltest du deine Bestimmung noch nicht in Worte fassen können oder sollte dein inneres Bild noch nicht klar erkennbar sein, dann nimm auch das nie als Vorwand, nicht aktiv zu werden. Gehe auf die Richtung zu, die sich nach Freude und Erweiterung, nach Ausdehnung und

Lebendigkeit anfühlt. Und damit gehst du auf die Antwort auf deine Frage zu. Damit begibst du dich in deine Lern- und Kreativzone, und dein Berufungsraum wird sich für dich öffnen. Ganz gewiss. **Also gehe los. Sammle, lass den Wunsch nach Verwirklichungsdruck in dir immer weiter wachsen und wachsen – und vertraue darauf, dass sich im Sammeln die Worte und Bilder deiner Bestimmung immer eindeutiger formen werden.** Noch viel vielfältiger und vollständiger, als es dein berechnender Verstand vorhersehen könnte. Vergeude also keinen einzigen Tag mehr damit, auf der Couch zusammenzusinken und zu hoffen und zu warten, dass dir deine Bestimmung vor die Füße fallen wird, sondern nähere dich aktiv und voll Neugier an *die Kraft deiner Bestimmung* an. Denn:

> Die Antwort auf die Frage nach deiner Bestimmung verlangt, dass du aktiv auf sie zugehst. Dass du der Richtung mutig folgst, aus der sie zu kommen scheint.

Frage dich:
- Welche Themen rufen mich immer wieder?
- Was zieht mich immer wieder zu sich?
- In welchem Bereich würde ich gern mehr wissen?
- Was möchte ich lernen?
- Worin möchte ich richtig gut sein? Und warum?
- Was würde mir so richtig Spaß und Freude bereiten?
- Was wollte ich schon immer einmal sehen?
- Einmal berühren?
- Einmal essen?
- Einmal selbst tun und nicht nur am Bildschirm bei anderen beobachten?
- Was brauche ich gerade am meisten?
- Was erwarte ich vom Leben?
- Was erwarte ich von anderen Menschen?
- Was erwarte ich von mir selbst?

- Welche Art Mensch möchte ich sein?
- Mit welcher Art von Menschen möchte ich gern zusammenarbeiten? Und woran?
- Was tut mir in dieser Welt und in dieser Zeit besonders weh?
- Welches Problem dieser Welt würde ich gern lösen?
- Auf welche Art und Weise würde ich das gern tun?
- Welches meiner Talente ist dabei das wichtigste für mich?
- Welche Fähigkeit will und muss ich noch entwickeln?
- Welche meiner Eigenschaften wird mir dabei helfen?
- Was kann nur ich genau so, wie ich es kann?
- Was will ich geben?
- Wie will ich etwas beitragen?
- Was will ich für mein Geben bekommen?
- Was bedeutet echte Wertschätzung für mich?
- Was bedeutet echte Freude für mich?
- Was bedeutet Menschsein für mich?
- Was möchte ich nicht weiterhin fühlen?
- Was möchte ich nicht weiterhin tun?
- Wie schade ich mir gerade selbst?
- Was möchte ich ganz hinter mir lassen?
- Wie kann ich meine Tage so gestalten, dass ich das Gefühl habe, sie gut verbracht zu haben?
- Was kann ich tun, um stärker und zugleich offener und mitfühlender zu werden?
- Was kann ich ausprobieren?
- Was kann ich mehr genießen?
- Wofür darf ich dankbar sein?
- Wo will ich wachsen?
- Wo will ich heilen?

Die Antworten auf diese und ähnliche Fragen bringen dich näher zu deiner Bestimmung, da sie etwas in dir verbinden: Sie verbinden dein Bewusstsein für deinen Schmerz in dieser Welt mit deinem Bewusstsein für deine Kraft zu heilen. Dich selbst, andere und Probleme, vor denen wir als Gesellschaft stehen.

> In dieser Verbindung aus deinen Schmerzen in dieser Welt und deinen Stärken formt sich eine Aufgabe, die größer ist als du.

Und in die du mit *der Kraft deiner Bestimmung* hineinwachsen kannst. Wirst du den Hunger auf der Welt beenden? Es gibt Menschen, die ihr ganzes Leben dieser Berufung widmen und Gigantisches in Bewegung setzen. Wirst du Frieden stiften? Jeden Tag hast du in deinem direkten beruflichen und privaten Umfeld die Gelegenheit dazu. Wirst du etwas völlig Neues erfinden? Die Inspiration wird aus genialen Quellen fließen, wenn du anfängst, ihren Zeichen zu folgen. Willst du in dem Unternehmen und dem privaten Umfeld, in dem du bist, ein neues Bewusstsein für eine gute Zukunft schaffen? Deine eigene Zuversicht wird andere mitreißen können. Oder möchtest du ein ruhiger, bedachter Mensch sein, der die Schönheit und Fülle in den kleinsten, alltäglichsten Dingen sehen kann und der eine Insel der Freude und der Verbundenheit für alle in deiner Familie ist? Dein Herzensfeuer wird dich zu genau solch einem Menschen machen.

Gehe deinen Ideen nach, probiere dich aus, erweitere dich. Schöpfe in deiner Kreativzone aus dem Vollen. Warte nicht, sondern hole dir das Buch, das so spannend klingt. Schreibe dich für den Kurs ein. Bewirb dich für das Praktikum. Biete interessanten Menschen deine Hilfe an. Schließe dich einem wohltätigen Projekt an. Starte einen Blog mit deinen Ideen.

> Das Umsetzen und Ausprobieren ist wichtiger als alles andere. Was auch immer dich ruft und dich deiner Antwort, deinem Wort, deinem Satz oder deinem Bild näher bringt, *tue es.* Setze Schritte.

Entzünde deinen Funken, entfache dein Feuer – und gehe dir selbst voraus. Hinein in dieses wunderbare Leben, das nur du in dieser Form leben kannst. Hinein in diese neuen Erfahrungen, die so in dieser Form nur für dich möglich sind. Hinein in diese Erweiterung und Erfüllung deiner Bestimmung, die so nur dir gegeben ist.

Denn mit deinem Hineinleben und Dir-selbst-Vorausgehen gibst du deiner höheren Führung ein sichtbares Zeichen, dass du dich auf den Weg gemacht hast. Dass du aus dem engen Korridor der Angst und Krisen ausgebrochen bist, um das Gute deiner Zukunft zu sehen. Um das zu leben und zu formen, was nur durch dich gelebt und geformt werden kann. Du zeigst dem Leben, dass du bereit dazu bist, deinen Berufungsraum zu betreten, und dafür, dass sich ganz neue Türen für dich öffnen. Weil du auch tatsächlich bereit bist, auf die Türen zuzugehen, zu klingeln, zu klopfen und die Klinke herunterzudrücken. Und dabei geht es dir nicht länger darum, dass diese Tür ganz genau so aussehen muss, wie du sie dir in schicken Visualisierungen vorgestellt hast. Sondern darum, dass du dieses Ja in dir spürst, dieses Feuer, diese Freude, diese Weite und diesen Vorwärtsfluss, den *die Kraft deiner Bestimmung* in dir auslöst.

Selbstverständlich dürfen deine Hände trotzdem zittern und feucht sein, wenn etwas ganz neu und unbekannt für dich ist. Natürlich dürfen sich trotzdem noch Zweifel in dir zu Wort melden.

Doch dein Vertrauen in dich und deine Bestimmung ist stärker. Du zerbrichst nicht mehr am Zweifel, weil du das Ganze siehst. Du spaltest dich und dein Leben nicht länger in verschiedene Splitter auf, die sich gegenseitig wehtun. Du siehst dich nicht länger als eine Person mit einem Privatleben, in dem du dich verbiegen musst, und mit einem Job, der dich aussaugt. Du bist du. In deiner ganzen Wesensgesamtheit.

Und du willst, dass sich alle Bereiche deines Lebens in deinem Berufungsraum sammeln und sich zu einem stimmigen, in sich verbundenen, sich ergänzenden und sich gegenseitig bereichernden Ganzen verbinden. Weil das der Natur *der Kraft deiner Bestimmung* entspricht: dein Ganz-Sein – und die vollste Fülle deines tatsächlich erfüllten Lebens.

Beruflich, privat und persönlich: Deine Lebensbereiche verschmelzen im Feuer deiner lebendigen Vielfalt

Die größte Fülle entsteht dort, wo sich maximale Freiheit und deine maximale Bereitschaft zur Verantwortung treffen. An dem Punkt, wo du deine Sehnsucht in einem sinnvollen, schöpferischen Tun stillen kannst. Und dort, wo du deine Vision zum Wohle anderer und mit der Unterstützung anderer verwirklichen kannst. Und es spielt keine Rolle, ob es sich dabei um private Vorhaben, um persönliche Träume oder um berufliche Projekte handelt. Wir wurden so geprägt, unser Leben in Freizeit und Arbeit, in privat und beruflich zu unterteilen. Und es ist richtig und wichtig, gesunde Grenzen zu ziehen. Eine bewusste Balance zu halten. Zu wissen, wann wir Ruhe brauchen und wie wir unsere Aktivität am zielführendsten einsetzen können. Wie wir mit Berufskolleginnen und -kollegen sprechen und wie wir uns unseren intimsten Menschen gegenüber öffnen.

Im Leben vieler Menschen sind diese Bereiche von Beruf, Privatleben und Persönlichkeit jedoch so weit voneinander entfernt, dass sie sich gegenseitig schwächen. Oder sogar so entgegengesetzt sind, dass sie eine Kluft im Ich aufreißen. Und diese Kluft tut weh. Der Schmerz des Getrennt- und Gespalten-Seins zwischen den verschiedenen Lebensbereichen führt dazu, dass wir immer mehr Kraft verlieren. Dass wir kämpfen und uns zu gewissen Dingen durchringen müssen. Im schlimmsten Fall führt diese Spaltung zu Bitterkeit, Aggression und Neid, zu depressiven Verstimmungen und zur Abspaltung von der eigenen Lebendigkeit.

Was wir hier brauchen, ist der erste der drei Startpunkte zur Suche nach unserer Bestimmung, den du in Kapitel 1 kennengelernt hast: Wir brauchen **die Rückkehr aus dem Leerraum des Vergessens,** wo wir von einer brennenden Suche nach mehr Sinn angetrieben werden, um uns selbst und unser Lebensfeuer zu retten.

Aber wie wäre es, wenn du niemals so lange warten würdest, bis dein innerer Funke fast erloschen ist? Was, wenn du deine Lebensbereiche aus Beruf, Privatleben und persönlicher Entwicklung nicht länger als voneinander getrennt betrachtest? Wenn du beginnst, die Kluft bewusst zu schließen, und dir erlaubst, diese drei Bereiche mehr und mehr verschmelzen zu lassen? Nicht indem du Berufskollegen bei dir zu Hause einziehen lässt oder deine Großfamilie zum nächsten Meditationsseminar mitschleppst, sondern indem du erkennst, dass alles, was in diesen drei Bereichen passiert, zu deiner Bestimmung zählt. Dass dir *alles* darin dient. Und dass dir alles noch mehr Fülle bringen will. Dass du auf allen Ebenen ganz du selbst sein kannst – und das in allen Facetten, von ruhig bis überschäumend, von bedacht bis spontan. Und dass du nicht mehr von dir erwarten musst, in jedem Bereich einem anderen Idealbild von außen zu entsprechen, sondern du *du* sein kannst. Du musst keine Funktion erfüllen, keine Hülle sein, sondern ein erfülltes Wesen, das seine Werte kennt – und in allen Bereichen *lebt*. Sich nicht selbst verleugnet und nicht verbiegt, sondern Berufliches wie Privates bewusst gestaltet und in Einklang mit seiner Persönlichkeit bringt. Weil du keinen Unterschied machen musst zwischen Arbeit und Spiel. Zwischen Beruf und persönlicher Erfüllung. Zwischen Liebe und Leben. Und in dieser Einheit wird alles in deinem Leben durchwoben von *der Kraft deiner Bestimmung*. Weil dein leuchtendes inneres Feuer alle Bereiche deines Daseins mehr und mehr miteinander verschmelzen lässt:

Beruflicher Bereich	Umfasst deinen Beruf, deine Projekte, deine beruflichen Partnerschaften und Pläne.
	Die Kraft deiner Bestimmung sagt hier: ENGAGIERE DICH. Lebe deine Wahrheit in deinem Beruf. In welcher Tätigkeit und in welcher Position du auch gerade bist: Sei eine sichtbare Verkörperung deiner Kraft, setze deine Freude, deine Überzeugung und deinen ganzen Elan in großartigen Projekten und Leistungen um, die dich selbst und andere begeistern.
Privater Bereich	Umfasst deine privaten Beziehungen, deine Familie, deine Verwandten und deine Freundinnen und Freunde, dein Vereinsleben und all die Tätigkeiten, die dein privates Leben füllen.
	Die Kraft deiner Bestimmung sagt hier: ÖFFNE DICH. Öffne deinen Herzraum und lebe Mitgefühl. Werde die stärkste Säule im Gebäude deiner Beziehungen, scheue nicht die Verantwortung, sondern trage sie mit Klarheit und Kraft, und halte den positiven Zukunftsblick für alle, die dir nahestehen und dir auf ihre Weise auf deinem Weg folgen.

Persönlicher Bereich	Umfasst deine persönlichen Interessen und Vorlieben, deine mentale und emotionale Reife und Entwicklung, deine Spiritualität und deine Beziehung zu dir selbst, zu deiner höheren Führung und zum universellen Raum.
	Die Kraft deiner Bestimmung sagt hier: **ENTWICKLE DICH.** Strebe nach Wachstum und Heilung, nach Erweiterung deiner Wahrnehmung und Vertiefung deiner Erkenntnis. Wachse immer tiefer in dich hinein und damit über dich hinaus.

Folgst du dem Ruf deiner Bestimmung, dich beruflich begeistert zu engagieren, dich privat mehr und mehr zu öffnen und dich persönlich zu entwickeln, werden die verschiedenen Bereiche deines Lebens sich sehr stark miteinander verbinden. Nicht weil du keine Grenzen mehr ziehst und die gesunde Balance nicht mehr hältst, sondern weil du deine Werte und deine Wahrheit immer klarer erkennst und vertrittst – und zwar in *allen* Bereichen. Weil du deine menschliche Vielfalt nicht nur für dich ganz persönlich leben, sondern sie auch beruflich und privat verkörpern willst. Weil du für deine Berufung einstehst und damit ganz automatisch auch deine Projekte und deine Beziehungen verwandelst. Alles wird sinnvoller. Alles wird echter. Alles wird ehrlicher. Alles wird authentischer. Weil du keine falschen Kompromisse mehr eingehst und dabei erkennst: **Viel öfter als dein JA zu deiner Bestimmung braucht es dein NEIN zu all den Dingen, die dich von deiner Bestimmung entfernen.**

Ein Nein, das erlöst

Wenn du das große Ja in deinem Leben spüren und ihm folgen willst, wirst du sehr oft Nein sagen. Wenn das Neue sich ausdehnen möchte, wird das Alte sich zurückziehen müssen. Und je mehr du dich und deine Vision in *der Kraft deiner Bestimmung* entfaltest, desto öfter wirst du Nein sagen zu all den Dingen, die ihr entgegenstehen.

Schon in der Phase des Sammelns und Findens, des Ausprobierens und Hineinlebens begegnest du in unserer vernetzten Welt schier unbegrenzten Einladungen, deine Kraft zu investieren. Überall kannst du dich anmelden, überall kannst du mitmachen – und das ist wundervoll und eine gigantische neue Möglichkeit, die noch keine andere Generation vor uns in dieser Form nutzen konnte. Genieße dieses Privileg, sammle – und finde.

Doch es kommt der Punkt, an dem das Sammeln dich nicht mehr weiterbringt, sondern verwirrt. An dem das Ausprobieren sich nicht mehr stärkend anfühlt, sondern ermüdend wirkt. **Und genau an diesem Punkt gilt es, Nein zum Außen zu sagen, dich von den Medien etwas zurückzuziehen, deine Vorbilder und Inspirationsquellen leiser oder ganz auf stumm zu stellen und *in dich* hineinzuhören.** Denn dann bist du in der Phase, in der das Gesammelte sich in dir verdichten will, in der nun genug Brennstoff da ist, um deinen inneren Funken zu entzünden – und damit ein neues Freiwerden von alten Gewohnheiten und Grenzen zu ermöglichen. Halte dich also nicht mehr im Außen fest. Das ist die Phase, in der sich die Richtung, in die dich *die Kraft deiner Bestimmung* bringen will, immer klarer *in dir* zeigen möchte. Und in der dir demzufolge all das nicht mehr guttut, was dich von deiner Bestimmung entfernt. Was dich fort von dem führen würde, was dein Weg nun für dich vorsieht. Was nicht zu dir passt.

Nicht zu dir gehört. Dieses Erkennen deines Neins kann sogar oft leichter sein als das Erkennen deines großen Jas zu deiner Bestimmung. Und das ist in Ordnung. Auch durch das Wissen darüber, was du nicht willst, näherst du dich dem, was richtig und wichtig für dich ist.

Denn *die Kraft deiner Bestimmung* wird von Kompromissen und Unklarheit unterdrückt.

So erlaube dir dein schützendes Nein, deinen klärenden Abstand, deinen Rückzug von bestimmten Medien, Meinungen und Menschen – um die Energie in dir und deinem Kern zu bündeln. Beende das Vergleichen ganz bewusst, um dich nicht selbst abzuwerten und zu entmutigen, sondern widme deine Energie und Aufmerksamkeit deinen eigenen Zielen und Träumen – und schenke ihnen deine ganze Kraft, um deine eigene Vision klar herausarbeiten und verwirklichen zu können.

Du wirst mit diesem Nein zu den Einflüssen im Außen dein Inneres von ganz viel falschem Druck und falscher Sorge erlösen. Du wirst vertrauensvoller und sicherer werden. **Du brauchst nicht mehr so viel Bestätigung für deine Entscheidungen, weil du selbst so stark hinter ihnen stehst.**

Und du kannst Nein sagen zu einer Lebensweise, in der du nie ganz in deine Kraft kommen kannst, weil du dich ablenkst und dir die Zeit vertreibst. Denn es ist deine Bestimmung, deine Zeit zu füllen: randvoll mit Leben, mit Freude und mit Verwirklichung. **Ja, je näher du dir selbst, deinem Kern und *der Kraft deiner Bestimmung* kommst, desto kostbarer scheint dir auch die Zeit, die dir auf dieser Erde gegeben ist.** In der Begegnung mit deiner höheren Aufgabe und im Betreten deines im Grunde unendlich großen Berufungsraums erkennst du auch, dass deine Zeit begrenzt ist, deine Vorhaben umzusetzen. Du siehst deine Endlichkeit, deine Verwundbarkeit und zugleich deine mögliche Größe. Und deine ganze Existenz erhält durch deine Bestimmung eine andere Bedeutung. Eine neue Priorität: **Du willst Sinn leben – und Sinn geben.**

Du willst nicht mehr auf der Zuschauerbank sitzen und konsumieren, was dir von anderen vorgeschlagen wird. Du willst nicht mehr Stunden am Handy hängen, um dich danach wie eine müde Verliererin oder ein matter Versager zu fühlen. Du willst nicht mehr Abende lang vor Netflix liegen, um die große Spannung deines Lebens auf einer Leinwand zu erleben. Du bist schlicht nicht mehr bereit, deine Zeit mit Inhalten totzuschlagen, die dein Herz letztlich mit Dumpfheit, Neid, Missgunst oder Angst füllen.

> Du willst *dich* spüren: in echten Erlebnissen und Herausforderungen, denen du dich stellst. Du willst mit einem offenen Herzen leben und aus der Fülle deiner Ideen heraus das kreieren, was dir (noch mehr) Freude schenkt.

Was dir zeigt, dass du etwas bewirken kannst. Und dass diese Wirkung auch für andere Menschen eine Bedeutung hat. Im Beruf genauso wie in der Familie und im Freundeskreis und vielleicht darüber hinaus.

Du verlässt den Zustand des Funktionieren-Müssens und folgst stattdessen deinem inneren Funken – mit all der Verantwortung und all der Größe, die das von dir fordert.

Und um das zu tun, um letztendlich Freiheit und Fülle zu leben, musst du ein ENDE setzen:

E: Ein
N: Nein
D: Das
E: Erlöst

Du musst ein Nein aussprechen, das dich erlöst. Und du sprichst es freundlich und gefestigt aus. Angemessen an die Situation und die Dringlichkeit, die da ist.

So ein entscheidendes Nein ist oft ein ganz alltägliches: ein Nein zu einem (zweiten) Glas Wein, wenn du in deiner Klarheit und inneren Anbindung bleiben willst. Ein Nein zu einem Essen, von dem du weißt, dass es dir nicht guttut. Ein Nein zu einem späten Date, wenn du weißt, dass du nur morgen früh an deinem neuen Projekt arbeiten kannst. Ein Nein zu zu viel Medienkonsum, der letztlich deine Motivation konsumiert. Ein Nein zu Gesprächen, in denen das Gute, das Schöpferische und das Aufbauende keinen Platz hat. Und irgendwann auch ein Nein zu den drückenden, verurteilenden und abwertenden Gedanken in dir. Ein Nein zu den immer gleichen Sorgen und Ängsten. Ein Nein zu den immer gleichen Grenzen, die du dir selbst aufbürdest.

> Diese alltäglichen inneren und äußeren Neins sind deine bewusst übernommene Verantwortung für dich und dein Ja zu dem Leben, das du erschaffen willst.

Und je öfter und je klarer du dich für dich und *die Kraft deiner Bestimmung* entscheidest, desto mehr wirst du wachsen. Bis du irgendwann deinen alten Formen und Strukturen entwachsen bist. Und dann braucht dieses Ja *zu* dir ein ganz großes Nein *von* dir.

Eine Weile existieren das Alte und das Neue noch zeitgleich. Sie stützen und ergänzen sich. Sie geben dir Halt und Sicherheit. **Doch irgendwann zerfällt die Spur hinter dir. Irgendwann bist du tatsächlich bereit zu »springen«.** In das neue von dir erschaffene Netz. Und dann will dein Wachsen und Heilen, dass du essenzielle Entscheidungen triffst. Dass du wichtige Weichen stellst. Und ein Ende, ein Nein, das erlöst, setzt. Wie ein Nein zum Bleiben im alten Beruf, in der alten Position. Oder ein Nein zu einem Menschen, mit dem du zwar eine gemeinsame Vergangenheit, aber keine gemeinsame Zukunft mehr hast. Und auch ein Nein zu früheren Lebenszielen, die dich einfach nicht mehr zu sich ziehen.

Im Fluss des Lebens und in der immerwährenden Weiterentwicklung der Kettenreaktion deiner Bestimmung gilt: **Was durchlebt ist, löst sich auf. Und das ist gut so.** Das ist natürlich. Das ist die Vergänglichkeit in der Lebendigkeit. Gestalte diese Übergänge daher mit Würde – und bewusst mit einem Herzen voll Vertrauen, voll Vergebung, voll Frieden und zugleich voll Feuer für das, was richtig und wichtig ist. Für dich – und für deinen Beitrag für das große Ganze.

Ein klares Nein kann dein altes Leben abschließen –
und dir ein neues eröffnen.

In einem klaren Nein liegt eine gewaltige Sprengkraft. Etwas Absolutes. Und wir spüren diese absolute Kraft immer dann, wenn wir ein wichtiges, finales Nein aussprechen sollten – und zögern oft. Zu Recht. Denn es ist gut, diese große Kraft mit Respekt und Klarheit einzusetzen. Weise den richtigen Moment zu wählen und dann bereit zu sein, durch die Konfrontation und die Konflikte hindurchzugehen, die diese Klarheit auslösen kann. Denn meist wünschen wir uns, dass wir das eine ohne das andere haben können: das Wachstum ohne das Ent-Wachsen. Wir wollen uns entfalten, aber niemanden enttäuschen. Wir wollen uns verwirklichen, aber keine alten Formen zerstören. Ist das möglich? Ja, manchmal lassen sich die alten und die neuen Welten sehr lange miteinander verbinden. Manchmal gelingt auch ein gutes Nebeneinander, wenn es zwar kein gemeinsames Wachstum, dafür aber eine ehrliche Annahme und ein freies, gegenseitiges So-sein-lassen-Können gibt. Wo diese Annahme und diese Freiheit aber fehlen und wo wir *die Kraft unserer Bestimmung* und unser

Bedürfnis nach Erweiterung und Entwicklung unterdrücken (müssen), um weiterhin ein altes Ja zu leben oder bleiben zu können, da werden diese im Außen vermiedenen Konflikte zu Konflikten in unserem Innersten. Egal ob beruflich, persönlich oder privat, der Versuch, andere nicht zu enttäuschen, führt oft zu einem Leben in Täuschung. Und wo wir die Kraft, die wir in uns gefunden und aktiviert haben, nicht leben, da verschließen wir sie wieder in einer Blase, in der mehr und mehr Druck entsteht.

Druck, Sog und Schub und die Signale deiner inneren Kraft

Wie du schon in Kapitel 2 gelesen hast, ist Spannung nicht gleich Spannung, und Druck ist nicht gleich Druck. So wie die verrückten Verschiebungen in unserer Welt und der alltägliche Stress Spannungen in dir und gar Risse in deinem Fundament auslösen können, so löst auch die in dir entdeckte und mit Neugier gesammelte *Kraft deiner Bestimmung* Druck aus: den Druck, den du brauchst, um letztlich deinen persönlichen Urknall zu entzünden und dein Aufbrechen und Freiwerden ganz aktiv in Gang zu setzen. Darum lerne diesen Druck, der aus *der Kraft deiner Bestimmung* kommt und dich sozusagen nach vorn in Richtung deiner guten Zukunft schieben will, zu erkennen, und traue dir zu, ihn auszuhalten und zu lernen, ihn schöpferisch einzusetzen.

Wie das gelingt? Weiche diesem starken Gefühl des inneren Drucks, des inneren Drängens nach vorn, der Sehnsucht nach der Erfüllung deiner Bestimmung nicht aus, sondern gehe auf diese Gefühle und damit dich selbst zu und beobachte: Handelt es sich bei dem Druck, den du spürst, um

- *Leidensdruck,*
- *Entwicklungssog* oder
- *Wachstumsschub*?

Und erkenne dann, was jetzt gerade wichtig für dich ist, um diesen Druck positiv für dich zu nutzen.

Sehen wir uns diese drei Formen von Druck genauer an:

Der Leidensdruck

Er unterwirft dich und deine Bestimmung einem Gefühl des Ausgeliefert-Seins. Der Schwäche, der Begrenzung, der Unfreiheit. Er ist schmerzhaft und windet sich tief in dir und ist damit auch typisch für ein Leben im Korridor der Krisen und Angst. Es ist der Zustand, in dem wir unter unseren Umständen leiden, aber nicht wirklich etwas daran verändern.

Reagierst du nicht auf diesen *Leidensdruck,* sondern versuchst du, ihn weiter auszublenden oder ihn zu betäuben, dann sagst du irgendwann: »Ich halte es nicht mehr aus!« – und etwas wird zerbrechen: entweder du selbst oder das, was dich scheinbar in diesem Leiden gefangen hält, deine Beziehung, dein Job, deine Familie.

Doch das muss nicht so sein. Wenn du Leidensdruck spürst, dann befindest du dich möglicherweise am ersten Startpunkt der Suche nach deiner Bestimmung, den du in Kapitel 1 kennengelernt hast: die Rückkehr aus dem Leerraum des Vergessens. Gehe also ganz bewusst in die Verbindung mit dir selbst und mit deinem Vertrauen – wage den Aufbruch und komme ins Handeln: **Der innere Leidensdruck will, dass du dich an deine wahre Größe, deine Fähigkeiten und dein Vertrauen erinnerst und dich in die Lernzone und in deinen Berufungsraum hineinwagst.** Dass du den Schmerz des Nicht-Verwirklichens und des Nicht-Auslebens nicht länger erträgst, sondern diese Energie in dir umwandelst – und einen starken Schritt nach vorn setzt: indem du dich besser um dich selbst kümmerst, deine Bedürfnisse an die erste Stelle rückst, deinen Interessen folgst, dich mit Menschen vernetzt, die dich inspirieren, und beginnst, deinen neuen Weg – ob beruflich oder privat – ganz aktiv zu gestalten.

Der Entwicklungssog

Er zieht dich wie ein Magnet in Richtung Zukunft. Seine Energie ist getrieben und ehrgeizig. Er weckt in dir ein Gefühl von So-sein-Wollen, ein starkes Streben hin zu etwas Neuem, etwas Strahlendem, das dich zu sich zieht. Und du sagst zu dir: »Los, los, los, ich will *das*. Und ich bin bereit, der Mensch zu werden, der ich sein muss, um es zu bekommen.« Diese Art von *Entwicklungssog*, die dich hin zum Neuen zieht, kann dir zeigen, dass du am zweiten Startpunkt der Suche nach deiner Bestimmung aus Kapitel 1 stehst: **dem Aufbruch aus einem Leben für die anderen.** Hier wirst du vom Leben dazu aufgerufen, mehr und mehr in dein wahres Ich hineinzuwachsen, deiner Bestimmung immer konkreter und immer freudvoller zu folgen – und zu beginnen, deinen Berufungsraum auszubauen. Die inspirierenden Vorbilder, die dir gerade begegnen, sind ein Spiegel deiner Möglichkeiten und eine Einladung, an deine Größe und die Bedeutsamkeit deiner Träume und Visionen zu glauben. Lass dich von diesem Sog mitreißen – und hinein in dein neues Leben leiten.

Der Wachstumsschub

Die dritte Form von innerem Druck ist der *Wachstumsschub*. Er ist die innerlichste und dabei höchste dieser drei Kräfte. Diese Art von Vorwärtsschub ist auch die Art von Energie, die du am dritten Startpunkt der Suche nach deiner Bestimmung aus Kapitel 1 verspürst: **der Erweiterung deiner Bestimmung.** Er wirkt wie ein innerer Aufwind und geführter Vorwärtsschub. Er ist weise, leicht und schnell. Er kann sich unruhig und ungeduldig, brennend und knisternd anfühlen. Verstehe ihn richtig! Halte ihn nicht fälschlicherweise für etwas Nervöses, das du beruhigen musst, sondern gehe mit dieser Schubkraft mit. Mache Zeit und Raum für sie frei und gehe in die Umsetzung. Stehe auf und beginne zu arbeiten, wenn sie dich schon weit vor Sonnenaufgang weckt. Nutze den Elan, die Extraportion Energie und die erhöhte Konzentrationsfähigkeit, die sie dir schenkt. Stoppe sie nicht, sondern erlaube diese Beschleunigung, von Meilenstein zu Meilenstein.

Der Wachstumsschub erhebt dich und beflügelt deine Kreativität. Er öffnet dich und deine Wahrnehmung für das, was jetzt wichtig und richtig für dich ist. Und gibt dir Mut, immer dann, wenn der Zeitpunkt und die Umstände unterstützend für dich sind.

Der Wachstumsschub kommt direkt aus *der Kraft deiner Bestimmung* und wirkt in den Momenten, in denen du voll Freude auf deinen eigenen Weg losstarten und deine eigene Vision kraftvoll umsetzen willst.

Innerer Druck sagt dir immer, dass eine Kraft in dir befreit und gelebt werden will.

Wenn der innere Druck also zu groß wird, dann komme ins Tun! Komme, wie vorhin vertieft, in die Umsetzung und ins Verwirklichen – und der Druck wird sich in unterstützende Schubkraft verwandeln. Setze deine Vision um, setze die Energie frei. Und alles, was hinter dem Druck festgehalten war, kann in dein Leben strömen.

Du musst jedoch nicht bis zum schmerzlichen Ausbruch warten. **Du musst nicht erst leiden und beinahe zerbrechen, um einen Grund zu haben, dich verändern, wachsen und heilen zu dürfen.** Je mehr du dir erlaubst, dem Entwicklungssog nach vorn oder deinem inneren Wachstumsschub zu folgen, desto mehr wirst du in den natürlichen, für dich stimmigen Fluss des Daseins finden. Desto leichter werden sich die Türen für dich öffnen. Und desto harmonischer wird sich dein Berufungsraum für dich ausdehnen. Weil du die Kraft nutzt, wenn sie *da* ist. Wenn sie dir Rückenwind gibt und alles »richtiger« werden lässt. Und mehr und mehr wirst du erkennen, dass all das scheinbare Chaos in deinem Leben in Wahrheit ein Geschenk ist.

Un-Ordnung vs. Um-Ordnung

Alles im Universum ist immer in Bewegung – uns so ist es auch im goldenen Fluss des Lebens. Nichts steht je still. Nichts ist jemals wirklich gleich. Nichts jemals wirklich vorhersehbar. Und diese Bewegung, diese Dynamik des Daseins bekommt unter dem Blick deines Vertrauens eine ganz andere Wichtigkeit: Denn die Wendungen, die Enden und Anfänge geschehen dir nicht mehr als Opfer der Umstände, sondern als Führungsperson deines Lebens. Und selbst wenn das Schicksal dich trifft, du dich mit einer schnellen Entscheidung selbst überholt hast oder die Dinge nicht so sind wie erwartet, weißt du jetzt, wo du, wo du so weit auf deiner Reise durch dieses Buch und möglicherweise auf dem Weg zur *Kraft deiner Bestimmung* gekommen bist, mit deinem inneren Fundament verbunden bist – und dass es einen Plan gibt, der größer ist als das, was du gerade erkennen kannst. Und du darfst dir sicher sein, dass nichts je ohne Bedeutung für dich ist.

In dieser offenen und selbstbestimmten Haltung kannst du überprüfen: **Ist da wirklich Chaos und Un-Ordnung in deinem Leben? Oder geschieht gerade eine Um-Ordnung, damit dein Berufungsraum sich ausdehnen kann?** Damit deine neu erworbenen Erkenntnisse und befreiten Fähigkeiten Platz haben, um gelebt zu werden? Damit deine inneren Wünsche und Sehnsüchte nun auch im Außen wirksam umgesetzt werden können? Und damit du deine nächstgrößere Wachstums- und Heilungsaufgabe annehmen kannst?

Die Um-Ordnung deines Lebens und deines Alltags ist eine ganz natürliche Notwendigkeit in deiner Entwicklung und deiner klaren Absicht, deine Bestimmung zu leben.

> Die Um-Ordnung ist ein Geschenk und eine große Möglichkeit – und du darfst dem Prozess des Neu-Ordnens vertrauen.

Vor allem, weil du diesen Prozess selbst prägen kannst. Und weil du aktiv mitentscheidest, was in diesem Um-Ordnungsprozess mitgenommen, was verändert und was verworfen wird.

Wenn du allerdings nur Un-Ordnung statt Um Ordnung siehst, dann fehlt dir (noch) die klare Ausrichtung und das wichtige Vertrauen. Dann geschieht vermeintlich alles zufällig, jemand scheint mit deinem Schicksal zu würfeln, und du fürchtest, die Macht über die Dinge verloren zu haben. Du glaubst, mit noch mehr Aktionismus und noch mehr Kontrolle alles wieder ins Lot oder gar zurück in den alten Zustand bringen zu müssen. Doch genau dabei verlierst du letztlich Kraft und lässt den wertvollen Wachstumsschub verpuffen.

Vertraue darauf, dass nach deinem persönlichen Urknall alles wieder in eine wundervolle Ordnung findet. Dass die Anziehungskraft deiner guten Gedanken und die *Kraft deiner Bestimmung* alles in eine neue, höhere Harmonie bringen werden. Darum flüchte nicht vor dem Chaos, sondern gib dir Zeit, um durch das Chaos hindurchzusehen und hindurchzugehen. **Schaffe ein starkes Gravitationszentrum in dir. Erde dich.** Tritt emotional einen Schritt zurück. Und betrachte die scheinbare Un-Ordnung, das scheinbare Chaos in deinem Leben, in deinen Gefühlen oder in deinen Gedanken aus einer gesunden Distanz. Spüre, dass du die Kraft in dir trägst, die Dinge zu lenken. Denn *du* bestimmst als Führungsperson in deinem Leben diese neue Struktur, diese neue Ordnung und diese neue Form mit der Kraft deiner guten Gedanken, mit der Kraft deines Vertrauens in dich und den Prozess und mit der Kraft der klaren Intention, die du für dich setzt.

Gib jedem Tag seine Bestimmung und deinem Leben eine ganz neue Bedeutung

Deine Absicht gibt allem, was du tust, seine Grundenergie und seine Grundausrichtung. Deine klare Absicht, also deine Intention, »zu setzen«, bedeutet nichts anderes, als dich immer wieder ganz bewusst zu zentrieren und gute Gedanken und gute Gefühle in dir wachzurufen. Dich mit den erhebenden Bildern und den starken Visionen deines Lebens zu verbinden und zu sagen: **Ich wähle das Gute. Ich wähle das Stärkende. Ich wähle das, was meiner Bestimmung entspricht.** Und damit bringst du deine mentale Absicht in Einklang mit deinem inneren Antrieb. Und erzeugst einen aufsteigenden Entwicklungseffekt, der immer mehr Menschen und Möglichkeiten in dein Leben zieht, die dieser positiven Ausrichtung entsprechen. Die eine Bestätigung und eine Bestärkung für deine guten Gedanken und aufbauenden Gefühle sind. Denn du strahlst aus, was du fühlst. Und ziehst an, was dieser Ausstrahlung entspricht. Zuversicht zieht dich zu zuversichtlichen Menschen. Mut zieht dich zu tollen Möglichkeiten. Vertrauen zieht dich zu ehrlichen Kräften.

Was glaubst du, wie sich dein Leben entwickeln würde, wenn dein tägliches Mantra dieses wäre:

»Alles entwickelt sich immer gut für mich.«

Was, wenn du dieses Mantra an jedem Tag, bei jeder Begegnung und bei jedem Projekt weiter verinnerlichen und ausstrahlen würdest? Wenn du jeden Morgen auch nur eine halbe Minute, also dreißig Sekunden deiner Lebenszeit investieren würdest, um tief ein- und auszuatmen, dich mit deinen drei Zentren – dem Punkt tief hinter deinen Augen, dem Punkt tief in deinem Herzraum und dem Punkt tief in deinem Bauchraum – zu verbinden und dieses Mantra in tiefer Anbindung an dein Herz dreimal laut auszusprechen? Wenn du dir erlaubst, ganz einzutauchen in dieses Versprechen deines Vertrauens? Dich einmal ganz durchfluten zu lassen von diesem Gefühl der entspannten Zuversicht? Um es dann mitzunehmen in deinen Tag und in alles, was du tust.

»Alles entwickelt sich immer gut für mich« ist nicht nur Zuversicht, sondern auch ein Schlüssel zu einer höheren Wahrnehmung. Der bewussten Ausschau nach dem Guten, der bewussten Ausrichtung auf die Lösung. Denn dieser Satz sperrt dich nicht in ein Gefängnis, in dem nur gute Gefühle erlaubt sind, sondern er erlaubt auch Schwierigkeiten. Er erlaubt auch Hürden. Und damit erlaubt er wahres Wachstum und Heilung. Er gibt dem bunten, unvorhersehbaren, hochdynamischen Fluss deines Lebens eine positive, schöpferische Fließrichtung. Und mit der täglichen Wiederholung gibst du jedem deiner Tage seine eigene gute Grundschwingung – und damit seine Bestimmung. Und seine Bestimmung ist es, dir das Gute in deinen Gefühlen und Gedanken zu spiegeln.

Auch wenn es gerade nicht einfach oder nicht »gut« für dich ist, hilft dir diese innere Ausrichtung dabei, zuversichtlich zu bleiben, bis das Blatt sich wieder wendet.

Sei es dieses Mantra oder eines, das sich für dich zeigt und stimmig und stärkend anfühlt – die Erdung in der Ausrichtung, in deiner Intention, ist das, was dein Fundament braucht.

Denn letztlich ist nicht die Welt oder das Leben ein unerschöpfliches Spielfeld kreativer Möglichkeiten, sondern DU bist es.

Mit deinen Gedanken, mit deinen Gefühlen, mit deinem Bewusstsein und mit der *Kraft deiner Bestimmung*, mit der du die Visionen manifestierst, die das Licht deines inneren Funkens sichtbar gemacht hat.

Die Kraft deiner Bestimmung ist eine Kraft der Kreation

Wie wir bereits gesehen haben, sind wir Menschen nicht hier, um wie Maschinen zu funktionieren. Unser Weg verläuft nie geradlinig von A bis Z, unsere Entwicklung ist nie ganz vorhersehbar, und unsere »Fehler« müssen nicht »repariert« werden. Wir Menschen sind hier, um das ganze Spielfeld an Kombinationsmöglichkeiten zwischen A und Z auszuloten. Um Unvorhersehbares zu meistern und selbst scheinbar Unmögliches möglich zu machen. **Wir sind hier, um zu kreieren – und zu manifestieren.**

Kaum ein anderes Thema ist übrigens so beliebt im Bereich der Persönlichkeitsentwicklung wie das Manifestieren. Weil wir hier ja lernen wollen, wie wir reich, schön und für immer glücklich werden. Doch im Manifestieren-Können liegt so viel mehr als das: Im Manifestieren-Können liegt das wahre Wunder deines Menschseins. Du als Mensch hast die Gabe, etwas entstehen zu lassen, was vorher nur ein Gedanke war. Du kannst ganz konkret verwirklichen, was vorher nur im Feld der Vision, der Idee lag.

> Du bist im wahrsten Sinne eine Schöpferin und ein Schöpfer. Und mit dieser urinneren und ureigenen, dir in jedem Fall gegebenen Fähigkeit gut, bewusst, verantwortungsvoll und damit tatsächlich schöpferisch umgehen zu lernen, ist der diamantene Kern deiner Bestimmung.

Immer wenn du eine deiner Ideen aufgreifst und sie ganz bewusst und im Einklang mit deiner inneren Wahrheit umsetzt, lebst du deine kreative Kraft aus. Manifestierst deine Ziele und Träume und wächst mit der Umsetzung deiner Visionen auch in deine wahre Größe hinein.

Vergiss dabei nie: **Als Mensch bist du immer schöpferisch. Immer. In jeder Sekunde. Mit jedem Atemzug. Mit jedem Gedanken. Denn jeder deiner Gedanken kann letztlich eine Wirklichkeit werden.** Je mehr Aufmerksamkeit du ihm gibst, je mehr du den Gedanken in dir formst, desto wahrscheinlicher wird es, dass er auch real wird. Darum unterschätze dich nie. Unterschätze nie deine Wirkung und deine Wirksamkeit. Sondern triff die Wahl deiner Gedanken und deiner Entscheidungen immer *noch* bewusster – und im Einklang mit deiner höheren Führung:

Deine höhere Führung kennt dein höchstes Ziel

Was ist das: deine höhere Führung? Ist es eine mystische Stimme, die von irgendwo zu dir spricht und dir verschlüsselte Anweisungen gibt? Oder eine magische Macht, die du mit einem Zauber heraufbeschwören musst? Eine besondere Quelle der Information, die zwar sehr intuitiven oder spirituellen Menschen zugänglich ist, aber nicht jemandem wie dir?

In meiner Wahrnehmung und Erfahrung ist sie nichts von alledem. Höhere Führung ist pure Klarheit, die in schlichten Worten und in einer sanften Stimme zu dir spricht. Und diese Stimme klingt wie du. Deine höhere Führung spricht in dir zu dir, in deiner eigenen Stimme. Sie kommt nicht von fern, sondern aus deinem tiefsten Kern. Doch sie fühlt sich anders an als deine alltäglichen Gedanken und der belanglose Singsang in deinem Kopf. Deine höhere Führung ist weicher und weiser und doch unverrückbar in ihrer Überzeugung.

> Sie ist die Instanz in dir, die immer weiß, was jetzt richtig ist, selbst wenn dir noch der Mut oder das Zutrauen fehlen, dieser Anweisung zu folgen. Sie ist geduldig und wird nicht müde, dich immer und immer wieder an die Wahrheit zu erinnern. An das eigentlich Offensichtliche, das du noch verhängst mit Sorgen oder Zweifeln. Sie schickt dir Menschen, die dich einen Schritt weiterbringen, über ihr Lob und ihre Hilfe genauso wie über ihre Kritik oder ihren Widerstand. Und sie gibt dir Zeichen, die dir zeigen, wo der richtige Weg weiterführt – und wo nicht.

Manchmal ganz plakativ, indem dir ein für dich wichtiges Buch »in die Hände fällt« oder indem dein Wagen nicht anspringt und du ein erstes Date verpasst. Manchmal ganz subtil mit einem flauen Bauchgefühl, das dich zurückhält, oder mit einem erhellenden Herzklopfen, das deinen inneren Funken aufleuchten lässt.

Dich selbst auf deinem Weg gut zu führen, heißt, gut zwischen diesen Zeichen und Impulsen unterscheiden zu lernen – und im richtigen Moment auf die richtigen Impulse zu hören. Und das wird dir immer besser und leichter gelingen, je mehr du mit dir selbst verbunden bist. Je mehr Erdung und Ausrichtung auf deine höhere Führung du dir erlaubst und je genauer du auf die Signale deines Körpers achtest. Denn deine höhere Führung bedient sich deines ganzen Körpers, deines ganzen Emotionsspektrums, deines ganzen Wesens und deines ganzen Umfelds bis hin zu deiner Buchhandlung und den Zündkerzen deines Autos, um deine Fragen und Bitten zu beantworten.

Auf deinem Bestimmungspfad geht es ja nicht um deinen kleinen Traum und das Abarbeiten des Bekannten, sondern es geht letztendlich um deine höhere Aufgabe und das Erschließen und Erweitern deines ureigenen Berufungsraums. Und darum darfst du auch über die Ebene deines gewohnten Denkens und des alltäglichen Fühlens hinausgehen. Du darfst dich an diese weise, weiche und zugleich wegweisende Instanz deiner höheren Führung anbinden und mehr und mehr erkennen:

Du bist nicht nur die Führungsperson in all deinen Entscheidungen, sondern auch die Meisterin und der Meister deines Lebens.

VI.
DIE MEISTERSCHAFT

Gib nicht auf.
Sondern wachse über dich hinaus.

Meister, woher kommt deine Kraft?«, fragt der Zen-Schüler. Und für eine Antwort frage ich nun dich: Was glaubst du? Woher kommt die Kraft der Menschen, die du als »meisterhaft« wahrnimmst? Was zeichnet sie aus? Ist es ihre Ausdauer und ihre klare Ausrichtung, die sie trotz all des Chaos in der Welt bewahren können? Ist es ihre sichere Ausstrahlung? Ihre Gewissheit? Ihr Talent? Ihre Souveränität? Ihr Charisma? Oder ist es diese goldene Ruhe, diese getragene Stille, die offenbar hinter allem liegt, was sie tun und was sie sagen?

Die Menschen, die wir als wahre Meisterinnen und Meister des Lebens bezeichnen könnten, haben ihr innerstes Tor zum großen Ganzen gefunden – und verbinden die Kraft, die sie aus ihrem inneren Funken schöpfen, mit allem, bis hinein in ihr kleinstes Alltagsgeschehen. Sie haben ihr wahres Selbst im Hier und Jetzt erkannt und sehen doch weit über den aktuellen Moment hinaus. Sie sind ganz bei sich – und leben auf ihre Weise selbstlos in dieser Welt. Sie vertrauen bis in ihr tiefstes Fundament und haben ihren Berufungsraum weit um sich ausgebreitet. Sie sind tief mit sich selbst und ihrer Wahrheit verbunden. **In dieser Verbundenheit mit sich selbst und ihrem Ursprung entsteht diese goldene Ruhe, diese getra-**

gene Stille, von der sie gehalten und geführt werden. In all ihren Entscheidungen, in all ihren Herausforderungen, in all ihrer Freude und in all ihrer Zuversicht.

Die Kraft dieser Meisterinnen und Meister des Lebens kommt nicht nur aus ihnen selbst, sie fließt vielmehr auch durch sie hindurch. Sie scheint aus einer universellen Quelle zu strömen, manche mögen sie »kosmisch« oder »göttlich« nennen, die größer und umfassender ist als das, was wir mit unseren Alltagssinnen erkennen können – und sie fließt mitten hinein in alles, was sie tun. In jeden Moment. In ihre Gegenwart, die damit eine ganz andere Tiefe und Bedeutung bekommt.

Und die wahre Meisterleistung ist es, diese Verbindung zu halten: Augenblick für Augenblick erneuern sie diese Anbindung an sich selbst und an ihr Vertrauen in die universelle Kraft. Augenblick für Augenblick erinnern sie sich an ihren Auftrag, den sie als Mensch angenommen haben. An ihr höheres Ziel in ihrer Arbeit und in ihren Beziehungen und an ihre ureigene Bestimmung.

Ich möchte dich einladen, dass auch du dir in diesem Kapitel die wertvolle und wegweisende Frage nach deinem Ziel und deiner Vision stellst:

Was möchtest du tun mit diesem wundervollen, schöpferischen und einzigartigen Leben, das du hast?

Sag, worin willst *du* meisterlich werden? Worin willst du dich souverän und sicher fühlen? Worin willst du dich ausprobieren und deine Ausdauer beweisen? Worin willst du dein wahres Talent erkennen und leben? Worauf willst du deine Visionen und Ziele ausrichten, um mitten in dieser verrückten Zeit einen klaren inneren Kompass zu haben? Womit willst du dich innerlich voll Vertrauen verbinden, um jederzeit einen stabilen Anker in dir zu finden? Und wie willst du deine Zeit und Kraft investieren? Welchem Ziel willst du dich verpflichten? Ja, welches Versprechen willst du dir, deinem Leben, deinen Lieben und dieser Welt geben?

> **Wir Menschen müssen uns selbst ein Versprechen geben. Ein Versprechen, das so groß und so stark ist, dass es für uns beides ist: ein Anker und ein Antrieb, eine Mut-Quelle und ein Motor. Und dann sollten wir jeden Tag so gestalten, dass wir dieses Versprechen auch halten können.**

Das Versprechen deines Lebens

Wenn du dir und deiner Bestimmung dein Ja gegeben hast und wenn du deinen Berufungsraum betreten hast und Schritt für Schritt in die Umsetzung deiner Pläne kommst, dann hast du dein »*Commitment*«, dein inneres Versprechen, gegeben. Du hast dich für einen Weg und ein Ziel entschieden, indem du nicht nur einem einfachen Zweck, sondern deinen Werten, deiner Wahrheit und deiner Bestimmung folgen willst. Und dieses Versprechen ist zugleich auch eine Verbindung: hin zu einer höchst kraftvollen Quelle an Inspiration und Motivation. Sie kann und wird dich stabilisieren. Denn wenn du für dein Versprechen und deine Bestimmung antrittst, dann nimmst du einen neuen Blickwinkel auf all die Dinge ein, die in der Welt und in deinem Umfeld geschehen – und du wächst über deine vielen kleinen Ängste hinaus.

Und damit beginnt deine Meisterschaft. Deine Verbindung zu etwas, das größer ist als du. Und deine Anbindung an eine Aufgabe, die du nicht mehr aufgeben willst, weil sie zu erfüllen zum alltäglichen Motor für deine Motivation und deinen Mut wird.

Sobald du deinen Berufungsraum betreten hast, gibt es eigentlich kein Zurück mehr. Denn ein Zurück wäre eine Lüge, wäre ein Aberkennen dessen, was du jedoch erkannt hast. Ein Verrat an deinem Versprechen. Denn das Versprechen, das du dir selbst aus tiefstem Herzen und mit jeder Zelle deines Körpers gegeben hast, das willst du nicht brechen. Das willst du einhalten – auch wenn es schwierig wird. Auch wenn es deine Meisterkraft fordert. Dein Versprechen an dich selbst und dein Leben hält dich auf deiner Spur, auf deinem Bestimmungspfad, und wie du bereits weißt: **Dieser Pfad ist geprägt von Wachstum und Heilung.** Er wird dich herausfordern. Auf allen Ebenen. Beruflich, persönlich und privat. Er wird dich vor große Entscheidungen stellen. Wird dich mit unvorhersehbaren Wendungen konfrontieren. Wird dich immer wieder irritieren. Dir Hürden in den Weg stellen und dich zu Umwegen zwingen – damit du weiterwächst.

Und damit du erkennst, was all die Erfahrungen, die du an den Hürden und auf den Umwegen sammelst, wirklich sind: ungemein wertvolle Mosaiksteine im Kaleidoskop deiner Bestimmung.

Sie sind keine Einbrüche, sondern Erweiterungen. Keine Störfaktoren, sondern eine facettenreich schimmernde Vervollständigung des so einzigartig perfekten Gesamtkunstwerks, das du dein Leben nennst. Sie wollen aufgenommen und eingebunden werden in deine Ziele, in dein Tun und in dein Wirken. **Sie wollen ein Teil dessen sein, was du bist.**
So webt beispielsweise einer meiner Klienten die Krankheit seines Kindes in seine Berufung ein – und gibt Menschen mit derselben Diagnose in seinen Projekten eine öffentliche Stimme. Eine andere Klientin fand sich nach ihrer völlig unerwarteten Kündigung nach über zwei Jahrzehnten am Boden ihrer selbst wieder – und entdeckte dort das Gold ihrer bislang un-

gelebten Spiritualität und sanften Weiblichkeit und erbaute sich daraus ein völlig neues, herzzentriertes, erfülltes Leben. Und wieder eine andere nimmt die in ihrem Familienstammbaum gefundenen tragischen Armuts- und Abhängigkeitsgeschichten ihrer Vorfahrinnen als Antrieb, im Hier und Jetzt Frauen zu finanzieller Fülle zu verhelfen.

Die Ebenen *Beruf, Privat* und *Persönlich* verschmelzen miteinander. Die schmerzlichen Erfahrungen werden mit den eigenen Talenten und Fähigkeiten zu etwas Neuem verarbeitet. Die schweren Lektionen des Lebens werden zu Lern- und Wachstumsräumen für dich selbst und für andere. Kurz: Die Ebenen des Lebens greifen im Berufungsraum ineinander – und sie bereichern sich so sehr. **Sie machen alles substanzieller, bedeutsamer und sinnvoller.** Und der Antrieb, das eigene Versprechen zu halten, den inneren Funken nicht erlöschen zu lassen und die Prüfungen der eigenen Meisterschaft zu bestehen, wird immer stärker. Und der Mensch dabei immer vollständiger. Immer erfüllter.

Denn in der Realität des täglichen Lebens schließt nichts, was dir auf deinem Weg widerfährt, dein Ja zu deiner Bestimmung aus. Und selbst wenn es dir im ersten Moment so erscheint, dass eine unerwartete Wendung, eine Krankheit oder ein anderes Unglück deinen Weg unmöglich machen, so zeigt uns das Leben unzähliger beeindruckender Menschen, dass das Unerwartete und das Schmerzhafte oft genau das ist, was sie zu eindrucksvollen Meisterinnen und Meistern ihres Lebens gemacht hat. Und was ihre Bestimmung letztlich so klar, aussagekräftig, so einzigartig und unverwechselbar macht.

Das Einhalten dieses Versprechens an dich selbst und der Weg zur Meisterschaft ist also oft ein Kraftakt. Doch du willst nicht mehr in den Korridor zurück, in dem all deine Energie in der Konzentration auf die Krisen und auf das Schlechte verloren geht. Sondern du willst und kannst vielmehr deinen inneren Funken nutzen, um die Welt rund um dich etwas heller zu machen. Du *willst die Kraft deiner Bestimmung* für das Gute und das Schöpferische einsetzen. Und du willst die Erkenntnis, das Wachstum und die Heilung, die du erfahren hast, auch weitergeben. Und es wird für dich ganz klar erlebbar:

> Verletzte Menschen verletzen Menschen, und enttäuschte Menschen enttäuschen andere. Doch geheilte Menschen können andere heilen. Und begeisterte Menschen können auch das Feuer in anderen entfachen.

Was diese beiden Menschen – die, die verletzen, und die, die heilen – letztlich unterscheidet, ist das Versprechen, das sie sich und ihrem Leben innerlich geben: entweder das Versprechen, sich zu rächen, oder das Versprechen, ihren Schmerz und den Schmerz der Welt zu mindern. Letzteres, indem sie in ihrem Vertrauen und in ihrer inneren Verbindung bleiben – um auch anderen Vertrauen schenken zu können und damit eine noch intensivere, stützendere Verbindung zu sich selbst und zu ihren Mitmenschen zu ermöglichen. Um selbst zu einer Kraft zu werden, die nicht zerstört, sondern aufbaut. Die nicht in den Geschichten der Vergangenheit gefangen bleibt, sondern die Zukunft erbaut – und den Moment überdauert.

Das schönste Versprechen deiner Bestimmung ist das Gefühl der Unendlichkeit

Deine Meisterschaft ist es, voll und ganz zu leben. Mit wachen Sinnen und mit offenem Herzen. Mit allen Höhen und Tiefen und mit dem Gefühl, dabei tief verbunden zu sein mit dir selbst und deiner Bestimmung. Dich darauf zu verlassen, dass auch das Unbekannte und das Unvorhergesehene etwas zu deinem Berufungsraum beitragen können und dass das, was du erlebst und verwirklichst, eine Spur in Raum und Zeit setzt, die eine Bedeutung hat, die über dich hinausreicht.

Weil du mit deinem Tun und Wirken dieses gewaltige Gewebe der Menschheitsgeschichte mitgestaltest – und heute vielleicht noch gar nicht weißt, was deine vermeintlich kleinen Schritte, die du mit *der Kraft deiner Bestimmung* setzt, letztlich alles bewirken können.

Weil du alles andere bist als eine zufällige Zuschauerin oder ein belangloser Beobachter. Weil du mit deiner Heilung auch etwas in anderen heilen kannst. Weil du mit deinem Freiwerden auch einen Weg zur Freiheit für andere aufzeigen kannst. Und weil die mutige Ausdehnung deines Berufungsraums auch andere dazu animieren kann, sich nicht nur die Frage nach ihrer Bestimmung zu stellen, sondern den Mut zu haben, auch ganz aktiv auf die Antworten in ihrem Leben zuzugehen. **Und nicht zuletzt, weil du in der Anbindung an** *die Kraft deiner Bestimmung* **mehr und mehr selbst diese goldene Ruhe, diese getragene Stille und diese meisterhafte Stärke in die Welt bringst. Und das ist ein Beitrag von unschätzbarem Wert.**

Das ist deine ganz eigene Meisterschaft, deine Heldenreise hier auf dieser Erde.

Die Schönheit des Weges liegt im Vertrauen in deinen Prozess

Der Held und die Meisterin haben etwas gemeinsam: Sie geben nicht auf. Sie kehren ihrem Weg nicht den Rücken, sondern sie stärken ihr Rückgrat – und bestehen die Prüfung, die sich ihnen stellt. Als jemand, der sich selbst verspricht, *die Kraft seiner Bestimmung* zu finden und sie auch zu leben, wirst auch du mehr du, mehr zu einem Menschen mit starkem Rückgrat und Weitblick. Der aus seiner höheren Führung heraus lebt. Und der es versteht, den Zeichen auf seinem Bestimmungspfad zu folgen.

> Der sich traut, seinen inneren Funken und damit sein inneres Feuer hell zu entzünden – und es im Sturm dieser verrückten Zeit leuchtend in die Welt zu tragen. Um *für* etwas zu stehen. Und um ein Wegweiser und eine Wegbereiterin für all jene zu sein, die noch nach ihrem Funken suchen.

Mit jedem Ja zur *Kraft deiner Bestimmung*, zu deinen wahren Werten und deinem ureigenen Weg kannst du mehr zu einem lebendigen Beispiel werden für Mut und Vertrauen in einer verwirrenden Zeit. Für Kreativität und Freiheit in einer ängstlichen Welt. Und was könnte kostbarer sein als das? Erfolg? **Dein größter Erfolg liegt darin, dich selbst in deiner ganzen Einzigartigkeit zu entdecken.** All das zu erschaffen und zu ermöglichen, was *nur du* in dieser Form erschaffen und ermöglichen kannst. All das zu verändern und zu verwirklichen, was *nur du* in dieser Zeit hier auf Erden verändern und verwirklichen kannst. Denn was du in *der Kraft deiner Bestimmung* ins Leben rufst und hervorbringst, das wird immer einen besonderen und unverwechselbaren Charakter haben.

In diesem Prozess durchläufst du die 7 Phasen der Kettenreaktion deiner Bestimmung vermutlich nicht nur einmal, sondern immer wieder.

Immer wieder spürst du, dass sich etwas in dir gesammelt hat. Spürst den Druck, dich zu entwickeln und zu verändern. Immer wieder will sich etwas Neues in dir entzünden und aufleben. Immer wieder will eine neue Ebene deiner Bestimmung befreit und erschlossen werden. Immer wieder bekommst du eine – schmerzliche oder schöne – Chance, dich in deinem Berufungsraum weiter auszudehnen. Und immer wieder rufen dich die Vielfalt und die Freude an der Lebendigkeit dazu auf, dich selbst und deine Bestimmung noch einmal auf einer neuen Ebene auszuprobieren und zu erleben.

Dein Prozess verläuft nie linear. Denn dein Wachstum und deine Heilung verlaufen nie geradeaus von A bis Z. Sie verlaufen immer in Zyklen.

Stell dir deinen Bestimmungspfad nicht wie eine Linie vor, sondern wie eine Spirale. Eine Spirale, die sich immerfort dreht und auf der du – im besten Falle – immer weiter nach »oben« in Richtung deiner wertvollsten Ziele und Verwirklichungen aufsteigen kannst.

Auf diesem spiralförmigen Pfad kommst du immer wieder an Stellen und Themen vorbei, denen du bereits auf einer anderen, niedrigeren Ebene begegnet bist. Wenn du auf deinem Bestimmungspfad also wiederholt auf gewisse Themen und alte Wunden triffst, dann nicht etwa deshalb, weil du sie noch nicht überwunden hättest. Sondern weil du diese Lernaufgaben mit einem immer noch feineren Bewusstsein lösen und durchblicken kannst. Um dann deine Erkenntnisse noch wirkungsvoller in deine Arbeit, in deine Beziehungen und in deine persönliche Entwicklung einzuweben.

Du darfst deinem Prozess also voll vertrauen. Und je mehr du vertraust, desto mehr wirst du diese Verbundenheit und Präsenz spüren und leben können, die die Meisterinnen und Meister auszeichnet.

Deine Meisterprüfung: die Erleuchtung und die dunkle Nacht der Seele

Schau für einen Moment auf deinen bisherigen Lebensweg und frage dich: **Was war die größte Prüfung, die du bereits bestanden hast?** Im Beruf. In deinen Beziehungen. Und für deine Persönlichkeit? Was war es? Wecke diese Erlebnisse in all ihren Bildern, Farben, Gefühlen, Gerüchen und Geräuschen wieder in dir: Wie alt warst du? Wo hast du gelebt? Was hat sich ereignet? Was hat dir den Mut und die Kraft gegeben, diese Prüfung zu bestehen? Was hat dich dabei unterstützt? Was hat dich möglicherweise unsichtbar getragen? Was hast du dadurch verändert? Und wie hast du dich gefühlt, als du diese Lebensprüfung bestanden hattest?

Vielleicht waren da die großen *guten* Gefühle wie Mut oder Stärke, wie Zutrauen oder Stolz. Vielleicht war da großes Herzklopfen und pumpendes Adrenalin. Vielleicht aber auch ein stilles, sicheres Wissen um das, was jetzt richtig für dich ist, eine innere Führung, die aus einem höheren Feld kam und dich unsichtbar angeleitet hat. Vielleicht war das Bestehen der Prüfung sogar eine Art der Erleuchtung, ein Aufwachen, ein goldenes Aha!, das dich mit einem Schlag glasklar hat erkennen lassen, wer du wirklich bist – und was nicht. Wobei du nicht länger mitspielen willst und was du nicht länger dulden kannst.

Vielleicht waren manche dieser Prüfungen jedoch auch schwer. So schwer, dass du dachtest, du würdest sie nicht bestehen können. Vielleicht waren sie voll Leid, Schmerz und Tränen, unter denen du dich alles andere als stark und meisterlich gefühlt hast. Wo du meintest, dich zu verlieren: in der dunklen Nacht der Seele. Doch auch dort, in der schwärzesten Stunde, kannst du letztlich zu deinem inneren Funken vorstoßen, der neues Licht in dein Leben bringen kann.

Weil hinter den intensiven Gefühlen oft deine intensivsten Durchbrüche warten. Weil hinter dem größten Druck oft deine größte Umsetzungskraft entfesselt werden kann. Und weil sich hinter den härtesten Rückschlägen die allerwichtigsten Türen für dich öffnen können.

Dein Bestimmungspfad ist ein Abenteuer. Eine feurige, oft unvorhersehbare Kettenreaktion mitten in diesem gigantischen Kosmos, die in Wahrheit niemals stillsteht. Und diese Intensität, die dein Leben auf dem Weg zu deiner Bestimmung erreicht, ist ein Beweis für die überschäumende, alles berührende Lebendigkeit, die dein innerer Funke in dir entfacht hat. **Darum verstecke dich nie vor den großen Entscheidungen, verschließe dich nie vor intensiven Momenten.** Sondern gehe weiter auf die Antworten auf deine Fragen zu. Öffne Augen und Ohren, Herz und Hände für das, was das Leben dir gibt: die Verantwortung *und* die Fülle. Die herrlichen *und* die herausfordernden Gefühle. **Weil du weißt, dass du genau dadurch deine Meisterschaft erlangen wirst, durch das Dranbleiben.** Dadurch, dich auch in den stärksten Emotionen wieder in dir zu erden. Dich auch im größten Chaos wieder an diesen stillen, sanften inneren Punkt der Klarheit anzubinden. Im Durch-dich-Hindurchlassen und Durch-dich-Neumachen. Im Annehmen von dem, was ist – und im schöpferischen Gestalten von dem, was du in deinen schönsten Träumen siehst. Und wenn eine oder einer deiner (künftigen) Schülerinnen und Schüler dich einmal fragt: »Sag, woher kommt deine Kraft?«, dann kannst du aus deiner goldenen Ruhe und getragenen Stille heraus antworten:

> »Sie kommt aus meiner Hingabe an meine Bestimmung. Ich finde sie im Leer-Werden von dem, was ich nicht bin, und im Mich-füllen-Lassen von dem, was mir an Gutem und Schönem zufließt. Sie liegt in dem, was mir Freude schenkt – und mein Herz weitet. Und erwächst aus dem, was eine Wunde in mir hinterlässt, über die all das in mein Bewusstsein tritt, was noch wichtiger ist als mein kleines Wollen. Sie liegt im Schmerz und in der Schönheit, in den Tränen und im Lachen dieser Welt, die ich trotz allem liebe. Und in der ich einstehe für das, was ich bin, auch wenn das etwas anderes ist, als manche von mir erwarten.«

Eine Meisterin, ein Meister hat sich für ihr und sein Versprechen und den wahren Weg entschieden – und schöpft Stärke genau aus dieser Entscheidung. Aus der Klarheit, mit der sie oder er seine Kraft einsetzen will, selbst wenn diese Klarheit von manchen Menschen als Konfrontation angesehen wird.

Neider, Kritikerinnen und stille Gegner

Musst du für deine Bestimmung eine Auserwählte oder ein Auserwählter sein? Nein. Aber du musst ausdauernd bleiben. **Denn wenn du deinen eigenen Weg betrittst und beginnst, deinen Berufungsraum auszugestalten, verlässt du ganz au-**

tomatisch den Trampelpfad der Masse. Du verlässt die Komfortzone, die man gemeinhin als sicher und gut anerkennt. Und du verlässt unzählige gedankliche Grenzen und gelebte Überzeugungen – und wirst vielleicht sogar deinen vertrautesten Freunden und Familienmitgliedern fremd.

Dieser Aufbruch zu deiner Bestimmung und zu deiner gelebten Einzigartigkeit ist auch ein Aufbruch ins Anders-Sein. Dieses Anders-Sein ist keine Frage deiner Persönlichkeit oder deines Charakters. Dieses Anders-Sein ist eine Frage deiner Ausdauer und deiner Treue zu deinem Versprechen an dich selbst.

Vielen wird dein Weg fragwürdig erscheinen. Viele deiner Entscheidungen, die du aus deinem neuen Mut, deinem neuen Vertrauen und deiner höheren Führung heraus triffst, werden von anderen nicht verstanden werden. Denn im Einklang mit *der Kraft deiner Bestimmung* wählst du jenseits des Vorhersehbaren und jenseits der berechenbaren Logik – und natürlich finden das manche un-logisch. Du sprichst und verkörperst deine urinnere Wahrheit, und natürlich wird das nicht in jedes Weltbild passen. Deine helle Begeisterung und dein entfachter innerer Funke können auf manche Menschen bedrohlich wirken. **Und dein starkes Ja zu dir und deinem eigenen Weg interpretieren manchen als ein Nein zu ihnen persönlich und zu ihrer Lebensweise.** Und auch wenn du so sorgsam und mitfühlend wie möglich auf deine Mitmenschen und Umwelt zugehst, wirst du nicht verhindern können, dass manche Menschen dich nicht verstehen. Dass sie abwerten, was du aufbauen willst. Dass sie dich kritisieren. Oder dass sie im Stillen mit Neid, Missgunst oder Unverständnis reagieren.

Oft ist Kritik in ihrer Tiefe eine Mischung aus Faszination, Bewunderung, Unverständnis und Furcht vor dem Unbekannten, das dann schubladisiert und abgewertet werden muss, damit es nicht zu bedrohlich für die eigene Lebensweise wird. Und sie ist eine Weigerung, in Verbindung zu treten. Nicht nur mit dir und deinen neuen Entscheidungen und neuen Erkenntnissen, sondern vor allem auch mit sich selbst. Mit verletzten, enttäuschten und verärgerten Anteilen, die entschieden haben, sich nicht mehr hinauszuwagen in die Arena, in der sie einmal von anderen ausgelacht, verurteilt oder verdrängt wurden.

> Dein Mut und deine Stärke können von diesen Anteilen in deinem Gegenüber dann als Verrat gesehen werden. Verrat an ihrem eigenen Leiden, Verrat an ihren eigenen Sorgen, Verrat an ihrer eigenen Angst.

Deine Zuversicht muss doch unrealistisch sein, wenn sie selbst so sorgenvoll in die Zukunft schauen. Deine Freude muss wohl naiv sein, wenn sie selbst nur Ärger oder Angst spüren. *Die Kraft deiner Bestimmung* ist für sie nicht als das erkennbar, was sie ist, weil sie sie selbst noch nicht spüren können. Darum ist das, was dich so stärkt, so motiviert und antreibt, für diese Menschen fragwürdig. Ja, es ist im wahrsten Sinne des Wortes einer Frage würdig, die da lautet: »Wie machst du das? Wie schaffst du es, so entschlossen und freudig ins Unbekannte zu gehen?« Doch die meisten Menschen stellen dir diese Frage nicht. Denn sie wollen selbst noch nicht aktiv auf die Antwort zugehen, die sie darin in ihrem eigenen Leben finden könnten. Wie wir in Kapitel 3 und 4 schon vertieft haben, wollen sie bleiben, wo und wie sie sind: in dem Raum des Wartens und Hoffens, in diesem Korridor zwischen der Angst vor Bedeutungslosigkeit und der Angst vor Größe. Und das ist ihr gutes Recht. Das ist ihr freier Wille. **Und es ist zugleich dein gutes Recht, diesen Korridor für dich zu sprengen.** Und mit deinem Willen *deinen* Weg zu gehen. Ohne Erwartungen an die anderen. Denn niemand kann ihn für dich gehen, und niemand wird ihn je so verstehen und verkörpern können, wie du es tun kannst.

> Darum bleibe auch im Gegenwind von Kritik und Unverständnis tief in dir verbunden mit *der Kraft deiner Bestimmung* – und offen für das, was das Leben und die Welt dich auf deinem Weg lehren und dir mitgeben wollen.

Das vertrauensvolle Ja zu dir, deinen Fähigkeiten und deinen Visionen ist das Fundament, und auf diesem Fundament kannst du auch in Ruhe und mit gesundem Abstand reflektieren und analysieren, welche wahren Aspekte in der Kritik oder in einem Konflikt liegen, aus denen du lernen kannst. Wo du vielleicht Lücken erkennst, die es zu schließen gilt, zwischen dem, was du dir wünschst, und dem, was du schon erreicht hast. Wo du dich noch weiterbilden, deine Kompetenzen festigen und deine Visionen in konkrete Pläne übersetzen kannst. Aber lass dich von den Rückschlägen, der Kritik, Ablehnung oder Abwertung nicht von deiner gefundenen Wahrheit ablenken. Erlaube ihnen nicht, sich zwischen dich und deine gute Zukunft zu stellen, die du mit *der Kraft deiner Bestimmung* erbauen willst.

Ein viel größerer Teil deiner Zeit und deiner Energie sollte also dorthin fließen, wo du Unterstützung und Inspiration findest. Und wo du dich gut geerdet darauf besinnen kannst, dass es im Leben immer beides geben muss: Rückstoß und Aufwind. Kritik und Applaus. Gegner und die, die dir als Helferinnen und Türöffner zur Seite stehen.

Helferinnen, Türöffner und andere Begleiterinnen

Selbst wenn du in einigen Momenten vielleicht daran zweifelst: Du bist nie allein auf deinem Bestimmungspfad, und du wirst in jeder Etappe Menschen begegnen, die dir Rückendeckung geben und dir eine unterstützende Hand reichen können. Denn in jeder Phase warten verschiedene Helferinnen und Türöffner auf dich.

Sie kommen aus deinem engsten Umfeld und aus völlig neuen Kreisen – und zeigen sich dir in verschiedensten Formen: als der Partner oder die Partnerin an deiner Seite, die dich anfeuert und sich mit dir in dein Abenteuer wagt. Als der frühere Berufskollege, den du nach Jahren plötzlich wiedertriffst und der genau zur richtigen Zeit den genau richtigen Tipp für dich hat. Als die Interessentin für dein neues Angebot, die genau in dem Moment bucht, in dem du glaubst, dein Plan wir nie aufgehen. Aber auch als das erwähnte Buch, das dir in einer Buchhandlung die Hände fällt und das genau die Schritte aufzeigt, nach denen du suchst. Als der Songtext, der dir bei deiner Autofahrt genau den Satz schenkt, den du gerade hören musstest. Oder als dein vierbeiniger Freund, mit dem du abends eine Runde läufst, um deinen Kopf freizubekommen. Als die Masseurin, bei der du dich so wohl und sicher fühlst. Als die Freundin, der im Grunde ganz egal ist, ob du Brötchen backst oder Millionen machst und mit der du immer so schön lachen kannst. Und als all die Menschen, die deine Botschaften und Gedanken aufnehmen und dir das Gefühl geben, nicht länger in ein schwarzes Loch zu sprechen. Die deine Newsletter lesen, deine Beiträge teilen oder anderweitig deine Arbeit und dein Tun unterstützen.

Gerade zu Beginn deines Bestimmungspfads und beim Eintritt in deinen Berufungsraum solltest du deinen Blick ganz besonders bewusst auf diese Helferinnen, Türöffner und Begleiterinnen richten. Und selbst wenn es anfangs nur eine einzige Person ist, die dich stützt, schätze sie – und baue auf diese Beziehung auf.

> Beginne mehr und mehr, dein Berufungsteam zu formen: einen Kreis aus Menschen zu schaffen, die dich und deine Vision unterstützen, die an dich glauben und von denen du lernen und mit denen du lachen kannst.

Seien es gleich gesinnte Freundinnen oder Verwandte. Coaches, Mentorinnen oder Menschen, die du in Seminaren oder Kursen kennenlernst – verbinde dich mit denen, die so wie du *der Kraft der Bestimmung* folgen. Und lade ganz aktiv Menschen dazu ein, mit dir zu gehen, dich mit ihren Stärken in deinen Schwächen zu unterstützen und deine Vision mit ihren Fähigkeiten noch kraftvoller zu verwirklichen. Wenn du beispielsweise eine kreative Macherin und Künstlerin bist, suche dir eine gute Finanzbuchhalterin, die dir hilft, dich auch wirtschaftlich sicher zu bewegen. Wenn du ein gewissenhaftes Organisationstalent bist und es liebst, hinter den Kulissen großartige Events oder Partys vorzubereiten, dann finde Menschen, die voll Charme und Enthusiasmus die Bühne bespielen und den Zuschauerraum füllen.

Gehe auf die Menschen genauso zu wie auf die Herausforderungen. Lass deinen Enthusiasmus, deine Begeisterung und deine Liebe zu deinem Weg so wie deinen Funken überspringen. Und erlaube dir stets, das Ausprobieren, die Leichtigkeit und die Freiheit zu bewahren. Dort, wo du Wachstumsmöglichkeiten und Chancen siehst und wo du die Lust auf das Umsetzen und Verwirklichen all dessen spürst, wofür du aufgebrochen bist. Bleibe mutig und bleibe dir treu. Bemiss deine Erfolge nicht nur am Ergebnis, sondern auch am Grad deiner Freude, während du dieses Ergebnis zu erreichen versuchst, und erinnere dich in allen Situationen und Entscheidungen daran:

> Mut ist die Kraft für die, die aufbrechen wollen. Ausdauer und Ausrichtung sind die Kräfte derer, die den ganzen Weg beschreiten möchten.

Dein Mut entscheidet über den Moment. Deine Ausdauer und deine Ausrichtung entscheiden über die Entwicklung, die dieser Moment nimmt. Und gemeinsam sind sie das, was wir *Disziplin* nennen. Diese Disziplin, die sich aus Mut, Ausdauer und Ausrichtung zusammensetzt, ist eine Haltung. Eine Art, dem Leben zu begegnen und den Stürmen der Welt mit einer ganz eigenen Stärke und Sicherheit entgegenzutreten.

Und wieder sind es die großen Meisterinnen und Meister, bei denen wir genau diese Disziplin erkennen können. Die sich jeden Tag dazu verpflichten, nicht nur den ersten Schritt zu setzen, um etwas zu starten, sondern die bereit sind, all das zu tun, was es braucht, um auch ans Ziel zu kommen. Und mehr noch: **Sie leben diese Hingabe an eine Sache im vollen Bewusstsein darüber, dass sie zwar vom Ziel angezogen werden, dass aber letztlich der wahre Erfolg nicht darin liegt, *was* sie erreichen, sondern *wer* sie auf ihrem Weg werden.** Welche inneren Begrenzungen und belastenden Gewohnheiten sie überwinden können. Welche Talente sie ausbauen und welche ganz neuen Fähigkeiten sie entwickeln können. Sie starten keinen Versuch und geben beim ersten Rückschlag auf, sondern bleiben beständig an ihrem Vorhaben dran. Und richten sich stets und immer wieder neu auf ihr Ziel, ihre Wahrheit und ihre Bestimmung aus – und tragen dabei die Liebe zur Sache im Herzen.

Um deine Berufung zu leben, brauchst du zwei Dinge: Liebe und Struktur

Zur Meisterschaft kannst du also nicht gelangen, wenn du nur ab und an in deine Fähigkeiten und deine Vorhaben investierst und dich von allen Stimmen und Ablenkungen von außen aus der Bahn werfen lässt. Sie braucht deine ganz konkrete alltägliche Zuwendung. Tag für Tag. Stein für Stein erbaust du dir so deinen Berufungsraum. Schritt für Schritt gründest du deine neue Firma, verwirklichst du dieses großartige Projekt und pflegst jene wundervolle Beziehung, die du dir so sehr wünschst. Du brauchst eine Struktur, über die wir noch sprechen werden, um deine Visionen zu verwirklichen – und du brauchst Liebe, die in alles fließen kann und die wir gleich näher betrachten. Denn:

> Nur das, was du mit Liebe füllst, kann und wird dich ganz erfüllen.

Selbst die größten Errungenschaften, Erlebnisse und Erfolge schenken dir nur dann wirklich ein Gefühl von Ganz-Sein und Glück, wenn darin auch deine Liebe liegt.

Das heißt nicht, dass du auf deinem Bestimmungspfad nicht auch nach finanzieller Fülle, nach örtlicher Freiheit oder Anerkennung streben kannst, sondern dass dich diese Ziele nur dann erfüllen werden, wenn du sie mit deiner ganzen inneren Würde, in deiner tiefen Verbindung zu deinem Fundament und zu deiner höheren Führung erreichst. Wenn du dabei nie den Faden zu deinem höheren Vertrauen verlierst und nie deine innere Wahrheit dafür verleugnest.

Lass uns hier noch einmal den Gedanken aus Kapitel 3 aufgreifen: **Da ist kein Reichtum ohne Liebe. Keine Liebe ohne**

Freiheit. Und keine Freiheit ohne Struktur. Und es ist deine Aufgabe, selbst für diese Liebe, diese Freiheit und diese Struktur in deinem Leben und in deinem Arbeiten zu sorgen. Niemand kann sie für dich aufbauen. Niemand kann dir die Hingabe und Freude, die du brauchst, um deinen ganzen Weg ausdauernd zu gehen, ausleihen. Denn ein fremder Funken verglüht für dich viel zu schnell. Die Bestimmung eines anderen Menschen hat für dich keine wahrhaft zündende Kraft. **Denn das Tor zu deinem Berufungsraum liegt in dir selbst. Und dein Versprechen an dich, an deine Bestimmung und deine wahren Werte ist das, was dich weitergehen lässt, auch wenn es schwierig wird.**

Darum frage dich auf deinem Weg immer wieder ganz klar: »Was ist mein höchstes Ziel? Welche Vision, welchen Traum will ich verwirklichen?« Und dann halte noch einmal inne und frage tiefer: Und was ist *noch* wichtiger für mich? Was steht über diesem Ziel, über dieser Vision? Für manche ist es Liebe, Frieden oder Freiheit. Was ist es für dich? Was ist der höchste Wert, der dich leitet – und dir damit gleichzeitig hilft, deine Bestimmung zu erfüllen? Nimm diesen Wert als dein höchstes Ziel – und folge ihm möglichst jeden Tag. Mit einer klaren Ausrichtung und in einer Struktur, die dich bei all deinen Vorhaben tragen kann.

> Die Liebe und Struktur zu finden und zu halten, ist eine deiner wichtigsten Aufgaben überhaupt, um deine Bestimmung erfüllen zu können.

Denn sie helfen dir, all das in Bewegung zu bringen, was es braucht, damit dein Traum wahr werden kann.

Die Liebe findest du in der immer neuen bewussten Rückkehr zur Freude, in der Vertiefung deiner Dankbarkeit und in der Wahrnehmung dessen, was bereits gut und stabil ist in deinem Leben. In deiner Offenherzigkeit und deiner sanften

Zuversicht. Aber auch in der Hinwendung zu den Dingen, die dich ganz natürlich anziehen, und zu den Ideen und Träumen, die dich immer wieder rufen, und den Menschen, die dir Inspiration schenken und ein Feld des So-sein-Dürfens öffnen.

Die Struktur hingegen ist der stärkende und stützende Rahmen, den du dir selbst im Alltag setzt. Das ist ein gesunder Rhythmus aus Schlaf und Wachsein, aus Aktivität und Ruhe, aus Inspiration-Suchen und konkretem Umsetzen. Du schaffst eine Struktur mit all den Plänen, die du erstellst, und den Meilensteinen, die du dir setzt. Und mit all deinen lebendigen Ritualen im Beruf, im Privatleben und für deine eigene persönliche Entwicklung.

Lebendige Rituale

Wie kann diese selbstfürsorgliche Struktur für dich aussehen? Mit welchen Ritualen und guten Gewohnheiten willst du dein Leben und deine Berufung meistern? Die Fülle der Möglichkeiten ist so groß wie deine Interessen: Alles, was dich in Bewegung und Sport, Körperbewusstsein und Achtsamkeit, guter Ernährung und Naturnähe, mit Kunst und Kultur, mit Kreativität und Begegnung stärkt, das stärkt auch *die Kraft deiner Bestimmung*. Dabei müssen deine Rituale nicht kompliziert sein.

Das beste Ritual ist:
   R – Reinigend.
   I – Intuitiv.
   T – Total.
   U – Unverhandelbar.
   A – Ausdrucksvoll
   L – Leicht umzusetzen.

Was bedeutet das konkret? Es hilft dir, loszulassen. Gedanken und Gefühle ins Reine zu bringen und Belastendes für ein paar Momente, ein paar Stunden oder gar ganz abzulegen. Es ist unkompliziert und so intuitiv, dass es zu deiner zweiten Natur werden kann. Dass du immer weniger darüber nachdenken und das Tun im Ritual immer mehr geschehen lassen kannst – **damit es total wird. Dich ganz einnimmt. Dich ganz zu sich zieht und dein Bewusstsein verwandelt.** Es soll unverhandelbar sein: unverhandelbar in seiner Wichtigkeit, in seinem Zeitpunkt und in seiner Dauer. Und es öffnet dir einen Kanal, über den du dich und deine inneren Wachstums- und Heilungsprozesse ausdrücken kannst. Denn Unterdrücktes engt dich ein, Ausgedrücktes befreit dich – und deine Wirksamkeit. Und es darf leicht sein. So leicht wie ein Spaziergang in den Sonnenaufgang. So leicht wie eine stille Tasse Tee vor dem Einschlafen. So leicht wie Stift und Papier und zwanzig Minuten Zeit, um die Gedanken einfach aufs Papier fließen zu lassen. So leicht wie das leise Sprechen stärkender Affirmationen, immer wenn du auf etwas wartest. So leicht wie das Ausrollen einer Yogamatte oder das Schnüren deiner Laufschuhe. So leicht wie das Auflegen deines liebsten Songs und das Tanzen. So leicht, wie die Augen zu schließen und das Wasser deiner Dusche auf deiner Haut zu spüren. So leicht wie das Eintauchen in eine Meditation. So leicht, wie zurück zu deinem Atem zu finden und deine drei Zentren wie in der 3-Punkte-Entspannung bewusst in Balance zu bringen.

Deine Rituale helfen dir, dich im Alltag immer wieder mit dir selbst und *der Kraft deiner Bestimmung* zu verbinden – und dich von all der Ablenkung und Zerstreuung zu befreien, die unsere moderne Welt so laut macht. Dich von negativen Gedanken zu lösen und dich bewusst auf das Positive, das Aufbauende und das Schöpferische in dir zu besinnen. Und dir selbst Zeit und Aufmerksamkeit zu schenken, um Vertrauen und Mut zu schöpfen für das, was als Nächstes vor dir liegt:

das Entzünden eines neuen Funkens, das Antreten einer weiteren Etappe deines Bestimmungspfades oder das Öffnen einer neuen Tür in deinem Berufungsraum.

Gestalte deinen Tag – gestalte dein Leben.
Gestalte dein Inneres – gestalte deine Welt.
Das ist die Meisterschaft, nichts anderes.

Erinnere dich stets daran: Deine Bestimmung findest du nicht *einmal*. Du lebst immer neu in sie hinein. Dein verletztes Vertrauen heilst du nicht *einmal*. Du erlangst es Erfahrung für Erfahrung zurück. Und deinen Berufungsraum, – dein erfülltes Dasein im Beruf, im Privatleben und für dich persönlich – gestaltest du nicht *einmal*. Du gestaltest ihn jeden Tag und mit jedem Erlebnis und jeder Entscheidung. Die Rituale und Strukturen, die Gedanken und Gefühle, die deine Woche prägen, sie prägen dein Jahr. Und so wie deine Jahre sich gestalten, so gestaltet sich dein ganzes Leben. Bis hin zu der finalen Stunde am Ende deines Daseins, in der du dich vielleicht selbst fragen wirst: Was sind die fünf Dinge, die ich am meisten bereue? Was würde ich ändern, jetzt, wo ich auf mein Leben zurückschauen kann? Was hätte ich mir schon viel eher zugetraut? Was hätte ich mir mutig erlauben sollen? Was hätte ich einfach umsetzen sollen, anstatt zu warten? Und wen hätte ich öfter treffen wollen? Wen liebevoller in den Arm nehmen? Wen inniger küssen? Wohin hätte ich öfter gehen wollen? Was bewusster erleben? Und was hätte ich gern erschaffen? Mit Freude und Liebe. Und auf welche kreative, freie und schöpferische Art und Weise hätte ich diese wundervolle *Kraft meiner Bestimmung* noch ausleben wollen? Welche Möglichkeiten hätte ich noch ausprobieren sollen? Welche Inspirationen noch ausschöpfen? Und wofür hätte ich meinen inneren Funken noch heller und klarer leuchten lassen können?

Der Unterschied ist: Du musst dir diese Fragen nicht erst in der finalen Stunde deines Lebens stellen. Du kannst *jetzt* Antworten auf sie finden. Und auf all diese wunderbaren Möglichkeiten, die sich darin für dich zeigen werden, ab heute voll Freude und Vertrauen zugehen – und all das verwirklichen, was du dir wünschst und was dein Leben mit Sinn erfüllt.

VII.
Der Sinn

*Sinn schenkt dir Vollständigkeit
mitten im Chaos der Welt.*

Sinn stillt jede Sehnsucht. Er schließt die Lücken in dir, in denen noch ein Gefühl von Unverständnis und Unvollkommenheit liegt.

Doch genauso, wie du deine Bestimmung nicht im Außen finden kannst, so kannst du auch den Sinn deines Daseins nur selbst erkennen.
Sinn ist eine wundervoll verbindende, versöhnende und zugleich motivierende und Mut machende Kraft, die du deinem Leben nur selbst hinzufügen kannst:

durch die Art und Weise, wie du auf dein Leben schaust. Wie du den Menschen, Situationen, Chancen und Gegebenheiten darin begegnest. Durch die Fragen, die du stellst – und dadurch, wie sehr du bereit bist, in die Antworten hineinzuleben. Und ja, gerade in unserer Zeit kann all das oft sehr verwirrend und fordernd sein. Vieles kann vergeblich oder gar sinnlos erscheinen. Doch zugleich ist das Leben in unserer Zeit so chancenreich und schöpferisch wie wohl kaum jemals zuvor. Darum verwandle so oft wie möglich deinen Blick:

Schärfe deinen Sinn für das Sinn-volle.
Kämpfe nicht gegen das Chaos an, sondern vertiefe deine Klarheit.
Suche nicht nach dem Sinn irgendwo da draußen, sondern finde das Vertrauen in dich und deinen Bestimmungspfad tief in dir selbst.

Das starke Fundament, das du mit deinem Ja zu deinem Leben – mit all seinen Herausforderungen und Meisterprüfungen, mit all seinen Erschütterungen und seinen Erfolgen, mit all seinem Schmerz und all seiner gigantischen Schönheit – aufbaust, ist das Fundament, auf das du dich und dein Lebensgebäude in jedem Sturm stützen kannst. Das dich immer trägt und auf das du alles aufbauen darfst, was du dir wünschst: sei es dein ganz persönlicher Traum oder deine ganz große Vision, für die es sich lohnt, deine Perspektive auf dich selbst und die Welt zu verändern; den Mut aufzubringen, um aus dem Korridor der Krisen auszusteigen, die Macht deiner Prägung und die Stimmen deiner Angst zu überwinden und deine ganz eigene Wahrheit hinter all den Mythen und Märchen, die uns tagtäglich verkauft werden, zu finden. **Und dich dabei selbst zu entdecken: in deiner ganzen genialen Einzigartigkeit.** Mit all deinen Fähigkeiten und Talenten. Und genauso mit all deinen Fehlern, die jedoch keine Stolpersteine sind, sondern wichtige Schlüsselstellen, über die du dich mit anderen Menschen verbinden kannst. Damit sie dich ergänzen – und begleiten.

Denn: **Niemand geht seinen Bestimmungspfad ganz allein. Auch du nicht.** Auch du hast Helferinnen und Türöffner an deiner Seite. Auch du trägst eine unzerstörbare Verbindung zu deiner höheren Führung und deinem kosmischen Urfunken in dir, die du ganz bewusst stärken und vertiefen kannst. Und auch in dir wartet ein innerer Funke darauf, entzündet zu werden – und die Kettenreaktion deiner Bestimmung in Gang zu setzen. **Damit du mit** *der Kraft deiner Bestimmung* **aufbrichst, um deinen ganz persönlichen Berufungsraum zu betreten – und ihn immer weiter und weiter auszudehnen und zu entfalten.** Um an deinen Projekten, Beziehungen und persönlichen Erfahrungen immer weiterzuwachsen – und immer noch tiefer zu heilen. Und um all deine verschiedenen Lebensbereiche immer stimmiger miteinander zu verbinden und daraus das perfekt unperfekte Mosaik deines Lebens zu formen.

Dieses Mosaik darf unendlich bunt sein. Darf sich mit dir verändern, darf sich faszinierend schön und überraschend mit dir mitentwickeln – und ein immer noch authentischeres, mutigeres und facettenreicheres *Ich* in dir hervorholen. **Denn dein Bestimmungspfad führt dich letztlich immer noch näher zu dir:** zu deiner Wahrheit, zu deinen vielleicht jetzt noch geheimen Talenten und verborgenen Stärken, zu deiner Kreativität und Umsetzungsfreude, zu deiner Leidenschaft und deiner Lebendigkeit. Und zu deiner persönlichen Meisterschaft, in der du jedem Tag und jedem Moment seine Bestimmung gibst und Sinn *in allem* erkennen kannst, weil du dies verstanden und verinnerlicht hast:

Auf deinem Bestimmungspfad wird dein Dasein nicht leichter, es wird lebendiger.
Es wird nicht bequemer, sondern bedeutsamer.
Es wird nicht reibungsloser, sondern reizvoller.
Und es wird nicht sorgloser, sondern sinnvoller.

Und das anzunehmen und voll Vertrauen auf deinem Weg weiterzugehen, ist wahre Stärke. Das ist wahre Klarheit. Das ist Mut. Und die gelebte *Kraft deiner Bestimmung*.

Ich freue mich sehr darauf, eines Tages persönlich von dir zu lesen und zu erfahren, wofür du deinen inneren Funken entzündet hast – und wie du vorhast, diese Welt mit dem Feuer deiner Bestimmung zu erhellen.

Von Herzen danke ich dir für unseren gemeinsamen Weg bis hierher. Und freue mich auf alles, was noch kommen mag.

Monika Schmiderer

Mehr Inspirationen, meine Kurse, Seminare und weiterführenden Angebote findest du auf: www.monikaschmiderer.com

Mit dem Code **Bestimmung23** erhältst du als Leserin oder Leser dieses Buches 10 % Rabatt auf ein digitales Produkt* in meinem Shop. Viel Freude damit.

* Umfangreiche Kurse, Seminare und Mitgliedschaften sind ausgenommen.

DANKE

Ich danke dir, liebe Leserin und lieber Leser, dass du *die Kraft deiner Bestimmung* entzünden und mit deinem leuchtenden inneren Feuer jeden Tag mutig und voll Vertrauen hinaus in die Welt gehen willst.
    Wir brauchen dich – und ich freue mich auf all die Funken, die du versprühen wirst.

Und ich danke dir, lieber Patrick. Du erlaubst mir jedes Wachstum und begleitest jede Heilung. Du bereicherst meinen Berufungsraum und bist das Fundament meines Lebens. Und ich danke dir, lieber Leonard, für all dein Feuer und deine überschäumende Lebendigkeit.
    Und ich danke meinen Eltern Angelika und Willi, Tina und Pepi, Albin und Monika, Peter und Barbara, Jasmin und Gebhard für die Unterstützung unserer Familie.

Ich danke all meinen wunderbaren Rise.Membern, Klienten und Klientinnen, Leserinnen und Lesern, Abonnentinnen und Abonnenten, an deren Bestimmungspfad ich teilhaben darf. Ihr seid der Kern meiner Arbeit.

Ich danke dir, liebe Stefanie Hess, für das Vertrauen in die Vision und den Prozess dieses Buches und ihr sowie Svenja Grabner und Nina Schnackenbeck für das wertvolle Lektorat.

Ich danke dir von Herzen, liebe Frederike Abend, Kathie Kleff, Simone Domenig, Daniela Geiger, Carola Gsteu, Tamara Nigg, Birgit Telsnig, Barbara Wolf, Erwin Krismer, Gerhard Staudinger, Vasnaro, Günther Hlebaina, Karin Kostenzer, Valentina Huber, Daniel Stock, Barbara Mitterer, Therese Fiegl,

Brigitte Thaler, Claudia Bechert-Möckel, Jutta Ribbrock, Thomas Frei, Christine Edenstrasser, Wendelin Niederberger, Mike Rabensteiner und Manuel Pale.

Und ich danke dem Team bei Droemer Knaur, der TYROLIA, des Schlosshotels Fiss, des DAS KRONTHALER, des STOCK resorts, des MIRAMONTI, des Tiroler Edles und all den Unternehmen, Partnerinnen und Partnern, Kunden und Klientinnen, die mich auf meinem Weg begleiten.

ANHANG

Vertiefende Übungen und Audiodownloads zum Buch

Zur Vertiefung deiner Gedanken und Erkenntnisse findest du geführte Meditationen, klärende Übungen und verschiedene Audiodownloads unter:
www.monikaschmiderer.com/bestimmung-downloads.

Ich freue mich darauf, dich damit noch intensiver zu begleiten und dich eines Tages in einem meiner Kurse, Seminare oder Mentorings persönlich kennenzulernen.

Herzlich,
Monika Schmiderer

Mehr Bücher von Monika Schmiderer

Finde Klarheit
7 Regeln für ein selbstbestimmtes und authentisches Leben

Schluss mit Stress, Überforderung und dem ewigen Müssen. Der kraftvolle und sehr persönliche Ratgeber von Monika Schmiderer: in sieben Schritten zu mehr Klarheit, Selbstbestimmtheit und Lebensfreude!

Switch off und hol dir dein Leben zurück
Wie wir der digitalen Stressfalle entkommen

14 Tage Media-Detox, die dein Leben verändern

Mehr als fünf Stunden pro Tag, also volle 37 Stunden pro Woche, verschenken wir unsere freie Zeit an Social Media, Onlineshopping, Internetsurfen, Fernsehen & Co. Reagieren wir auf Tweets und Postings, werden eingeholt von Pushnachrichten und Eilmeldungen. Und wundern uns dabei, warum wir immer unzufriedener, unkonzentrierter und gestresster werden.

    Das vierzehntägige SWITCH OFF-Programm hilft dabei, aus dem medialen Dauerkonsum auszusteigen – und zurückzufinden zu neuer Kreativität und echter Lebensfreude.

Entdecke die Kurse und Mentorings

Die persönliche Bestimmung zu erkennen und zu leben oder eine unternehmerische Vision zu verwirklichen, ist ein Prozess, der das ganze Dasein bereichert – und bei dem Monika Schmiderer kompetente und höchst inspirierende Unterstützung bietet. In ihren Mentoring-Programmen, Kursen und Seminaren begleitet sie Menschen und Unternehmen dabei, ihrer Essenz näherzukommen und ganz konkrete Wege zu finden, *die Kraft der Bestimmung* in ihren Projekten und Vorhaben umzusetzen.

Mehr dazu unter www.monikaschmiderer.com